回想のケンブリッジ

政治思想史の方法と
バーク、コールリッジ、カント、トクヴィル、ニューマン

半澤孝麿

みすず書房

目次

回想のケンブリッジ——政治思想史の方法とバーク、コールリッジ、カント、トクヴィル、ニューマン

序章　回想の「ケンブリッジ学派」
――政治学徒の同時代思想史物語

I　ケンブリッジ　一九七〇年

イギリスを手掛かりにヨーロッパ政治思想史研究を志して、学界の片隅に席を与えられたのは一九五七年、爾来半世紀以上が過ぎたが、最近、過分にもこの間の私の歩みを回想してエッセイ風に書き留めてみないか、とのお勧めを畏友佐々木武教授より頂いた。同教授の要望の趣旨は、遥かな過去、一九七〇年―七一年、八〇年―八一年、八五年その他計二年半近い私のケンブリッジ体験と、それが私に対して持った意味を軸に何らか回顧を試みてみないかということだと思う。これは大変名誉なお申し出であるが、はたして私は回顧に値するほどの研究人生を送っただろうかとみずからに尋ねると、自信はない。振り返ってみれば、これまで世に送ってきた拙著や拙論はすべて、時々の政治的、社会的状況への直接的応答の意識からというよりは、むしろ自分の個人的な持続的関心に従って書かれたものであり、いずれも、我が国のヨーロッパ政治思想史研究において学界の主流をなすと思われた見解に対する私の素朴な疑問を出発点に、それとは別の視点からする歴史的理解の可能性の追究を目指したものである。ケンブリッジ体験はその大きな支えであった。だが、現在では在外研究も全く普通のことであり、私の個人的経験の回想に、若い同学の研究者諸氏も含め、大方の読者にとってどのような興味が有りうるのか、分からない。しかし、昭和八年に生を享け、戦前から現在まで八十五年余を生きてきた一研究者の体験と思考の軌跡は、外的には何ら人の耳目を惹くものではないが、それなりに同時代思想史の一つの記録であり、記憶の経年変化などによる著しい事実誤認のない限り、異なる時代を生きる若い読者にとって、実は近過去であるにもかかわらず未知の世界の物語でありうるかもしれない。日露戦争後三十年を経ずして生まれている私の青少年時代、明治は遠い昔の、自分とは無縁な世界であった。現在の若い世代で、同様のことが太平洋戦争後の昭和時代について感じられても不思議ではない。だが、それは望ましいことではないであろう。とすれば、学界という特定の世界での個人的記録にも、書き残しておく何らかの意味はあろう。以下は、こう思案した末での、佐々木教授の懇切な要望への応答の努力である。

「ケンブリッジ学派」(the Cambridge School)とは、ヨーロッパ政治思想史研究者以外まずは知られていない言葉であろう。それは、およそ一九六〇年代後半以降、従来の政治思想史研究のあり方に対する強い批判を共有しながら、ケンブリッジ大学、とくにその King's College Symposium を拠点に活動した一群の研究者に対して、当時、毀誉褒貶を含んで外部——おそらくは、オクスブリッジの動向に敏感なアメリカ——の研究者たちから与えられた名称であり、言うなれば「トーリー」、「ホイッグ」などと同じく、綽名である。このグループは少なくとも一時期、方法論への意識とともに、初期近代や十八世紀スコットランド啓蒙への関心などを通して強い連帯感によって結ばれていたが、その中心と目されたのは、一九二四年生まれのジョン・ポーコック、四〇年生まれのジョン・ダン、同年のクエンティン・スキナーの三人である。彼らはそれぞれに全く異なる個性の持ち主で、研究対象もその性質も異なり、その違いはとりわけ九〇年代以降ますます明瞭になっていったが、いずれも卓越した指導的研究者であることは、彼らの産み出した数多くの業績に対する世界的な評価が裏付けてきたので、ここでくり返す必要はないと思う。

私は一九七〇年以降、上記三人、とくにダンと多く接触しながら現在に至っているが、アメリカ人研究者から「ケンブリッジ学派」という言葉を初めて知ったのは、遥かに遅れて一九九二年のことであった。もちろん、各人がそれぞれ強烈な独立の意識を持っているケンブリッジでは、この三人を含め関わりのあるすべての人が、そうした「学派」は存在しないと否定したであろうことは疑いないし、実際、その事実もあった。そもそもこの言葉が生まれた切掛けは、一九六九年、弱冠二十九歳のスキナーが *History and Theory* 誌上に「思想史における意味と理解」と題して発表した、きわめて論争的な論文である。そこでスキナーは、L・シュトラウスなど権威ありとされてきたものも含めて、英米におけるとくに一九四〇年代以降の多くの政治思想史研究に対して、その叙述の非歴史性を激烈に批判した。問題は、我々はいかにすれば過去の思想家たちの作品を正当に「理解」できるのか、その方法は何か、であった。コリングウッドに学んでスキナーは、歴史の中で人が出会う問題は本質的にそれぞれ個別のものであり、思想家たちの営みはそれら個別の問題に対する個別の応答以外のものではありえない、と考える。とすればそれを「理解」する方法としては、これまでなされてきたように、テクストとして残された言葉の意味を抽象的に詮索するのでは全く不十分、いや時には明らかに不適切である。必要なことは、本来何事かを意図して社会の誰かに向けて発信されたはずの彼らの言葉を、その意図に即して解明することである。このためには前提として、発信者の意図を当該社会の当該状況のもとで伝達可能にしている言語の慣習的な意味または用法を、可能な限り明らかにしなければならない。ところが従来の政治思想史はこうした不可欠の前提作業は疎かにしたまま、元はと言えば特定の歴史的過去に特定の問題への対応として生まれたはずの「古典」の中に、「永遠の問題」への知恵や「普遍的真理」があると安易に想定し（この想定自体は全否定しないが）、そこに現代の問題に対する答えを求めようとする。だが、そこで語られた思想史なるものは、歴史の名を冠してはいても、実は研究者たちの頭の中で仮想された「神話」に過ぎない。

これは形の上では方法論批判である。だがその背後には、西欧デモクラシーの普遍性とその知的伝統を謳い上げる、ある種実用主義的政治思想史一般の知的虚偽に対する強い不信感があり、それは親友ダンも共有するところであった。この批判に対して主としてアメリカの研究者たちから猛烈な反発が起き、それらへのスキナーの反論も含めて一大論争がほぼ二十年間、一九八〇年代末まで継続した。論争に加わった論文や著書の数は、私の知った限りでも八八年現在で四十点を下らなかった。「ケンブリッジ学派」という言葉もこの間に誕生したのであろう。この論争は初期には、スキナーの方法論はヨーロッパの偉大な知的伝統を破壊して断片的知識の堆積にしてしまうペダンティズムである、といった拒絶反応的批判も多かったが、時の経過とともに、政治思想史研究者に止まらず、哲学、社会学、さらには文芸批評の分野でも関心を引き、同時に、スキナー自身の最終反批判や、スキナーの名を明示した哲学者R・ローティの「合理的再構成と歴史的再構成」の両立可能性といった理解も現われるなど、次第に落ち着きを示していった。そして、最終的には思想史研究における歴史性重視という点で、それまで概して論争に無関心と見えた日本も含めて、世界の学界は穏やかな一般的合意に達したかのようである。

この問題に直接関わるものとして私はこれまで、論争全体を概観した「政治思想史研究におけるテクストの自律性の問題」(『東京都立大学法学会雑誌』第二十九巻第一号、一九八八年)と、「政治思想史叙述のいくつかの型について」(『思想』第七九四号、一九九〇年、本書第三章)という二つの論文、および同学の士と共訳した、上記論文を含むクエンティン・スキナー著『思想史とはなにか』(岩波書店、一九九〇年)のほか、ジョン・ダン著『政治思想の未来』(みすず書房、一九八三年)の訳書を公刊した。これらを通して私は、「ケンブリッジ学派」の我が国への紹介者と一般に思われていて、それは必ずしも否定しないが、私がなぜそうした役割を担うことになったのか、その理由と経緯の説明こそ、佐々木教授の設問の核心ではないかと思われるので、以下それを心してこの回想を綴っていきたい。だがその前提として、まずは私の生活体験としてのケンブリッジの描写から始めることをお許し頂きたい。

そもそも私はこの「学派」について学ぶため、いわんやそれを我が国に紹介するためにケンブリッジに赴いたのではない。出会いは全く偶然の所産であった。当時、私の周囲でイギリス留学を志す人は、日本との関係が比較的深かった、オクスフォード大学セント・アントニーズ・カレッジを訪れることが多かったが、私自身はその必然性に若干の疑問を感じていた。そうした中で私の僥倖は、たまたま日本政治学会研究会に出席のため宿泊した宝塚ホテルで、慶應義塾大学の内山正熊教授にお目にかかり、教授から、それならばケンブリッジを考えてみてはどうか、というお勧めを頂いたことである。そして、心を動かされた私のため教授はご懇篤にも、福沢諭吉研究を通じて慶應義塾大学と関係の深かったケンブリッジ大学クレアー・ホールのカーメン・ブラッカー博士に推薦状をお書き下さり、そのお蔭で私は一九七〇年、同ホールの客員研究員（associate）の地位を得ることができた。

当時のクレアー・ホールは設立後僅かに五年、「抑圧的なまでに民主的」（oppressively democratic）というジョークが誇らしげに語られる、古いケンブリッジにおける最も新しい、進取の精神に充ち溢れた、大学院生以上の小規模カレッジであった。その後私は、一九八〇年にダーウィン・カレッジ、八五年にキングズ・カレッジにそれぞれ在籍したが、とくに外国からの研究者に対する開放の質において、クレアー・ホールは際立っていた。その斬新な方針の一つには、客員研究員も含めて、メンバーの家族全体がカレッジ生活に深く関わるというものもあった。在外研究は必ず家族とともにすると心に決めていた私にとって、そこに受け入れられたのは幸せであったが、それでも初対面のブラッカー博士も含め、ケンブリッジは私にとって文字どおり未知の世界であった。第二次世界大戦に際してケンブリッジは、その出身部隊が旧ビルマ戦線で日本軍に大損害を被っており、戦後の対日感情は必ずしもよくないという噂もあったためか、あるいは一ドル三百六十円、一ポンド八百六十円という不利な固定為替制のためか、理系はいざ知らず、ケンブリッジに滞在する文系の日本人研究者の数は非常に少なかった。

インターネットで検索すればたちどころに知りたい情報を事前に入手できる現在からは想像困難であろうが、僅か半世紀足らず過去のこの時期、そうした未知の世界の情報源は、学則その他の公式文書か、さもなければ個人的接触以外にはなかった。一年間という限られた時間で何が可能で、どのような行動の選択肢があるのか、事前の情報を全く欠いていた飛び込みの私は、五里霧中で考えなければならなかった。その際、私の考慮を条件付けたのは、これは私の生涯において最初で最後の長期在外研究になるであろう、後は無いのだ、というその時期としては全く現実的な予測であった。とすれば、そこで私に可能で最も正当な選択肢は、図書館中心の生活を送ることだったであろう。大学中央図書館に籠って資料に沈潜するというのは、ケンブリッジを訪れるヨーロッパ思想史の研究者であれば誰にとっても基本原則であり、またこの時期の日本人研究者にとってはとくに重要であった。と言うのは、日本中おそらくすべての大学図書館では、資料蓄積の基本的な貧困に加えて、一九四〇年代から五〇年代前半にかけて欧米で出版された文献が極端に乏しかったからである。言うまでもなく戦争による断絶であり、私は研究生活に入ってすぐこの事実を痛感させられた。ただ私の場合それは、私が、政治理論を中心に欧米の研究の後追いを競う学界の風潮から比較的早く離脱し、自分自身の関心を彫琢・明晰化する努力へと意識を集中させていくことのできた一つの消極的原因ともなった。私は、一九六〇年代初期から、文学者たちの政治思想に関心を持ち始め、それは次第にS・T・コールリッジに収斂しつつあった。コールリッジは、詩人としての名声を背景に、詩以外の世界でも同時代に巨大な影響力を及ぼしていたにもかかわらず、政治思想史研究ではイギリスにおいてすら殆ど無視されてきた思想家である。

この大学図書館で私もまた、日本では接近困難な資料と研究書の閲読と入手に多くのエネルギーを費やした。図書館は、所属カレッジを口頭で申告するだけで自由に入館も借り出しもでき、研究者にとってはまさに天国であった。だが、この状況は十年後の再訪時には激変し、入館許可も所持品管理も厳重になっていた。紛失図書の危機的な激増が理由とされる。そのとおりなのであろう。古き良きケンブリッジは終焉しつつあったのであろうか。あるいはこれは、眼には見えないが、一九七〇年代から八〇年代にかけて、従来一般には秩序を重視すると考えられてきたイギリス人の心の中に起きた巨大な変化（と私には映った）の現われと見てよいのかもしれない。ほかならぬこの時期における人々の社会的態度の急速な変化は、私がイギリス体験の中で受けた最も強い衝撃の一つであった。この変化は、戦後の相対的繁栄が終わりに近付き、同時に世界におけるイギリスあるいは西欧全体の中心性の意識と矜持が失われていった状況の関数だったのではないだろうか。そうした行動のいま一つの例は自動車運転のマナーの劇的な変化であったと思う。遵法、互譲と歩行者保護の模範を絵に描いたような、感動的ですらあった一九七〇年のマナーに対して八〇年には、速度制限は無きに等しくなり、人々は全く自己中心的運転者の集合と化していた。

話を私の選択に戻せば、確かに大学図書館は魅力的であった。だが、それにもかかわらず私は、一年間の生活とエネルギーのすべてを図書館での文献読みに費やすという選択肢は取らないことにした。それは、私の資料読みの速度は遅く、それに集中すればたちまち時間が過ぎてしまうという理由のほかに、とくにコールリッジ研究の場合、綿密に考証された書簡、雑記帳、および著作集の刊行が進展したためでもある。私は、認められて複写したものも含めて、資料読みは帰国後の作業に廻し、この時点での〈位置の利点〉を最大限に利用すべく、図書館生活以外、さらに二つの選択肢を追求することに心を決めた。その一つはケンブリッジの、私には未知ではあるものの必ずや居るに違いない、若い研究者たちと交わることも含めて、今後の研究生活において意味を持つことのできる人間関係を開拓することである。選択肢のいま一つは、ケンブリッジの幼児学校（infant school）に入った長男（六歳）の休暇の範囲で、自ら自動車を運転して家族とともにできるだけ多くの旅行をすることである。歴史旅行は思想史研究には直接関わらないとしても、その背景にある現実の人々を観察する絶好の機会である。

家は旅をしなければならないと私は常々思っているので、ここで少し寄り道をしてその経験に触れておきたい。

当時のイギリスでは、乗用車の個人的売買が容易であり、信じ難いほどに古い自動車が車両検査を通過して市場に流通していた。私の購入したのもそうした一台（もちろんマニュアル車）で、この車は走行中、ブレーキオイル・ホースが破れてペダルが奥まで踏み抜けたり、排気筒が落下しかけたりすることもある代物であった。これが最後の長期滞英と思い定めていた私は、この車を駆使してブリテン島、さらにはドーヴァーを渡ってフランス、ドイツを走り回ったが、最も強烈な印象を与えられたのはアイルランドである。

ケンブリッジから長駆北上し、スコットランドを周遊してインヴァネスより南下、ウェールズからフェリーでダブリンに着いた私たちはまず、昨今テレビの観光番組でしばしば見るのとは異なって、なお荒涼たる世界であった南アイルランドの西南端を回り、北上して北アイルランドを周回した。自動車旅行の利点である行動の自由を最大限に活用するため、宿泊の事前予約は一切せず、夕方になると、経済的理由からもB＆Bを探す毎日であったが、忘れられない出来事は多い。まず、これからロンドンデリーに向かうとたまたま言った私に対して、南アイルランドのある宿の主人が、「English people はロンドンデリーと言う」とさも憎々しげに吐き捨てたのには一驚した。これは本来「デリー」であった町を、一六一三年にジェイムズ一世がロンドンの商人組合に与えた事実を指している。実際、南での道路標識にはなお「Derry」とあった。また、アイルランド観光では南でも北でも、多くの「廃墟」巡りが重要なポイントとなっているが、ケルトおよび初期中世キリスト教修道院関係のものを別として、それらの廃墟の中には、プロテスタント・イングランドによるカトリック弾圧の跡も少なくない。私たちの訪れた一つのアウグスティヌス会修道院の廃墟は、クロムウェルによる弾圧で破壊され、修道士たちは四散するが何とか戻って再建、同じことを五回くり返して、最後に修道士たちはすべていなくなったとあった。悲しい歴史である。そして、その感情を映し出すかのように、路傍に聖母マリアの像が、ora pro nobis（私たちのためにお祈り下さい）の言葉とともに祈りの姿で立っているのに何度か出会った。大陸のカトリック国でも路傍に立つ十字架は多い。しかし、こうした聖母像は記憶にない。私たちがアイルランドを訪れたのは一九七〇年夏、IRAの武装闘争が激化し始めた時であった。南北境界では、軍隊が道路に土嚢の陣地を築いて厳重警戒を敷き、武器の搬入を阻止するためであろう、私たちの車も厳しく検査された。また危険を避けるため、ロンドンデリーでは宿泊しないよう警告を受けた。すでに荒廃した地区もあり軍隊に治安を護られたベルファーストでは、B&Bの主人が、自分たちはカトリックのために大変な経済的負担を強いられているのに彼らはいつも不満だらけだ、と反感を露わにした。彼は私に、日本に帰ったらここで見たことを人々にぜひ伝えて欲しいとも訴えた。これらはすべて旅行者の偶然の見聞であるとはいえ、凡百の歴史書にも勝って、この地では幾世紀にもわたる根を持つ歴史がそのまま現代であることを私に強く教えた。

本題に戻れば、自己形成中の若手研究者と出会いたいという希望の実現が容易でないことは明らかであった。未知の世界の未知の研究者たちの中から、自分が会うべき人物をどのようにして探し出してどのようにアプローチするのか。自然科学者の多かった当時のクレアー・ホールには、政治学に関係する研究者は、ドイツ政治史のE・H・カー夫人のみであった。他にコールリッジ研究の若い文学者がいたが、彼女との会話は一時間で終わった。二人の関心は対象も方向性も交わることがなかったためである。そうした中で救いは、コールリッジ政治思想の先駆的研究者R・J・ホワイト氏の講義に出席し、指導をお願いできたことであった。当時のホワイト氏は停年間近の、孤高の碩学であった。私が出席した最初の講義で氏は、「よろしい。明日私の自宅に来なさい」と言って下さり、以後、ご家庭に私の家族を受け入れて頂いたことも含め、温かいご指導に接した。氏は私に対して一度、コールリッジの場合、詩以外についても心で感じることが重要だと言われたことがある。これに対して私が、「The Rime of the Ancient Mariner の凄さは私にも分かる気がします」と言ったところ、氏は「それでよいのだよ」と言って下さった。これは、私の解釈がなお生硬で観念的だと感じられたための言葉ではないかと今も考えている。異なる歴史的体験を背景に持つ非ヨーロッパ人研究者にとっては常に困難な課題であるが、本質的な意味で人間理解を目指すためには核心を衝いた言葉であろう。氏はまた、なるべく早く英語で書くようにと励まされ、発表の便宜のことまでお考え頂いたが、私が *History of European Ideas*（Vol. 9, No. 6）誌上に Samuel Taylor Coleridge and *The Friend*: the emergence of a political philosopher と題する小論を発表できたのは漸く一九八八年、ホワイト氏亡き遥か後であった。日本人研究者に対する、当時のヨーロッパ学術雑誌編集者の偏見（と思われた態度）を突破するのにことのほか時間と手数が掛かった悔しさも含め、自らの非力を悔やむほかない。

ホワイト氏の指導は救いであったが、私が望んでいた若い研究者との出会いは依然として展望がなかった。そのある日、私はたまたま書店で John Dunn, *The Political Thought of John Locke*（1969）を見付け、購入して読んだ。もちろん、その時点で私はそもそもダンが何者であるかは知らず、ましてや、彼はすでにケンブリッジの若手研究者の中ではチャンピオンと目されていたことも、冒頭に触れた King's College Symposium のことも知らなかった。後知恵からすれば滑稽にすら見えるこうしたギャップは、欧米でのヨーロッパ研究に対して日本のそれが常に負わざるをえない、タイム・ラグの典型的事例であったと思う。それらは現地での評価が相当程度確立した後に我が国に輸入されていたからである。もちろん、情報化の進んだ現在ではこの言い訳は通用しない。

だが、そうした私の無知には一切関わりなく、ダンのこの一冊はそれ自身として、大きく言えば研究生活を始めて以来の巨大な衝撃を私に与えた。読了後私は未知のダンに、それについて対話したいと申し入れる手紙を書き、幸いにもダンが反応してくれて、結果として以後半世紀近くにも及ぶ彼との友人関係が成立することとなった。では、なぜダンのロック研究に、その時私がそれほどまで強い衝撃を受けたのか。その直接的理由は、政治思想史研究におけるこの書物の新しさ、または特異性として後に述べるが、しかし、ここでの回想にとって同じほど重要なのは、それに反応した私の精神の受け皿という、言うなれば先行与件であろう。結論から言えば、その根底には、当時日本の学界において圧倒的主流であったヨーロッパ政治思想史理解に対する私の疑問、遡っては、私の中でその疑問を形成したそれまでの同時代体験があったと思う。次節ではまずその問題から始めたい。だがそれに先立って、同じ頃、私からすればこれまたかなりの偶然だった、文字どおりの大学者E・H・カー氏との面会、合わせて、その後一九八〇年に滞在したダーウィン・カレッジのマスター、古代ギリシア学者サー・M・フィンリー教授について述べておきたい。いずれの方との出会いも、日本の学界における日常的行動への厳しい反省を迫り、その後の研究者としての私の生き方に強い影響を残したからである。

まずカー氏であるが、当然のことながら私にとって彼は遠い存在であった。ところが、カー氏は一日本人研究者がクレアー・ホールに加入したことを夫人から聞かれたのであろう、夫人を介して、日本の出版社から送られた何冊かの自著の邦訳を恵贈下さった。私は驚いたけれども、もちろんお礼は言上せねばならず、お礼かたがた、彼のあまりにも有名な『歴史とは何か』についての私の質問も含めて一度お目にかかりたい旨、夫人を通して手紙を差し上げたところ、I love to see you とのお返事を頂き、晩秋の一日、蔦の紅葉の美しいトリニティ・カレッジの研究室を訪問した。その時七十八歳の氏は、なおトリニティの research fellow としてそこに立派な一部屋を与えられていた。私を驚かせたのは、挨拶を済ますや否や直ちに氏は、私が何を、どのように研究しているか、厳しく問い始めたことである。これは全く〈想定外〉の事態であった。相次いで繰り出される氏の問いに私は、何の心の準備もないままに、殆ど一問一答に近い形で、従来のコールリッジ研究が詩にのみ偏してきたことは決して満足すべき状態ではなく、彼の生涯から見ても、また詩よりも遥かに多い政治的な作品の量と質、さらにはその影響力から見ても、彼は政治思想家としても正面から論じられて然るべきこと、しかもその政治思想は急進主義と保守主義の複雑な結合であること、またカント研究者として彼は、十九世紀のヨーロッパを圧倒的に支配したドイツ哲学のイギリスへの最初の紹介者であったこと、などを懸命に説明しなければならなかった。おそらくそれまでのカー氏は、詩人コールリッジという通念でイメージして居られたのであろうか、私のアプローチは非常にunusualである、と言われたが否定はされなかった。また、カントとの関連は知らなかったと率直に言われた。氏がそう言われたのは、コールリッジ自身、時にカントへの批判は口に出しても、そこからの借り入れについては、最大限に偽装してルソーの議論だとしていたのが事実なので、何ら不思議ではない。こうしたカー氏との遣り取りは一時間以上に及び、拙い英語の私は疲労困憊して、私からの質問などどうでもよいという心境になっていた。

私のカー氏との面会は前にも後にもこの一度だけである。だが、それは私に強烈な衝撃を与えた。それは、少なくとも私の経験に関する限り、日本における氏と同年配、いやそれ以下の老学者との会話ではおよそありえない新鮮な対話だったからである。もちろんこれは、次々と畳みかけて質問を浴びせる、カー氏の強烈な知的好奇心と個性のなせる業だったのかもしれず、この瞬間を、彼我の研究者のカルチャーの差異として一般化するには注意が必要だとは思う。それでもなおこの体験、とりわけカー氏との間に私が感じた、言うなれば水平性の感覚は、日本でそれまで体験してきた、類似の状況におけるものとはあまりにも距離があった。殆ど無意識に上下関係の観念に支配されていたのであろうか、私の知る限り、政治学者も含めて日本における異世代間の研究者（すべて民主主義者である）の間では、僅か一世代上であっても〈先生〉であり、〈先生〉の側で、自分より若い研究者に対して同じ目線で議論を仕掛けてくることなど、どちらの側からも期待されていなかったし、例外はあっても一般的にはそれが礼儀であったと思う。

カー氏との面会に感じたこの水平性の感覚の記憶を思い出す時、私の回想は自然に、ダーウィン・カレッジでのフィンリー教授に赴く。同教授については、名著『民主主義——古代と現代』（柴田平三郎訳、講談社学術文庫）と、それに付された木庭顕氏の「解説」とを通して読者はかなり詳しく知ることができる。一九八〇年にはケンブリッジはすでに私にとってなじみ深い場所であったが、私がカレッジを訪れると、教授は直ちに私をマスター執務室に招じ入れて下さり、その後もホワイト氏同様、妻とともにご家庭でもさまざまな話題をともにした。例を挙げれば、教授は日本のギリシア研究に対して大変高い評価をしておられ、とくに村川堅太郎教授について「彼は私たちのグループの kingpin だ」と言われた。また、執務室の本棚には、大学紛争の余波で非業の死を遂げた一日本人ギリシア史研究者の未完の博士論文草稿が、心打つ哀悼の言葉とともに掲げられていた。だがこれは、日本人に対する何か特別な感情というものではなく、国籍を問わず、同じ研究に従う者に対する共感と尊敬の念の現われであったと思う。自分は講演をする際に、常に聴衆がどのような人々であるかを考える、とくにそれが学者たちである場合、彼らがそれぞれ自分の background を持っていることを意識することにしている、と言われたのも記憶に深く残っている。

『民主主義――古代と現代』は、拙著『ヨーロッパ思想史における〈政治〉の位相』（岩波書店、二〇〇三年）の「あとがき」で触れ、また木庭氏の「解説」で詳細に述べられているとおり、一九五〇年代前半、マッカーシズムの嵐でラトガーズ大学を追われてイギリスに渡り、そこで手厚く遇されて「サー」の称号も与えられたフィンリー教授が、同七二年、古巣の同大学に招待されて行なった連続講義である。木庭氏は、卓越した歴史家フィンリーがアテナイのデモクラシーを論じている各章と、決して表面には出て来ないけれどもアメリカのそれに対する彼の批判的洞察とが、深いところで見事に対応していると指摘しているが、まさにそのとおりだと思う。スキナーが、この書は「凱旋講義」だ、と我がことのように誇らしげに私に言ったのも忘れられない。「ケンブリッジ学派」が実在であったか否かに関わりなく、スキナーのこの言葉は、当時のケンブリッジの若い研究者たちの間で、他ならぬフィンリー教授自身が、比類ない学識と優れた人間性によって尊敬を集める kingpin であったことをよく物語っているのではないだろうか。フィンリー教授の語ったことの中で、最も強い印象を与えられたのは、若い研究者に対する態度に関わる言葉であった。教授は一度ならず、彼らが大学院生である間は指導者と被指導者の関係だが、ひとたびその期間を過ぎれば、自分にとって彼らは良き friend だと言われ、実際そのような態度で接して居られた。上記の、講演に際しての心構えとも合わせて、カー氏にも共通な、権威主義の微塵もない、水平目線の態度と言わなければならない。

II　出会い

私はダンのロック研究書から与えられた衝撃とその意味を説明しなければならないが、半世紀近くも前の読書体験を正確に再現するのは容易ではない。それは、読んだという事実以外もっぱら内的な体験であって、その事実は確かに記憶に留められてはいても、記憶の経年変化や、無意識の事後的推理の混入など、検証不可能である。それは前提するほかない。その上で、前節で予告したように、まずは私の戦後期体験、次いで学界の主流に対して当時感じていた疑問、さらにはそこからの脱出の模索などについて順次述べていきたい。

私が国家やその法などに関心を抱いたのは比較的遅く、法学部三年生の頃である。それ以前の私の関心は、真言宗の若い尼僧であった叔母が、早暁の仏間で独り読経する後姿が与える無言のうちの影響のためか、あるいは日常としての戦争、とりわけその叔母の寺もあった学童縁故疎開先（祖父母宅）の富山市で、終戦の僅か半月前、明白な殺意を持って襲ってくる敵機から辛うじて逃げた、空襲という戦場体験のためか、死を意識する宗教的なものであった。だが、それを別とすれば、私の少年期体験の中で最も重要な要素は、やはり育った家庭にあったと思う。今にして思えば、父は戦前の日本社会ではかなり異質の考え方の人であった。父は、一九二〇年代の中葉、製麻技術習得のために、当時は製麻業の中心であった、ベルファーストで二年間を過ごした。仙台の武家出身の、しかしリベラルな気質だった父は、多くのイギリス的な生活様式を身に着けて帰国し、家族に伝えた。技術者であった父は、生涯を通じて政治に対する批判をあからさまに口にはしなかったが、生活態度でそれを示していた。姉のピアノの勉強を戦中でも続けさせるために、庭に防空壕を掘り、そこにピアノを移動したことはその最たるものである。非国民という社会の指弾と警察の取り締まりを避けるためだったのであろう。

したがって、我が家にあっては「鬼畜米英」などという言葉は無意味であり、敗戦の屈辱感はそれなりにあったけれども、戦前と戦後は必ずしも価値意識における断絶を意味しなかった。また、私と同世代の多くは、少年時代の戦中に鼓吹された日本神国論に欺かれたことに強いルサンチマンを抱いていたが、私はそれとも無縁であった。当時多くの家庭で掲げられていた皇居二重橋の写真なども我が家には無かった（我が家にはなぜその種のものが無いのか、私は不審に思った記憶がある。社会からの影響であろうか）。少年の私には何も語らなかったが、合理的思考の持ち主であった父は早くから敗戦を予想していたようである。他方、企業規模の比較的小さい、しかも軍需産業であった製麻業は、化繊の登場もあって戦後は決定的に崩壊、父は失職して我が家の生活は大変な困難に陥り、私はプロの弦楽合奏団でヴァイオリンを弾いて働いた（当時は私の技術水準でもかなりの収入が可能だった）。その体験の中で強く印象に残っているのは、昭和二十八年晩秋、関鑑子指導する中央合唱団の発表会で、芥川也寸志指揮臨時編成室内オーケストラの第一ヴァイオリンを弾いた時のことである（「第一回日本のうたごえ祭典」、会場は日比谷公会堂と神田共立講堂）。日本共産党の音楽組織だったこの合唱団はうたごえ運動の中心であったが、当日の演奏会では井上頼豊（シベリア被抑留者であったことは後に知った）のチェロ独奏も含めて、圧倒的にロシア民謡が聴衆の支持を受け、ステージの上から眺めれば、一曲終わる度に陶酔と嵐のような熱狂的喝采であった。未だスターリン批判以前の時代、ソヴィエト・コミュニズムはなお希望の星、約束の地であり、会場内の雰囲気は、あたかも明日にでも革命が起きそうな、異常なまでの高揚であったと記憶する。ここでこのことに触れるのは、数年後、私が研究生活に入った頃もなお、ある意味ではそれと通底する雰囲気を周囲に感じることがあったからである。もちろん、その日も会場を出れば、平凡な戦後日本の日常があった。

この体験は私に、およそ運動というものが我々の思考や感情を規制することについて、深く考えさせるところがあったが、実はこの種の経験は私にとって初めてのことではなかった。ただし、ここで当事者は私自身である。

私は中学三年以来カトリックになっており、大学一年生の時にはカトリック学生運動の一端を担ってその事務局で熱心に活動したが、一年間で自ら退いた。理由は、運動に従事する時、人は常に幾分かは自己を偽らざるをえず、その点で私は本性的に運動には耐えられない、というその後の一生を通じて変わらなかった明確な自己認識が私の中に形成されたからである。この記憶は今も鮮明である。

転機は三年生の折（一九五四年）、指を故障してヴァイオリンを断念せざるをえなくなり、法学部学生として未だ何の知識も身に付けていない自分を発見して不安に慄いた時に訪れた。未だ若き星野英一助教授を中心としたカトリック自然法の研究会での勉強が私を立ち直らせ、最終的に私は研究者を志したが、その際でも法哲学という規範論の世界に身を投ずる気持ちにはなれなかった。ここでも今にして思えば、それもまた、他の人は知らず、運動の世界は自分の世界ではありえないという自己認識と同根の判断だったのであろう。私はヨーロッパ政治思想史を選択した。しかし、その中でもなぜイギリス近代だったのか、記憶は必ずしも明確ではない。父の無言の影響でイギリスが最も親しみ深かったためかもしれない。だが、すべての考察の対象に壮大な抽象的概念の衣を着せずには済まないドイツ思想も、思想家たちが自分は世界の中心であるかのように自己主張し過ぎると思われたフランス思想も、いずれも私の肌に合わなかったことは確かである。対して、イギリスの思想家たちに（多分ホッブズを除いて）多く感じられる自己抑制の雰囲気は、私の気持ちを落ち着かせた。私は東京大学法学部助手に採用を願い出て、アーネスト・バーカーの歴史・政治思想を論じた、学生としてはかなり大部の二百枚近くの論文（単位外）を、指導教官をお願いした堀豊彦教授に提出したが、この論文は、歴史的に治者と被治者の二元的分化を前提してきたイギリス政治思想が、両者の同一を前提する大衆民主主義の到来によってどのような変容を迫られたかを主題としたものである。

学生時代のこのいわば **juvenile poem** にここで言及したのは、内容はほぼ忘失していたこの論文を最近読み直してみて我ながら驚いた一つのことを明かすためである。私には、その後の研究人生の中で、長い時間をかけて少しずつ自覚化されてきた目標がある。その目標とは、最も広い意味で運動論とは距離を取ることを心掛けながら、思想家たちがそれぞれ遭遇した状況の中で、所与の言語的資源の制約のもと、いかにそれを最大限に利用して対処したかを、及ぶ限りの想像力を働かせて描き出す努力をすることである。私の考えでは、思想史研究が対象とするのはあくまで思想家個人の精神である。自明のことであるが、すべての思想家には個人としての経験と実存がある。特定の理論言語によるその体系的表現が思想であろう。もちろん、およそ思想家と呼ばれるほどの人物には多面性が常に伴う。研究者は、その多面性の構造と理由に対して最大限の尊敬を以て接しなければならない。そして、その思想家が論じた事柄が何らかの意味で政治と深い関わりを持つ時、私たちは彼／彼女を政治思想家と呼ぶ。ところで、平時から最悪の混乱状況に至るまで、政治の中で人が問われ、また賭けるのは、最終的には自らの個人的信条と判断である。思想〈史〉と呼ばれるものも、本質的には、そうした個人的な信条表現を記述したものの堆積以外ではありえない。これは一見抽象的な言明に聞こえるかもしれないが、思想史の方法手続きとして具体的に言えば、思想家たちの実存を知るべく、彼らの発言の背後にある伝記とその周辺を極力重視するということである。他方、彼らを〈学派〉や〈主義〉に分類するのにはきわめて慎重でなければならない。

もちろん、長い年月をかけて熟成してきたこうした目標を、私がそれぞれの時点でどこまで明確に自覚し、実現できていたかは、おのずから別問題である。ところが、今になって私を驚かせたのは、六十年以上も前のこの論文が、対象としたバーカーを論ずるに当たって、未だ無自覚ながらすでにこの方向への歩みを示していたことである。もっとも、これは何ら驚くべきことではなくて、取り上げる研究対象は時とともに変わっていくとしても、人は皆一生で一つの歌しか歌えない、という陳腐な経験則の一例に過ぎないのかもしれない。結局のところ私は、研究生活に入ろうと志した最初の時点から、対象とする思想の中にその〈現代的意義〉や〈現代への教訓〉を読み取り、それを基準に〈評価〉を与えようとする、思想史研究の世界で今も自明とされている、本質的に実用主義的で運動論的な発想とは異なって、当該思想家の言説から、より端的にその人間性理解を目指すという方向性を、殆ど直観的に目指していたようである。〈意義〉論や〈教訓〉論は時に〈過去と現在の対話〉と呼ばれるが、そこで対話の相手とされる過去の思想家たちについて適切な歴史認識を前提としない限り、結果として解釈者の自己を過去の思想家に投影したり、最悪の場合には、その権威を借りるだけに終わりかねない。それを防ぐためにも伝記の知識は不可欠であろう。だが、私の伝記への関心に対して一人の同学の友人は、自分は伝記には全く関心がないと言い放った。

さて、こうした心性を持って政治学の助手研究室に入った私であったが、周囲の雰囲気と私の立ち位置との距離感が私に不安を抱かせているのに気付くまで、さして時間はかからなかった。当時、ヨーロッパ政治思想史の研究者たちは、天皇制ファシズムの廃墟を乗り越えて日本における近代を建設すべく、自立した個人が理性を行使して自由な同意の上にデモクラティックな国民国家を形成する理論モデル、いやそれ以上に普遍的理念として、社会契約説の歴史的意義を強調する福田歓一教授の業績に大きな共感と支持を寄せていた。ホッブズ、ロック、ルソーが「近代民主主義の源流」論大合唱の主要曲目となった。それはまた、ルネサンスと宗教改革を分界点とする中世・近代断絶史観であった。その背後には、ヘーゲルの歴史哲学に傾倒した若き丸山眞男教授の近代観の影が色濃く見える。そして、この言うなれば丸山・福田パラダイムは、ソヴィエト・コミュニズム崩壊後も、資本主義の非人間性の修正を目指す社会民主主義論と連動して、多くの論者のモラルの支えとして生き続け、少なくとも二十世紀末まで、福田教授ら戦後政治学第一世代から、私も属している第二世代、さらに団塊の世代と言われる第三世代までを支配したと考えてよいであろう。

私もまた同世代の一員として、この史観の天皇制国家論拒否には少なからぬ共感を覚えた。だが私は、他方そこに或る種の違和感を禁じることもできなかった。理由は、最も一般的には、近代と鋭く対立する第一ヴァティカン公会議の体制を無条件には肯定できないにせよ、やはりカトリックである私にとっては、同時代の多くの日本の若者のように、「前近代」と鋭く区別された「近代」という言葉が、歴史の中で実現すべき理念として特別の輝きを持つことはなかったためである。さらに私には、未だ直観の域に止まってはいたもののこの一般的判断と不可分に、一人の政治思想史研究者としての考えがあった。具体的には、この近代政治理念成立史論には、私が納得できない二つの点があった。その一つは、それが、経験からの帰納とは遠い、カント風の先験的な個人の自律論を前提とする、強い意味で倫理的な政治・歴史論だったことである。それは個の自立とされる「近代的自由」の政治としての規範的デモクラシー概念を、普遍人間的テロスの位置にまで高め、その展開をホッブズからルソーに至る理論史の中に見る。こうした議論は、理念としてのデモクラシーといえども、その言葉のもたらす現実とともに論議されるのが常であったヨーロッパではおよそ考えられない。因みにダンは、私のE・H・カー体験にも似て生涯に一度、小金井の拙宅で丸山、福田両教授と一夕をともにした体験の強い印象も手伝ってか、丸山教授の知的良心と勇気に深い尊敬の念を抱き続けているが、他方、丸山のデモクラシー・ヴィジョンは、そもそも実現可能性の無い、軋轢なき〔共同体の〕夢であったと指摘している。象徴的と言うべきである（Maruyama lecture 2001.「日本のたどる政治的麻痺への道」安武真隆訳、『思想』第九三八号、二〇〇二年六月）。あるいは、戦後の我が国ではなお語るべきデモクラシーの歴史的経験はなかったことが、こうしたある種超越的規範論が、謂わば批判精神の高みから説かれる無意識の理由だったのかもしれない。決して反近代主義者ではなかったがそれでも当時の私には、この歴史観はどこか非現実的な想いと見え、しかも、本来、より高次の目的に対する手段の領域たるべき国家とその政治に、天皇制国家論とは異なった意味においてにせよ、なお過度の倫理的目的を帰しているのではないか、と感じられた。

近代政治理念史について私のいま一つの疑念は、その倫理主義とは一見逆説的に、そこで前提される「近代的自由」すなわち思想と行動における個人の「自由」が、実はカント亜流の形式的概念ではないかと思われたことである。自由概念のこの形式性は、実は無方向性であって、それと利己的自己中心主義との間には原理的に線引きが不可能なのではないか、というのが私の素朴な疑問であった。これを現在の私の知見で言い直せば、そもそもヨーロッパ思想史の中の倫理的「自由」は、それを「近代」の所産とする中世・近代断絶史観が見るのとは異なり、初期中世以来のキリスト教における自由意志説として形成されてきた、強く非政治的な目的論概念である。人は神与の能力としての自由意志によって、善なる目的すなわち神への愛か、悪なる目的すなわち人への愛か、いずれをも自由に選択することができる。このオリゲネス、アウグスティヌス以来の自由概念は、ルターとカルヴァンによる打撃にもかかわらず、プロテスタンティズムにおいてもまた強く生き残り、ヘーゲルに至るまでその主張の基礎となった。だが、後出第四章で述べるようにカントは、一方その議論の前提を受け入れながら、他方、彼の考えるあるべき宗教からは、受肉、贖罪、恩寵などキリスト教の実定的教義を、非理性的な感性の問題として排除し、同時に自由と選択とを切り離す。そして、最終的に自由を、自然界における根拠不可知の事実たる重力とパラレルに、精神界における根拠不可知の必然たる実践理性と意味付ける。いわゆる定言命令も含め、この自由論の形式化は、近代の自由意志論史上最大の打撃だったと私には見える。対して、十九世紀に入りJ・S・ミルが、時代の強い美意識を背景に、世俗的な功利主義の中に「人格の陶冶」という目的論を復活させたが、その歴史的射程は長くなかった。そして二十世紀後半、ロールズは、この自由概念の形式性を究極にまで推し進めて正義論の基礎とした。

結局のところ、日本における近代政治原理成立史は、本質的に一元論的世俗史観であった。その限りでそれは明治以来の多くの西欧近代観の枠外に出るものではない。そこではキリスト教の占めるべき場は本来無く、宗教改革は「近代」を生み出した媒介としてのみ描かれ、カトリックは反近代的反動として基本的に無視される。助手時代のある日、トマスを意識しながら私が「自然法」という言葉を発した時、研究室の先輩助手たちは即座に「人間的規範はすべて作為であり、自然法など幻想である」と一笑に付した。それは、法と社会についての前近代的「自然」概念対近代的「作為」概念という、丸山・福田パラダイムの図式をそのままなぞったエピソードであった。

顧みれば、確かに近代政治理念成立史論は戦後日本で人々に、天皇制神話に代わって拠るべき新しい神話を提供した。だが同時にそれは、すべての成功した神話と同じく、とりわけ若い世代の人々に対して、異質の世界を発見する能力であるはずの想像力を制約し、衰微、定型化させる力としても働く、という対価を支払わなければならなかったのではないだろうか。そして、私自身もその制約を免れなかった。社会契約説山脈の主峰の数々とその彼方に見えるはずの社会主義を除けば、そもそも近代の政治思想史で真剣に探究に値するものはあるのか。カントを除いて十八世紀思想は、十七世紀革命と十九世紀・二十世紀革命に挟まれた谷間の思想であり、功利主義は、いずれ克服さるべきブルジョアの束の間の夢に過ぎなかったのではないか。とすれば、もはや残された仕事は落穂拾いでしかない。再び今にして思えば、これもまた無知ゆえの杞憂であったが、当時の私にとってその不安は、三年の任期の終わりに書かねばならない、いわゆる助手論文の主題選択という具体的問題として、まさに現実のものであった。そして、不安の背後で、私の中の近代政治理念成長史に対する懐疑は確実に成長しつつあった。カトリックに対して時に揶揄的ですらあるウェーバーに教えられたのであろうか、この理念史は西欧近代を合理主義の時代と認識している。だが、これと対照的に文学は、神無き近代的人間の非合理を飽かず論じてきた。この事実はどう説明されるのか。究極のところ、政治理念史の世界での認識と文学の世界でのそれとが対立した時、私はどちらを信ずべきか。遺憾ながら軍配は、より人間性の現実に密着していると感じられる後者に上がるのではないか。一九六〇年代以降の私が文学者の政治思想に関心を移行させていった動機もこの懐疑にあった。

私は、疑問は感じつつも、なお近代政治理念発展史以外の方法は知らない。その時、バークをやってみてはどうか、との示唆を下さったのが丸山教授であった。助手に採用されて以来、同教授は私の性向をご存じで、大学院のゼミでは吉満義彦論を聴いて頂いていたが、この頃、ご自身でもヨーロッパの保守主義に強い関心を持たれていたと記憶する。確かに近代政治原理発展史論は同教授の強い影響力のもとに形成されてきたものであるが、先導的研究者の常として、すでにご本人は独り先に進んで、その史観の限界や問題点を見ておられ、それが私への示唆の背景にあったのかもしれない。明らかにバークは理念発展史観では合理的説明の困難な大物思想家だからである。私は丸山教授の示唆に従ってバークに取り付いてみたが、知識の不足と方法の貧困は明らかであった。

結局、研究者として最初の業績たるべき助手論文に私が選んだ題目は、バーク自身ではなく、バークが正面の論敵とした「フランス革命期のイギリス急進主義政治思想」(『国家学会雑誌』第七十四巻第三・四号、第七・八号、一九六一年)であった。私は、バーク研究の予備作業として、時代の思想状況を少しでも正確に知りたかった。しかし、結局それは一つの思想グループの敗北物語である。事実、若きコールリッジを含む、ゴドウィンを別とすれば主としてプロテスタント非国教徒より成るこの急進主義グループの多くは、フランス革命の急進化に伴う国内での嫌悪感の増大や弾圧によって、ドイツ、イタリアなどヨーロッパの他の国の場合と同様、次第に革命礼賛から保守主義や非政治主義などに転向する。そして、十九世紀に入るとイングランドの政治的急進主義は、代わって全く世俗的な功利主義者たちと社会主義者たちによって担われることになる。こうした急進主義の研究は、状況の概観に止まるものではあったが、そのための勉強が、結果として文学者たちの政治思想から、さらには世俗化する十九世紀政治思想史における美意識の重要性に私の目を開かせ、それを通じて単線的な近代政治理念発展史から脱却する具体的な端緒を教えてくれた点で、その後の私にとって大きな意味があったと今では考えている。以来半世紀余、それは長い旅の出発点であった。

急進主義政治思想論以降、六〇年代の私は、六六年に、私にとってもう一つの持続的関心事であるカトリック思想を題材に、「近代日本思想史の中のカトリシズム――吉満義彦へのエッセイ」上・中・下を『思想』誌上に発表した。吉満は日本におけるカトリシズムを戦前から戦中にかけて担った一人である。歴史に生きる人間の観想と行動は本質的に一つであるとするその言葉は、私を深いところで動かした、思想史研究の原点である。私はこの問題での思索を、岩下壮一、田中耕太郎、それに内村鑑三も視野に入れて、最終的に『近代日本のカトリシズム』（みすず書房、一九九三年）にまとめたが、その出発点となった吉満論はまた、キリスト教とプロテスタンティズムを殆ど同視して怪しまなかった、戦後日本における正統ヨーロッパ近代思想史観とその日本への適用に対する異議申し立てでもあった。

イギリス思想史問題を続ければ、私の手探りは、六二年『思想』第四五九号に発表した三〇年代文学者論に始まる。だが、ここでは六五年の論文「思想家としてのエドマンド・バーク」について述べなければならない。これは同年の日本政治学会編年報政治学『政治意識の理論と調査』の巻末に収録されたもので、おそらく殆ど誰にも読まれず、ひっそりと眠ってきたが、私自身の遍歴にとっては重要な作品であるので本書第一章とした。分析の主たる素材は、青年期バークの文芸的諸作品、および一七六五年の政界登場以降八〇年までの書簡に求められた（当時、書簡集は八二年までしか公刊が進んでいなかった）。この論文の最初で最大の課題は、研究史の中でのバークは、保守主義者以外にも、真のステイツマン、功利主義者、ロマン主義者、議会制民主主義者、さらにはスコラ的自然法論者など、到底相互に調和できそうにもない多様な顔を持たされている、という事実にどう向き合うかということにあった。この課題に対して私は、混沌とすら見えるこの多様性は、一面では確かに研究者の側での関心の多様性に負っているとしても、実はバーク思想の性質そのものがそれを許容しているのではないかと想定しながら、他方、通常の研究でなされるように、その許容の論理構造を直接に論ずるのは断念することで対応しようとした。言い換えれば、バーク思想におけるイデオロギー問題の仮説的な捨象である。その目的は、政治的行為者たる以前に、そもそもバークはどのような人間認識を持ち、またその人間が織りなす政治の世界の性質をどのようなものと認識していたかに注意を集中するところにあった。

結論的に言えば、初期の文芸的作品、政界での書簡いずれにおいても私が見出したのは、一つには、機械論的ですらある要素論思考から来る、ある種の歴史的必然論者バークであり、いま一つには、そうした必然性の支配する人間世界において人を動かす動因としての思想、とりわけその演劇的効果を意識するバークであった。書簡の中で彼は政界を、それぞれのアクターが、さまざまな要素の織りなす状況の必然性に促されて思想の演技を戦い交わす世界として描く。考えてみれば、政治の世界を演技のそれとする見方は、ルネサンス期、エラスムスやマキアヴェッリ以来の技術的政治観の伝統であり、若いバークはその伝統の語法に乗っていると見るべきであろう。こうした、技術としての政治観の伝統とその重要性は、理念史的政治思想史では全く顧みられない。なお、バークはこの技術を、晩年の『フランス革命の省察』において最も華麗に駆使した。同書は、前半（拙訳第一部）での懸命の思想的演技と、後半（同第二部）での革命フランスの権力構造および政策の冷徹な要素分析との結合と読める。演技だからこそバークは、殆ど狂気とすら見える過激な革命批判を口にすることができたのではないか。そして、その演技の多様性こそが、解釈の多様性を生んだのではないか。このように読む視点は、当然その奥に、そうした演技にバークを突き動かしたより深い動因は何か、彼の最終的アイデンティティはどこにあるのか、といった議論を要請するであろうが、この論文はそこまで立ち入っておらず、その意味でトルソである。いずれにせよ、思想の抽象的論理とその思想を語る人間との関係は、政治の技術論と同様、〈思想の現代的意義〉論や理念史の視角からは見えてこない。私はそれに対する異議を、この論文第III節(ii)〔補論16〕で遠慮がちに申し立てた。近年に執筆した「キリスト教思想家トクヴィル試論」（『藤女子大学キリスト教文化研究所紀要』第八号、二〇〇七年、本書第五章）、および「自由意志論思想史上のカント」（田中浩編『思想学の現在と未来』未來社、二〇〇九年所収、本書第四章）も同じ発想の延長のつもりである。

私は漸くダンの *The Political Thought of John Locke* の読書体験を具体的に語る地点に到達したようである。私がここで、トルソに終わった初期バーク論を取り上げたのは、ダンを読み始めた時、研究史上のロック像として、バーク研究史で私が発見したのとまさに同じ、あるいはそれ以上の混沌状態の描写が叙述の出発点に置かれているのを見出して、その符合に驚きと強い衝撃を受けたことを報告するためである。驚きはそれだけではなかった。一九七〇年の私の関心はすでにバークからコールリッジに移っていたが、ダンがその混沌の描写を受けて、全篇を、抽象化されて述べられた理論の背後にある、人間ロックの思想的格闘の生涯の追究に充てていることは、バークやコールリッジの人間性に少しでも近付こうとしていた私の共感を直ちに誘った。ダンは、初期の権威主義的政治論から歴史上あまりにも神話化されてきた『統治二論』、さらに『寛容書簡』へ、あるいは自然法論から『人間知性論』を経て晩年の『キリスト教の合理性』へと、振幅も大きく、理論的にも相互に整合困難なロック思想の遍歴を、その政治的、社会的遍歴と重ね合わせながら忠実に辿る。そして、それらすべてを通じて、キリスト教信仰への服従衝動の中にロックの最も深い実存の要求を見出す。と同時に、人間的卑小さが窺われさえする世間的欲求、さらにはきわめて深く懐疑的な「パスカル的気質」など、見出されるすべての要素を無視せずに人間ロックを描き切ろうとする。ダンは、ほぼ同時期に書かれ、「思想史のアイデンティティ」と題された論文の中でも、政治思想史には、あるべき政治世界の姿や構成や行動の基準について述べられた過去の命題の記述と合わせて、それを主張した生身の人間についての記述が含まれるべきであるのに、従来の研究には後者が全く欠けており、そこでの人間の役割は特定の命題群のラベルとしてだけである、と批判している。また、ロックが一貫してホッブズを無視し続けた事実を指摘して、正統政治思想史が当然と見てきた、社会契約論史上の「ホッブズからロックへ」という「発展」が、実は神話に過ぎないことをも論証している。

私は、正統的手法からかけ離れたダンの取り組みの新鮮さと卓越、その知的誠実に深く共感したが、それが私の勝手な思い込みではなかったと自信を持って言えるのは、博士号請求論文としてケンブリッジ大学に提出されたこの作品について、三人の審査員の評価が厳しく対立し、結論として博士号は拒絶されたが（若手研究者たちは、これはスキャンダルだと語っていた）、ケンブリッジ大学出版局はそれを直ちに出版した、という事実があるからである（これだけでも日本の大学人の日常感覚からすれば驚天動地である）。もちろん、現在の私の知見からすれば、ロックのキリスト教性理解については異論もある。ダンは、カルヴィニズムの主意主義的キリスト教理解をロック思想の核心と見たことにより、当然ロックの中での自然法論の位置を周縁化することとなったが、はたしてそれでよいのか。通説的理解では無視されているがロックは、社会契約説も含めて広義のトマス自然法論パラダイムを濃厚に継承しており、アルミニウス主義者と見られてもおかしくはないことは「主の灯」論、自由意志論、いわゆる「タブラ・ラサ」論、さらにはその人間関係などからも明らかであるが、それらはロックの実存とは遠い問題であったと考えてよいのか。

だが、半世紀近く後の判断はここでの問題ではない。私には、ダンのこの書物こそ、自分が長らく求めてきたものとの出会いと感じられた。地球の反対側でイギリス政治思想史研究に従事する二人の研究者が、相互の事前の交渉もなしに、それぞれが属する学界で正統とされてきた思想史研究のあり方への懐疑も含めて、研究対象こそ異なれ類似の問題意識を持ち、類似の解決を模索してきたという驚きの感覚は、言葉にこそ出さなかったが、おそらくダンも共有したのだと思う。さもなければ、二人の交渉は決して永続しなかったはずだからである。これこそ私の一九七〇年ケンブリッジ体験での最大の果実であった。翌七一年春、私は優れた若い研究者との交流を持つことができたことに満足感を抱いて帰国した。

帰国後、七〇年代の私の時間は、概ね『フランス革命の省察』の翻訳と、田中耕太郎論および内村鑑三論の執筆に費やされた。ここで前者について若干回顧すれば、同書は一七九〇年十一月初版であるが、同年中に第七版までが出され、その間にバークが推敲を加えたことによって八頁増加した。私は佐々木武氏、中野好之氏、京都大学経済学部図書室の御厚意により、それらすべてを机上において逐一参照しながら作業を進めることができた。

それは気の遠くなるような微細な手仕事であり、完成には五年半以上を必要としたが、それなりに充実感の日々であった。さりとて、その間にも私には、コールリッジ研究を中断してかつてトルソに終わったバーク研究を再開しよう、という気持ちは起きなかった。その理由は私自身にも必ずしも明確ではなかったが、ここでも今にして思えば、私にはバークの人間性に対するある種の疑念を払拭することができなかったためかもしれない。

III　一九八〇年代以降

私のケンブリッジ再訪は十年後、一九八〇年から八一年にかけて、三訪は八五年である。最初の滞在によって私は、正統政治思想史へのスキナーの華麗な挑戦や、ダンの実存的ロック研究を知ったが、それらはどちらかと言えば個別的知見に止まっていた。これに対して再訪に続く八〇年代は、文字どおり「ケンブリッジ学派」（依然としてこの言葉は知らなかったが）に触発されて、私自身の思想史方法論を自覚的に追究した十年間となった。前出六頁に記した拙著、拙論、拙訳の他、論文「コールリッジにおける政治哲学の形成」（有賀弘・佐々木毅編『民主主義思想の源流』東京大学出版会、一九八六年所収、本書第二章）がその記録である。私の関心はその後、とくに九〇年代後半以降は、この論文も含めてモノグラフ（個別研究）での視野の狭さの自覚から来る行き詰まり感とも相俟って、ヨーロッパ思想史の通時的特質を主題とする物語の模索に移行していったが、それは最後に述べるとして、まずは八〇年代「ケンブリッジ学派」問題の中核と思われる点を、私が追究した方法論の中での判断と綯い交ぜて回想してみたい。

予め一言すれば、当然のことながら、既存方法論の批判において彼らがすべて同じ意見を一枚岩的に主張したのではないし、私自身それぞれの論者のそれぞれの論点について同意できる、または共感を持ちうる部分とそうでない部分があった。また、批判の動機が何で、批判の先に何を構想するかという点でも各人各様であった。だが、それらを考慮に入れてもなお、私の見るところ、少なくとも論争の初期、次の二点において彼らは基本的に一致していたのではないか。第一に、西欧の知的伝統の普遍的価値を素朴に（または不遜に）前提する、実用史観としての正統政治思想史の知的虚偽に対する不信と批判である。些か乱暴な連想を働かせれば、それは戦後日本で、人々が神国史観に裏切られたと感じたのとどこか似ていなくもない。自分たちが「〈超時間的〉真理として」信じ切っていたものが、実は自分たちの「特殊な歴史と社会構造のもたらしたたんなる偶然の最たるもの」だったのではないかと言うスキナーに、ダンも同意したであろう。若い彼らにおいて、六〇年代以降とくに著しい、世界における西欧の中心性喪失の認識が、それまで自明視されてきた伝統への懐疑を生じさせたとしても不思議ではない。と同時にそこには、戦後イギリス社会主義のホープであったニュー・レフトも含めて、社会主義への理論的、現実的失望感も、少なくとも消極的要因として働いていたと思われる。他方、ケンブリッジを研究上のホームグラウンドとしたとは言え、すでにアメリカに住んで長いニュージーランド人ポーコックには、この意味でのイングランドへのコミットメントはなかったはずであり、実際、彼を批判に駆り立てたのは、おそらくはその複雑なアイデンティティの意識に促された、より深い原理的な歴史・人間認識だったのではないだろうか。

ここでポーコックについてあらためて述べれば、正統政治思想史批判において、一九七〇年の時点で実質的に最も先頭を走っていたのは年長のポーコックであった。書き下ろしの二篇の他は主として六〇年代に書かれた論文集 *Politics, Language, and Time*（1971）の冒頭頁に、「過去十年間において政治思想体系研究に関心を持つ研究者たちは、この学問の変形をもたらしかねない根本的変革を生きるという体験をしてきた。……自分はこの変革に初期段階から関わってきたつもりである」という、殆ど勝利宣言とすら受け取られる発言があるが、この宣言にはたんなる強がりではない、十分な根拠があった。やや詳細に見れば、この発言を含む第一章は、プラトン、アリストテレスに始まりマルクスに至る「正典」なるものを作り上げてきた「政治哲学史」に言う、「哲学」と

「歴史」の曖昧さの指摘、また、著者たちが付与し損なったと見られる「一貫性」を解釈者が「発見」しようとする試みの恣意性の批判、さらには著者たちのパラダイムを解明するために「言葉」(language) を研究する必要性の強調など、要するに一つの学問的 discipline としての政治思想史の、方法論上の独立を目指した議論に充てられている。この議論は、パラダイムは制度であり制度としての言葉は権力である、という最終章での議論によって締め括られる。そして、中間の諸章は、まず中国戦国時代の諸思想の概観、次いで、名誉革命とそれ以後十八世紀を支配し、フランス革命に際してバークがいま一度活性化を試みたと彼が見るイングランド古代国制擁護論、さらには、マキアヴェッリをイングランドで継受したジェイムズ・ハリントンを中心とする「政治的人文主義」の叙述などに充てられる。よく知られているように、この「政治的人文主義」の主題はその四年後、彼の代表作の一つとされる *The Machiavellian Moment* (1975) においてさらに大規模に展開され、アメリカでの彼の圧倒的名声を確立することになった。ただし、私自身は当時から「政治的人文主義」について、その前提をなすルネサンス人文主義における「時間」概念の世俗化の主張も含めて、議論の抽象性と論理操作の強引さに必ずしも同意できなかったし、現在でも、バークにおける古代の国制論の中心性の主張は、前節に述べたその多様なレトリックの一つを過度に拡大解釈しているのではないか、という疑問がある。

だが、それにしてもこれは驚くべき広大な視野と言わなければならない。アイデンティティ問題の意識からであろうか、ポーコックは早い時期からヨーロッパ中心史観から解放されており、だからこそ、英語文献のみの知識と断りながらも、同時代ギリシアとの比較を意識しつつ中国古代政治思想を論ずることができたのであろう。その世界史的視野の志向、人間における思考の多様性への感受性は、彼の主戦場であったアングロ・アメリカ政治思想史研究においても、ピューリタン神話の破壊を意味する、ハリントン以降の共和主義思想の伝統の掘り起こしという、きわめて重要な貢献を可能としたバネでもあったと思う。ポーコックにおける正統政治思想史批判はこうした文脈において理解されなければならないであろう。私がスキナーを介して彼と最初に接触したのは一九八〇年であるが、思想史家としての彼に深い、心からの尊敬を覚えるようになったのは、方法論論議と併せて、その名とともに語られてきた「政治的人文主義」そのものをも彼が〈卒業〉したかに見える、ここ二十年ほどのことである。二〇一五年に完結した全六巻に及ぶギボン研究、そして、イギリス思想史におけるイングランド中心主義を乗り越えるべく、彼が開発に心を砕く「ブリテン史」の追究はいずれも、今や九十歳代半ば、文字どおりの碩学としての彼の実存に深く根ざす、余人には達し難い境地であろう。「ルサンチマンだけでよいのか、……ルサンチマンの文化は、ルサンチマンの矛先を必要とするあまり、矛先としたその対象に縛られることになりかねない」という言葉は、長年の人生体験に裏付けられた深い人間洞察を感じさせずにはいない（『島々の発見』犬塚元監訳、名古屋大学出版会、二〇一三年、一五頁）。

改めて言わなければならないが、ここに述べたことは、「ケンブリッジ学派」問題がすでに歴史的過去に入ったと見てよい現在の私の判断である。だが、七、八〇年代の私について一歩踏み込んで反省してみれば、彼らの発想の根拠と、私の共感のそれとは必ずしも同じではなかった。私に彼らの主張への共感を抱かせたバネは、明らかに丸山・福田パラダイムへの知的懐疑の経験であったが、正確には私にとっての問題は、彼らにおけるような「伝統」ではなくて、戦後日本社会科学の世界に特有と思われる「近代」信仰であった。私は、両者の重ね合わせを殆ど直観的に行なったようである。しかし、その違いのためか、あらぬか、一方スキナーは、批判された伝統的な思想史をすべて「神話」として全否定したが、他方私は、古典の中に「現代的意義」を求める議論を「歴史」と呼ぶことはスキナーと同じく拒否したけれども、同時に、それ自体は歴史研究とは別の、独自の意味を持つ合理的な政治的行為と考えた。しかも、ここで重要なのは、両者を同じ一人の研究者が担うことも不可能ではないことである。その事例として、近代政治理念史論者たる福田教授自身、記時錯誤《アナクロニズム》を嫌う鋭い歴史意識からして、その主著においてすら、ホッブズ、ロック、ルソー、カントいずれについても、その図式では説明し切れない側面があるのを認めていただけではなく、複雑で「重層」的なルソーの実存と思想に生涯強い関心と共感を持ち続けた、という事実がある。ポーコックも言うとおり、方法論論争は常に straw man を相手にせざるをえず、またそうあらねばならないのであろう。因みに福田教授は、先に述べた拙宅での邂逅以来、ダンとの親密な交流を生涯にわたって維持した。

初期における「ケンブリッジ学派」が一致したと思われる第二の、そしてより実質的な点は、思想史研究の対象となるすべての作品の解釈基準として、著者の権威を尊重する態度である。著者の合理性は最大限に前提されなければならず、いわんや著者の〈時代的限界〉など口にすべきではない。これは前出三〇頁に述べた第一の合意の論理的帰結と言えよう。歴史の名に値する思想史においては、著者自らが語らなければならず、著者の言説に事寄せて解釈者が自分の思想を開陳することがあってはならない。ポーコック、ダン、スキナーいずれもこの点を強調した。私も全面的に同意見であり、現在でもそれに変わりはない。関連して言えば、その頃（現在でも？）我が国での同学の人々の間には、思想史研究者の任務は、著者が本来語るべきだったにもかかわらず語ら（れ？）なかった事柄を、著者に成り代わって語ることであり、それが解釈である、とする考えがあったかに記憶するが、私には、それは原理的に不可能事を目指すものであり、結局は自分（解釈者）をテクストに挿入して著者と同じ地位を望むものではないか、と思われた。では、別の時代（と社会）に住む我々はどうすれば著者の〈語り〉を〈理解〉できるであろうか。そもそも、人が思想を語るという行為は、自らが当面する何らかの問題とその解決への道を読者と共有することを望む行為であろう。とすれば、あえてくり返すなら、それを理解するためには、解釈者が自己の問題関心の要請から立てた概念によって著者を語るのではなく、まずは歴史上、所与の著者が、所与の社会の、著者が認定する所与の状況下で、その伝達行為を試みるのを必要とも可能ともした言語上の基盤、つまりは使用された語彙や、当該時代における個々の語彙の可能な意味範囲など、ポーコックの言う「言語」（language）の解明に努め、その上で対象の言説を理解するよう努めなければならない。ホッブズ『リヴァイアサン』の、今では少なくとも研究者の間では常識化している例で言えば、かつてなされたように、抽象的原理問題が論じられているその第一部と第二部だけでこの作品を論ずるのは、近代政治原理成立史という解釈者の側の分析枠組みにとっては有意であっても、歴史的なホッブズ理解とは言い難い。なぜなら、最も初歩的事実として『リヴァイアサン』は全四部構成であり、後半の第三部と第四部でホッブズは、時代の最大の問題であった宗教内乱の災厄をいかに克服するか、そのためには人々の宗教行動はいかにあるべきかを、彼の目的に合わせて最大限に操作された、しかしなお同時代の言葉で、同時代人に向けて語り掛けているからである。前半の一見抽象的な議論は、その目的に向けて読者の心を準備させるものと見なければならない。

それにしても、彼らの一致はここまでである。違いは、各人が、尊重すべき著者として、一人の著者の中に居る誰を考えるか、というところから生まれる。それは、批判の先に各人が具体的にどのような思想史を目指すかの違いでもある。ロック研究におけるダンにとって著者とは、キリスト教的実存追求者ロックであった。研究対象は異なるが私もそれに近い考えであったし今もあり続けている。対してスキナーにとって著者とは、政治的なイデオローグにほかならず、彼が政治思想と理解するものは、政治思想家＝政治的主体の行為を構成するイデオロギーである。彼は主著『近代政治思想の基礎』で、初期近代についてそれに挑戦し、同時代のイデオロギー状況の、かつてない細密な描写に大きな成果を挙げた。だが彼は、政治理念史と同じく、イデオロギーを担う人間には必ずしも関心がない。政治主体としての一人の思想家が時間とともにその主張を変化させた場合でも、その事実には注目しても、変化の内的論理には触れない。それが結果として一人の思想家の中に二人の人格を生み出すことになっても意に介さない。これは、本質的に政治史家の眼であろう。私は、この政治史的思想史も一つの可能性だとは思うが、自分の方法とする気持ちにはなれない。この点はおそらくポーコックにも共感して貰えると思う。彼が思想史の課題として language の研究を重視しながら、同時に著者の個別的意図は必ずしも一義的重要性は持たない、としているのがその理由である。ただ、いずれにせよ私自身は、コンテクスト問題に強く拘るつもりはない。スキナーの要求するように、「コンテクストを閉じる」ことは、政治史の立場に立たない限り、事実上不可能な場合が多いからである。

「ケンブリッジ学派」問題を終わるに当たって触れなければならないのは、イタリア語、フランス語、英語で九五年に発表された論文 The History of Political Theory（英語版は *The History of Political Theory and Other Essays*, 1995 所収）でダンが、戦線からの離脱宣言と受け取れる、一見驚くべき発言をしていることである。彼は言う。近年、政治理論史の正典に対する多くの批判があった。しかし、三十余年経過した今、自分はその批判には否定的になっており、かつて直観的に想定していたのとは違って、西欧政治理論史には今なお十分な存在意義がある、と考えるようになっている。ただしそれは、政治社会の目的を論じて分配的正義論に終始するロールズなど、現代版契約説が主張するような規範論の意味においてではない。アリストテレス以来の西欧政治理論の伝統の卓越は、何よりも、政治社会に本質的な困難（predicament）と暗い側面を直視し続ける、いわば認識上の卓越である。それも含めて今もなお、伝統の意義を問うて、ウォリン、シュトラウス、テイラー、ボッビオ、デラテ、ポラン、オークショット、バーリン、丸山、福田等、世界中の政治理論史家たちが努力している。その彼らすべてが誤りで、政治理論の歴史性を強調するケンブリッジ派のみが正しいと言うのは、やや能天気気味（a shade ingenuous）ではないか。

こうしたダンの、注意深い、しかもおそらくは意図的に過激な発言には、研究者としての彼の遍歴の背景がある。我が国においてダンは、一般的には、彼の青春の閃光であったロック研究のみが注視されてきたが、少なくとも七〇年代後半以降の彼は「ロックを遠く離れて」、視野を日本も含めて全人類的規模に拡大した政治認識の追究に身を投じ、現在に至っている。彼は、社会主義論を始めとして知的虚偽の多い規範論の世界には別れを告げ、現代世界を動かす因果的諸動因を求めて、それを、資本主義生産の仮借ない論理、および資本制社会の政治的対応物である民主主義国家が必然に迫られて人々に課す、法と先入見と想定する。また、現代社会の本質を、各政治主体の利益と情念が戦い合うホッブズ的状況と諸価値間の闘争の中に見る。そして、それらを与件に、最終的人類破滅の回避という意味での共生のために、何がぎりぎり因果的に可能な選択かを問う。それは、暗い情景を背にした果てしない、最終的な答えなき問いの連続である。なぜなら、そこで鍵となるべき人々の「深慮」(prudence)の具体的な姿は、状況に応じて千変万化だからである。こうした彼の政治認識の模索は、日本では殆ど無視されているけれども、インド、台湾、韓国などアジアの政治研究者たちに真剣に受け止められている。二〇〇七年に台北で開催された彼の定年退職記念シンポジウムには、慶應義塾大学の堤林剣氏も含め、世界各国から四十名以上の研究者が集合した。

〈The Cambridge School moment〉は終わった。この〈moment〉は、私の研究人生の一つの〈時〉に、方法意識という重要な一つの〈契機〉を与えてくれた。それに感謝しながら、この回想も、九〇年代後半以降の私の関心の要約をもって結びとしたい。前出『ヨーロッパ思想史における〈政治〉の位相』、および『ヨーロッパ思想史のなかの自由』(創文社、二〇〇六年)の二冊が、この時期の私の思考の主たる記録である。

顧みれば、私にはかつて、ダンとの会話の中から、歴史的真実を追究しようとする限り通時的思想史は不可能に近いのではないか、と考えた一時期があった。八〇年代初期の頃と記憶する。それは大学で西洋政治思想史という通史を講義する義務を負う身にとっては、困難を結果する判断であった。しかし、この困難の意識化は、すべての〈通史〉の仮説性と物語性を私に強く自覚させた点で、決して無意味な体験ではなかったと考えている。なぜなら、仮説性の前提を自覚し続ける限り、あらゆる歴史研究に対する本質的要請たる、通時的物語の構想を否定すべき理由は何もないからである。伝統的政治思想史が信用失墜したのは、この仮説性を忘却し、現代における言葉の意味を無自覚に過去に投影したためである。そして、私の困難はその先にあった。と言うのは、個々の思想家の個々の思想的営為を跡付け、その歴史的軌跡として通時的物語である講義の叙述を成立させるとしても、一般に、個についての認識は全体についてのそれと解釈学的循環の関係にある、という周知の原理はここでも満足されなければならないからである。私は、個々の思想家の実存から政治思想を見ていこうとする、研究における基本的アプローチと、講義における全体についての仮説的な見通しとが、方法的にも資料的にも矛盾しないようにしなければならなかった。この目的のための模索から私は、漸く停年後に、上記『〈政治〉の位相』の中で示したように、西洋政治思想史物語を通底する全体的特質は、「自由の倫理的力（moral force）」と「政治と非政治の持続的緊張」という二つの主題のもとに集約できるのではないか、という仮説に辿り着いた。

ここで強調しておきたいのは、この二つの主題は、少なくとも私の意識の中では、何らかの〈立場〉から〈演繹〉されたのではなく、私に知りうる限りでのヨーロッパ思想史の〈記録〉の中から、〈帰納〉したものだということである。まず「自由」の主題について言えば、今なお私には、なぜヨーロッパ二千年の思想史において人々は「自由」という言葉にかくも拘ってきたのか、という素朴な驚きがある。もちろん現在の日本においても、いや世界中で、人々は常に自由を求めている。他者による拘束を嫌うのは人間に殆ど普遍的な欲求であろう。だが、興味深いことに、日本語には「不自由」という表現があるが、それと対応するはずのヨーロッパ諸国語には「不自由」は無い。私には、この事実は伝統的な日本語における「自由」が、倫理的には中立の、主として「妨げ無し」という状態概念であるのに対して、ヨーロッパ語のそれは、いわば自然的欲求を指示する以上の、強い意味を持つ言葉であって、だからこそ「不自由」という表現は不可能なのではないかと考えられた。実際、ヨーロッパ思想史において「自由」という言葉は、人間は自らの行為の選択を自らの判断においてなしうる、またはなすべき、責任の主体たることを示す能力概念でもあり、その意味で強い倫理的負荷の掛かった、moral forceを帯びた言葉である。その理論的表現である「自由意志説」の中心命題が、善悪双方向の〈目的〉に対する、人間の本質的選択〈能力〉であることは、先にカントに言及した際に述べた。上記『ヨーロッパ思想史のなかの自由』は、この意味での「自由意志説」の集中的な例証の試みであった（ただし、現在の日本語の「自由」にはヨーロッパの語法も混入していると見なければならない)。

「政治と非政治の持続的緊張」について言えば、これは今述べた自由論の伝統の上に成立する仮説であり、当然、同じく帰納的性格のものではあるが、自由論以上に仮説性は強い。具体的に言えば、ヨーロッパにおいては、自由人の間の対等な関係としての〈政治〉の原理以外に、〈非政治〉とでも言うべき、同じく対等者間の関係の原理もまた働いているのではないか。言い換えれば、たんに脱政治や個人主義を意味するのではなく、政治＝国家には収斂しないが、にもかかわらず人間の共同性と連帯性を表現する、例えば「キリスト教的愛」や「友情」といった理念が現実性を持ったものとして働いてきたのではないか。そして、この〈非政治〉の原理は、〈政治〉や〈国家〉の補完原理たるに止まらず、しばしばその批判原理でもあったのではないか。私は、こうした相互に関連する二つの仮説を踏まえることによって、思想家たちの実存の表明というミクロの世界の記録を踏み躙ることなく、ヨーロッパ政治思想史の一つの通時的物語を成立させることができるのではないかと想定した。もちろんそれは、私のとは異なる別の仮説による、別の物語の可能性を排除するものではない。私は、ヨーロッパ思想史における語彙の驚くべき連続性を前提に、私に知りうる最大限の規範言語を視野に入れる努力をしたつもりであるが、前出拙著二点の実際の叙述でどこまで成功したのか、読者の判定を待つほかない。

最後に。私はすべての拙著でヨーロッパ政治思想史のヨーロッパ的特質を浮き彫りにしようと試み続け、その中で、これは外国研究なのだと意識し続けた。それはヨーロッパがキリスト教社会であることを前提にした理解である。だが、ヨーロッパ社会は十九世紀以降、とくに二十世紀後半にはきわめて世俗的な社会と化し、それは必然的に「自由の moral force」、「政治と非政治の緊張」それぞれの輪郭の不明瞭化を帰結した。おそらく、そのことと、デモクラシーも含むヨーロッパ政治思想の語彙の世界標準化とは相関関係にあるのであろう。とすれば、今や、歴史的過去の重みと合わせてその世俗化をも視野に入れた新しい思想史物語が要請されているのではないだろうか。だが、この目的のために私のなしうることは、未だ十分に究明されたとは言い難い、ヨーロッパ思想史におけるキリスト教的伝統のダイナミズムの明確化に努力するほかにはない。本書第五章および第六章は、ささやかなその試みである。

第一章　思想家としてのエドマンド・バーク

——一七八〇年まで

I　研究史の混沌状態——一つの解の試み

はじめに、本稿の意図、方法、およびその理由について述べる。まず、本稿の意図は、一言で尽くせば、エドマンド・バーク（Edmund Burke, 1729–97）を、特定の政治哲学の理論家とは区別された意味における、思想家として把握することである。それは、第一義的に認識者としての次元においてバークを把握すること、あるいは、自らの認識において世界と相対するところの、そのバークの認識、観念の構造を検討すること、と言い換えてもよい〔補論1〕。

〔補論1〕ただし、このことは、後述するように、バークの哲学体系——もしもそのようなものが存在するとして——における狭義の認識論のみを分析することと同じではない。その問題から見る限り、バークは思想史家にとって興味ある対象では必ずしもありえない。むしろ、私の意図しているのは、具体的には、美学、歴史、政治等にわたるバークの諸作品の中から、それぞれにおける事物の「自然」として表象されているものを探り、それらの観念の意味、内容を追求するにある。ただし、それにもかかわらず、「バークにおける自然の観念」という端的な表現をさしあたり避けたのは、一つには、彼が自ら用いている「自然」の語自体、認識の領域を異にするにつれて、現象に対するその抽象性ないしは包括性のレヴェルを異にするからであるが、また一つには、一般にそれら各領域の理論史の中で、〝十八世紀的自然概念〟なるものが、すでに一定の位置を各々与えられているため、無限定な用語法によって、そのいずれかの理論史に無意識的にコミットするのをおそれたからでもある。したがって、本文の叙述を通して私のコンテクストが明瞭である場合以外、そうした表現は用いないこととする。

それでは、バークという対象について、なぜそのような再構成がなされねばならないのか。すでに西欧におけるバーク研究史は、量質ともに豊富であり、我々は、彼の死の直後以来の多くの伝記的叙述を始めとして、ステイツマン・バーク、功利主義者バーク、ロマン主義者バーク、反独裁（議会主義的）デモクラット・バーク、保守主義者バーク等さまざまのバークを持ってきたばかりか、戦後においては、さらに、スコラ的自然法論者バークすら持っている(1)。そして、これらが主として狭義の政治思想史の視点に立脚するバーク像であるとするならば、文学史は、政治思想史からはむしろ見捨てられている彼の青年期の作品に着目しつつ、文芸批評における古典主義からロマン主義への移行者（前期ロマン派）としてバークに言及するのを忘れないであろうし、美学史は、ヒュームよりカントへの架橋としてのバークに注目する(2)。このような研究史の成果に対して、本稿はいかなる寄与をなし、また、それといかなる関係に立ちうるであろうか。

最も一般的に述べるならば、私が本稿のような方法を必要と考える理由は、まず消極的には、こうした研究史の状況が、私には、多様性としてよりは、むしろ混沌として映るからであり、また積極的には、そのような混沌、あるいは分裂が、たんに研究者の側での状況被制約性や、イデオロギー性にのみ起因するのではなくて、同時に、対象の中にもその根拠を持つのではないか、と考えられるからである。それでは、ひるがえって、なぜ私がそれを多様性ではなくて混沌と考えるのか。そのように考えることにいかなる意味がありうるのか。

比喩を以て表現するならば、思想史研究もまた、歴史の一部門として、現実の再現をその本質とする限り、演奏による再現をその不可欠の前提とする音楽などと共通の性質を持っている。すなわち、歴史家は、その対象の選択に際しては、意識的、無意識的に、自己の個性と方法とに適応した再現の可能性を期待するであろうし、また、そうした解釈における統一性と一貫性を持った再現内容の複数的存在、あるいは多様性を、どこまで許容するかという期待可能性を、選択の一つの大きな基準とするであろう。したがって、先に概括した研究史の状況が、もしも、そうした意味における多様性を意味しているとするならば、むしろそのこと自体が、文学・政治理論家としてのバークの、歴史を超越した卓絶性を立証するもの、と言わねばならないであろう。しかし、歴史叙述が、対象の再現に際して、同時に事実への忠誠義務を負うことをも考える時、はたしてそのように言い切れるであろうか。ただ一つの例をあげてみても、認識論的にはきわめてラディカルな感覚論者としてのイメージを当然の前提にしている功利主義者バーク像と、トマス的、スコラ的自然法論者バーク像とは、いったい、いかなる点で接しうるのであろうか。再び一般的命題を導入して、ディルタイにならって、啓蒙の自然概念を形而上学の歴史的最終段階と規定すれば、こと足りるのであろうか。仮にこの解釈を受け入れるにしても、まさにそれに対する否定命題であるロマン主義（あるいは、少なくともプレ・ロマン主義）の問題はどのように解決されるのか。さらに、より根本的な問題としては、これらの思想史的諸研究において争われているのは、バークにおけるロマン主義、バークにおけるスコラ主義、バークにおける功利主義などの問題であって、バークを、何らかのスクールの代表者とは考えないという点においては、論者たちの間にむしろ、一致が見られるということを、研究史上の事実として見逃してはならないであろう。そして、仮にもバークを始祖とする主義について云々しうるとすれば、それは、言うまでもなくイギリス保守主義であるけれども、イギリス保守主義とは、特定の理論体系へのコミットメントを意味せずして、むしろ、それを意識的に回避するところに成立する心理的な、一つの生活態度であるということが、すでに通念化して語られている事実をもまた、我々は無視しえないのである。

このように考えてくる時に、一方、こうした研究史の状況は、むしろ混沌として表現されるべきであり、かつ、それは、多かれ少なかれ、対象自体に内在する性質にも相当の根拠を持つのではないか、という推定が必然的に生ずる。他方、そうした推定を下すことによって、問題に対する接近の方法もまた、おのずから規定されるであろう。具体的には、この場合の可能な一つの道は、言うまでもなく、実証的研究をより多く積み重ねることであり、事実、一九三〇年代に始まる文学史の動向、あるいは最近ではコーンの提出した政治史的研究などが、明瞭にこの方向を指示している(3)。

だが、それは可能な一つの道であるとしても、それが唯一の方法であるかという点になると、いくつかの問題が残るように思われる。すなわち、現在、バーク研究のみならず、他の思想史研究についてもしばしば見受けられるこうした研究態度が、一般的に、思想史を、きわめて微視的にのみ語られる政治史・社会史の中のエピソード、または、一つのファクターに解消してしまう可能性を含んでいるのではないか、という根本的疑問はさて措くとしても、この方法をとるバーク研究にとって特殊の障害となるのは、ほかならぬ資料の問題である。周知のとおり、バーク自身は、日記、回想録の類を全く残さず、彼の死後、現在まで刊行されてきたいくつかの全集も、その全生涯を蔽うビブリオグラフィーとしては、きわめて不完全でしかない。したがって、彼の行動に関する従来の記述は、必然的にJ・プライアーを始めとする数人の伝記作家の記述、および、時折り発見される新資料に依存してきたわけであるが、バーク自身、その私的行動や、家族関係の秘密に極端に固執したことと並んで(4)、主としてスティツマン・バークを伝えた伝記作家の先入見、過大視が、彼の行動についての正確な研究を困難なものにしてきたのであった(註(18)参照)。こうした中で、もちろん、一九四八年のMSS公開、五八年以降の書簡集の連続刊行は、ひとり資料の問題についてのみならず、全バーク研究史上でも劃期的事態ではあろう。しかし、文学史における実証的諸論文の多くが、自己の解釈の根拠として、しばしばinternal evidenceを用いざるをえなかったという事実からも、資料の追加が問題を質的に解決するのでは必ずしもない、と言うべきではないだろうか。

端的に私の考えを述べよう。本稿もまた、可能な限りバークを歴史の中に還すことを期待する点において、最近の研究動向の中にあるとしても、その期待の内容においては、微視的な物語の集成によって、分裂した歴史のイメージの克服をめざす実証的研究と同一ではない。これまでの論述からもすでに予想されるように、本稿は、あくまでも綜合的な解釈論の一つの立場を提起することを意図している。したがって、問題はただ解釈の方法と内容のみにあろう。

より具体的に述べるならば、バークを政治哲学の理論家としてではなくて、認識の次元で再構成するという時、私の問題は、同時に二重の性質を持っている。それは、一方、政治理論においてバークがいかなる制度を主張したか、ではなくて、彼にとっての歴史的所与たるイギリスの伝統的な制度の機能をいかに認定したか、の問題であり、他方、そのような政治の観念は、美学・文学・歴史・政治などおよそバークが論じた認識の諸領域の中で、いかなる位置付けを与えられているかの問題である。このような角度からの問題提起をなすことによって、解釈者の恣意の介入は可及的に阻止され、この意味では、思想史もまた、解釈論としての意義を失うことなしに、歴史叙述としての地位を確保しうるのではないか、と私には思われる。また、特殊イギリス政治思想史の問題について言えば、産業革命、およびフランス革命という、バークの生きた時代の歴史的重要性、そして、その中での彼自身の論じた問題の多様性のゆえに、こうした視点の設定により、一見、認識の各領域の無秩序な交錯を示しているイギリス近代思想と、そこでの政治の観念についての一つのプロトタイプもまた、浮かび出てくるのではないだろうか。だが、本稿はもちろん、思想史の方法や、そうでなくとも、イギリス近代思想の問題を一般的に論ずるためのものではない。したがって、以下では、バークが自ら論じている諸問題を、資料に即して、相互に関連付ける試みがなされるであろう。この場合、扱われている個々の問題の各理論史において、バークがどこまでオリジナルであり、どこまで凡庸であったかは、当然のことながら、本稿では本質的重要さを持たない。

最後に、資料の選択および配置について述べる。本稿が、第一義的重要度を与える資料の選択基準は、バークを、できる限りその認識の次元で再構成するという意図からして、論題は何であれ、当該発言が、いかなる程度まで、相手に対する直接的、または短期的な説得の効果を期待しないでなされているか、という点に設定されている。この点で、一七六五年のバーク政界登場以後の、公開諸論説を基礎資料としてきた従来の政治思想研究と、本稿の前提とはある程度異なる。なぜならば、就中フランス革命以前、それらは、殆ど例外なしに、きわめて閉鎖的な当時の政界における、具体的な政治のイシューとの関連で発言されたものであり、したがってまた、当然に、争点を熟知した特定の相手の判断に対する、具体的な説得力を期待した上での発言だからである。このような状況のもとでの、特に議会演説の中から、レトリックや諷刺と、**sober argument** とを識別することには、はなはだしい困難を伴っている〔補論2〕。

〔補論2〕 一般に、政治上の発言における両要素を機械的に識別することは現実的には不可能であり、無意味ですらある。むしろ、それは説得技術の多様性の内容として把握さるべきであろう。しかし、その場合においてもまた、具体的問題に対する発言を過度に重大視することは、いたずらに解釈論上の混乱を招くのみである。説得のための議論がいかほど多彩な内容を以てなされても、それが、たんなるオポチュニズムでなく、一定の原理的な方法的態度の表現だとするならば、その内容には、一定の許容限度があるはずであって、それがいったいどの点にあるのかを決定することこそが重要であろう。そしてそれは、第一義的には直接的に原理的思考を表明している資料によらねばならぬことは言うまでもない。

右の基準によって、本稿が主たる素材として用いるのは、第一に、しばしば僅かな収入への期待と、**literary reputation** への遠大な希望のもとに著された政界登場以前の諸作品である。これらは、従来、もっぱら文学史・美学史の対象とされてきたが、政界における発言と比較して、相対的に不特定の読者を対象としているという点からだけでも、本稿では無視しえぬ素材である。第二に、一七六五年以降のものとして考察されるのは、主として、バークと親密な関係にあった人々への書簡であるが、その他にも、政治家としての彼が、ある程度状況を客観化しえたと考えられる場合の諸発言も重視されるであろう。なお、考察の対象とする時期を、一七八〇年のブリストル選挙区での敗北までに区切ったのは、刊行中の書簡集が、本稿執筆に際しては〔一九六五年〕、一七八二年六月までしか蔽っていないという、もっぱら資料上の理由によっている。

II　認識者バーク——政治生活以前の諸作品に見る

(i)　はじめに——二つの作品群

まず、多くの伝記作家、および書簡に従って、政治生活に先立つバークの経歴についてあらまし述べると、バークは、アイルランドで、法律の職務に就く際に国教に改宗した父と、カトリックの母との間に一七二九年出生。クエーカー教徒の主宰する学校を経て、四四年にダブリンのトリニティ・カレッジに入学。四八年に同校卒業。しばらく同校に留まった後に、五〇年、父親の意志により法律学の修得のためロンドンに上る。五〇年代のロンドンでの生活は、不明な点が多く、Missing Years とすら呼ばれているが、法学修業を嫌い、父親との不和まであえてして、ついにこれを放棄し、文筆生活に入る。この間いくつかの作品を発表してある程度の成功をおさめ、それを足がかりとして、遅くとも五〇年代末期には有力な文人、政界人たちの間を遊弋し始める。六一年にはウィリアム・ハミルトン（William Hamilton）の秘書となり、六三年、彼とともにアイルランドに赴任、同地の政界の有力者とも交わる。しかし、六五年始め、三百ポンドの年金を条件に、より完全な献身を要求するハミルトンに対して、文筆活動に必要な余暇を主張して衝突し、そのもとを去る。その直後、同年七月、第一次ロッキンガム（the Marquess of Rockingham）内閣成立に数日先立って、彼の私設秘書となり、次いで同年末、ヴァーニー卿（Lord Verney）の力によってウェンドーヴァー選挙区より下院に当選、ここに、以後、一七九七年の死に至るその生涯の進路は確定した。

政治生活以前（以下前期と呼ぶ）の諸作品の考察に当たって、第一に注目すべきは、右のような、一七六五年を境とする彼の生涯の転換に対応して、それらと、政治生活以後（以下後期と呼ぶ）の作品との間に、すでに論題自体に大きな断層が見られることである〔補論3〕。すなわち、後者が、例外なく、その時の政治状況との関連における具体的発言であるのに対して、前者は、広汎な、かつ抽象的諸問題を中心としている(5)。それらを今、仮に主題に従って分類すれば、第一群として、文芸批評、ないし美学的作品(6)、第二群としては歴史的諸作品(7)に分けられるであろう。これらの作品群は、例えば『イングランド史略』の如き、すでに着手されていたものの中断までも含めて、一七六一年頃を境として、文字どおり突如消え失せ、その後に、鮮やかに政治家バークが登場する。

〔補論3〕　この転換を図式的に表現すれば、文学より政治への転換であるが、私がそれによって意味しているのは、たんなる、生活方法の転換であり、それ以上の何ものでもない。現代文学の視点からすれば当然ここで提起さるべき転換の原理如何という問題は、バークの場合、問題自体として成立しないと思われる。なぜなら、現代文学でしばしば自明の前提とされる、作家の実存的関心事としての政治対文学、という対立の発想そのものが全く存在しないからである。バークを支配しているのは、むしろ単純に声望《レピュテーション》への欲求であり、その手段としていずれがより良いかという判断であった。したがって次の二つの引用が示すように、雇傭の条件として、自己の文筆活動のための一定の余暇の必要をハミルトンに訴えるバークと、ロッキンガムの秘書採用を喜ぶバークとの間には全く矛盾はない。「私がこれまで得た利益《アドヴァンテージ》のすべては……ほんの僅かの文筆上の声望によるものでした。……私はこの声望が、新たな著作によって、より推進されうると同時に、少なくともそれと同じくらいに危険に晒されうることも充分知っています。しかし、私のような二流の著作家にとって、著作を全く無視するのは、すなわち世の中から忘れられることに通じます。だから、私はそうした危険をあえて冒さねばなりません。……私が望んでおりますのは、しかるべき時期と、しかるべき方法によっても、私はあなたの御仕事以外のすべてのことを考えることから、絶対に排除されているのだ、とはお考え頂きたくないこと、ただこれだけです」（to William G. Hamilton, March, 1763, *Correspondence*, I, p. 165）。「私は職を得ました。それは大したものではありませんが、しかし〔将来は〕かなりのものになるかもしれませんし、少なくとも、利益にはなるでしょう。その職とは、ロッキンガムの私設秘書です」（to Charles O'Hara, 11 July, 1763, *ibid.*, p. 211. なお、本稿で言う *Correspondence* は、特に明示する場合を除いて、一九五八年以降刊行中のそれであり、フィッツウィリアムの編集による一八四四年の四巻の書簡集ではない）。

一般的に言えば、イギリスにおいて政治と文学が serious alternative と考えられるのは、少なくともフランス革命以後である。バーク自身、いかなる意味でも、そうした文学者でなかったことは、当時の文人界と政界とが、一般に同質的であったことからだけでも、当然と言えよう。それはまた、政界においていかなる立場を取るかが、必ずしもシーリアスな問題たりえなかったこととも対応する。むしろバークの特殊な地位は、後年、『フランス革命の省察』を著すことによって、文学と政治との、そのような関係への道を準備したところに求められねばならないであろう。この点においてバークはその論敵ルソーと、実は協力関係にある。

本題に入り、これら前期の諸作品の中で、認識者バークはいかなる姿をしているであろうか。私には、例えばマレイのように、一七六五年を境とするたんなる時期区分に従って、歴史の認識者バークと、歴史の動因バークとを分け（R. H. Murray, *Edmund Burke, a Biography*, 1931, p. 85）、また、この意味で前期の思想の後期への投影を論ずるつもりはない。しかし、非政治的問題についての論著が前期のみに集中し、かつ、後期の書簡等の中に同じ問題への言及があるとしても、それは常に前期の発想の再現であるという事実からしても(8)、前期の論著は、一つの完結した思想の表現として論じられるべきであろう。以下、本節では、まず第一群、次いで第二群の作品におけるバークの原理的態度を検討し、最後に、そこに共通に見出される問題について言及することとする。

(ii) 文芸批評または美学

文芸批評(以下批評と略称)または美学上のバークの立場を最も一般的に示しているのは『美と崇高』である。本書は、出版に先立つ数年前にはすでに脱稿し、充分の推敲の後に公刊されたが、まず、執筆の動機については、第一版への序文の中で、彼自身明瞭に述べている。それによると、本書は、(1)人間自身の情念、(2)それらの情念をもたらす事物の属性、(3)自然法則、の追究によって、美学の根本問題たる美と崇高の観念について、紀元三世紀の新プラトン派哲学者ロンギヌス以来の混乱を解決しよう、という野心のもとに構想されている(Preface to First Edition, 1757, text by J. T. Boulton, 1958)。すなわち、それは、同時代の他の多くの哲学的作品と同様、「自然」、あるいは「人間」についての批判的分析を通して、批評の客観性の樹立を志すものであったが、同時に見逃しえないのは、このような美学の基準の客観化は、自然に対する要素論的分析を通してのみ可能だという、方法の意識をもまたバークは明瞭に持っていたことである。第二版への序文は次のように述べている。「自然の文字《キャラクター》は読み易いというのは真実である。しかし、走り読みをする人に、それを許すほどには平明ではない。我々は、注意深く、あえていうならば臆病な進み方をしなければならない。……あらゆる複合的事物を考察するには、その構造《コンポジション》の中にある各々の要素を一つずつ調べ、すべてを最終的な単純さにまで還元せねばならない。なぜなら、人間性という条件が、我々を厳密な法則と、狭い限界に止めるから。我々は、その後に、その構造のもたらす結果によって諸原理を再考察せねばならぬし、また〔逆に〕諸原理の効果によって、構造を再考察すべきである」(Preface to Second Edition, 1759, *Works*, I, p. 70)。

したがって、自らの認識において世界と相対するところの、そのバークの認識を追究しようという本稿の作業は、当然、彼がここで提出しようとする「自然」の内容の吟味から出発しなければならないとしても、それはまた、彼の要素論的方法の特質を明らかにすることによってでなければならないであろう。なぜなら、右のバークの言葉からすでに予想されるように、原理的思考における方法の意識は、たんに方法にのみ止まりうるものでは決してなく、実はその方法を通して結果として表現されるもの、すなわち、ここでは自然の内容自体をも規定し、その意味では思考の特質そのものと考えられなければならないからである。

この問題を考えるにあたって、若干の思想史的回顧をするならば、事物の自然を表象するために要素分析的方法を採るのは、決してバークの独創ではない。言うまでもなく、同時代のその代表者としては、フランスの哲学者たちと、ヒュームは忘れられてはならないし、ひるがえって、それはホッブズ以来の啓蒙思想の基本的特質でもあった。そして、この要素論的思考において、啓蒙の政治思想、哲学、文芸思潮はそれぞれの接点を見出していたのである。人間の肉体《ボディ・ナチュラル》を部分によって構成される一つの構造《コンスティテューション》と考え、これと政治体《ボディ・ポリティック》、およびその構造と対応させ、各部分の相互関係の中に、政治体全体の安定を内在させるのは、政治思想史上、普遍的な発想であったし、他方、批評の分野では、文学作品は、それを構成する各部分、すなわち人物、背景などがどれほどそれ自身としてすぐれ、かつ、それら相互の関係と対応がどれほど考え抜かれているかという点で評価された[9]。また、哲学理論は、人間における根本的部分たる認識の根拠＝感覚の問題から出発するのを常としたのは、周知のとおりである。だが、この要素論的思考は、十八世紀後半、就中哲学の分野で重大な分裂の危機にあった。すなわち、同じく要素の問題を追究しつつも、一方、各要素を、自然における客観的実在そのものと解したフランスの唯物論は、必然的に、その集合としてのトータルな自然像と、自然の秩序の問題に逢着し、次第に存在論的、形而上学的性格を帯びていった（ドルバック）のに対して、他方、イギリスにおいては、要素は、それを認識する主体（人間）の問題と切断されることなく、むしろ、自然に対する人間の認識の有限性の意識から、実在についての懐疑的態度がもたらされたのであった（ヒューム）。

およそ右のような状況を背景に考える時、バークの要素論的思考はどのように位置付けられるであろうか。先に示した第二版への序文は、一見、ヒュームに傾斜しているようにも見えるが、はたしてそのとおりであろうか。

『美と崇高』はまず序章で、Tasteすなわち美醜判断について論ずることより始まる。すなわち、Tasteとは、感覚という直接的快楽、想像力という間接的快楽、および、それらのさまざまの関係や、人間の情念、習俗《マナー》、行動に関する推理的能力の結論、などによって成立している。バークはTasteをこのように定義しつつ、他方、人間のあらゆる観念の本源たる、感覚の全人類的な斉一性を根拠にして、Tasteの基準は、本来全人類的に同一であり、人による差異という現象があるとしても、それは主として学習と知識の差によると主張する。そして、続く本論では、こうした斉一性の原理を、美と崇高という二つの観念の起源の探究について具体的に適用することが試みられ、そのためには、第一に人間論、第二に、人間にさまざまの情念をもたらす対象の性質の追究がなされる。

まず人間論においてバークは、伝統的な論法に従いつつ、人間の中で最も根源的な単純観念として、苦痛と快楽をあげるが、両者の区別にあたり彼は、「最も単純、かつ自然な作用における苦痛と快楽とは、おのおの固有《ポジティヴ》の性質であり、それが存在するために、相互に相手に依存する必要はない」と言う。すなわち、彼によれば、通常言われているように、「両者は、対照としてのみ存在しうるところの、たんなる関係」だとはどうしても考え難い。人間には、快楽、苦痛いずれともつかぬ中間《インディファランス》の状態が存在するし、したがってまた、苦痛の除去がそのまま快楽の成立を意味しない。「快楽とはまさにそう感じられる限り快楽である」（以上 Part I, sec. II, *Works*, I, pp. 103–104）。もちろん、苦痛の除去は、快い《アグリーアブル》状態をもたらすけれども、だからといって、それは固有の快楽とは類似しない。こうした相対的快楽は、むしろ、それ自身一つの独自な状態であり、それは歓び《ディライト》と呼ぶにふさわしい。反対に、快楽の停止は、その停止の態様が異なるにしたがって、無関心《インディファランス》、失望、悲痛などをもたらすが、そのいずれもが固有の苦痛と同じではない（Part I, sec. III–V）。

ところで、バークによれば、快、苦、あるいはその修正されたもののいずれにせよ、人間の心意《マインド》の上に、何らかの強力な印象を与えうるような観念は、他の二つの、しかし同じく根本的な観念たる自己保存と社会の観念に由来している。この場合、自己保存と苦痛、社会と快楽はおのおの対応し、人間のあらゆる情念は、このいずれかと関連する（Part I, sec. VI）。そして、人間にとって知覚しうるあらゆる対象のうちで、苦痛と、自己保存についての危険の観念を起こさせるもの、換言すれば、恐怖に関連するものが実は「崇高」の起源である。それは、人間の感じうる最も強烈な情緒《エモーション》を産む（Part I, sec. VII）。これに対して、人間に快楽を与えるものはすべて社会と関連する。社会には、両性間の社会と、より一般的なそれとがあるが、こうした人間の交歓に伴うところの愛の感情を誘起するのが、すなわち「美」の起源である。ただし、前者は常に肉慾と分かちがたく存在するので、それを愛たらしめるには、何らかの昇華が必要である（Part I, sec. X, also Part III, sec. I）。

バークは、第一部でおよそ右のように論じた後、第二部から第四部までを、人間にそうしたさまざまの情念を起こさせる対象として、自然における崇高なるもの、美なるものの考察に当てる。そして最後に第五部においては、同様の見地からとくに言語の効果が論じられている。本稿では、これらの点のすべてを吟味することはもちろん不可能だから、要素論的思考の中に表現されている自然の観念の内容の検討という、さしあたっての課題に必要な限りで論ずることにしよう。

この見地から眺めるならば、ここで最も重要なのは、次の点ではないかと考えられる。すなわち、それは、右のような、バークの人間論における諸観念相互間の鋭い分離の主張は、同時に、それら個々の観念と、その起源たる、個々の対象の自然的特性《プロパティ》とが、密接に対応するという認識を伴っていることである。それは、ヒュームその他の心理学では基本的な重要性を与えられている、連想理論の実質的な拒否に最も端的に示されている。バーク自身の言葉を聞こう。「多くの事物が、一定の態様で我々に影響するのは、それが自らの目的のために持っている自然の力によるのでなく、連想によってであるということは承認されねばならないが、それだからまた、他方、あらゆる事物が連想によってのみ我々に影響するというのは誤っている。なぜなら、ある事物は、本来、自然的に快《アグリーアブル》か不快《ディスアグリーアブル》かであって、他の事物は、その点からその連想された力を抽き出すのだから。思うに、人間の情念の原因の追究にあたり、事物の自然的特性の中にそれを見出しえぬ限り、連想の中にそれを求めても結局は無益であろう」（Part IV, sec. II, *Works*, I, p. 210）。だから、バークは、例えばロックが物質の第一性質と第二性質を区別しつつ、暗黒や光を、一義的に、恐怖、苦痛または快楽とに結び付けることを拒否するのは不当と考える。「ロック氏は、暗黒は本来的に恐怖観念ではない、また、過度の光は感覚にとって苦痛であるが、最高度の暗黒は決して不愉快なものではないと言う。実際、彼は、他の場所では次のようにも言っている。かつて、子守や老婆が、幽霊や悪鬼の観念を暗黒と結び付けて以来、夜は想像力に対して苦痛な、恐ろしいものとなっているのだ、と。この偉人の権威は、疑いもなくあらゆる人にまさって偉大ではある。……しかし、こうした権威への尊敬を充分払うとしても、より一般性のある連想、すなわち全人類を捉えている連想は、暗黒を恐怖としているように私には見える。なぜなら、完全な暗黒の中では、我々はどの程度安全かを知りえないし……いつ危険な障害に衝突せぬとも限らないから……。幽霊や悪鬼の連想について言えば、そうした表象が暗黒を恐怖化したというよりは、暗黒が、本来恐怖の観念だから、そうした恐ろしい表象の適当な光景として選ばれたと考える方が、より自然のように思われる」（Part IV, sec. XIV, *ibid.*, pp. 225–226）。「おそらく、注意深く考えるならば、黒さおよび暗黒は、連想とは関係なく、その自然の作用によって、ある程度苦痛であることが知れよう」（Part IV, sec. XV, *ibid.*, p. 226, also cf. Locke, *Human Understanding*, BK. II, Ch. VII, sec. 4, Ch. VIII, Ch. XXX, sec. 10）。

右のように、バークによれば、人間に対して、さまざまの観念、情念等の効果を及ぼすのは、すぐれて、おのおのの対象の固有の性質そのものである。したがって、美学上の基準の客観性は、何よりもまず、対象の性質の明瞭化を通じて樹立されなければならず、また、それは、対象に関する事実を、個々の観念や情念との直接的な関連において、いわば原子論的に考察するならば、実際上も可能なはずである。換言するならば、美学は、その基礎たるべき感覚主義心理学の、より徹底した適用によって、その混乱から解放される。この見地から彼は、従来の古典派理論が、美の最大の基準の一つとして前提する均整《プロポーション》、適合《フィットネス》等の概念は、本来推論に属する概念であると論じ、したがって、美の基準としてそれらを採用することを断固拒絶する〔補論4〕。

〔補論４〕　このことは、批評におけるバークの古典主義からの離脱と、いわゆるロマン主義的傾向とが、感覚主義心理学のより厳格な適用の結果であり、それゆえにまた、啓蒙思潮の論理的極限化でもあることを示している。『美と崇高』はロマン派的傾向を表現しているにもかかわらず、一般にロマン派はそれに注意を払わなかったという事実（Burke-Boulton, *op. cit.*, p. cii）はここから説明されるであろう。以下引用によってバークの論旨を明らかにしておく。「美とは、各部分の一定の均整に存する、と通常言われているが……私は美がそもそも均整に属する観念かどうか疑わしく思う。均整は、あらゆる秩序の観念と同様、全く合目的性《コンヴィニエンス》に関係する。したがってそれは、感覚と想像力に働きかける直接的原因というよりは、むしろ、悟性の産物と見なさるべきである。我々が何らかの対象を美しいと感ずるのは、長い注意と探究によってではない。美は、推理からは何の助力も受けないし、意志すらも無関係である。美しく見えるということ自体が、効果的に、我々の中に、一定度の愛をもたらすのであって、それは、氷や火が熱や寒さの観念をもたらすのと同様である」（Part III, sec. II, *Works*, I, p. 166）。「有用性《ユティリティ》の観念、すなわち、各部分がその目的に対してよく適合していることが、美の原因、否、美そのものであると言われる……〔しかし、例えば〕人間の持つ美が、その実用性と関連するのであれば、男性は女性よりも美しいことになろう。そして、力や敏活さが美そのものと考えられねばなるまい。しかし、力を美の名で呼ぶのは……疑いもなく、観念の奇妙な混乱であり、言葉の乱用である」（Part III, sec. VI, *ibid.*, pp. 181–183）。

だが、ここに注意しておかねばならないのは、こうしたバークの美学説は、右に見られる限り、自然について、素朴な、実在と思考との一致を前提しているようにも見受けられるにもかかわらず、彼は、一方、自分が自然を考察しているのは、それが感覚を通して人間の心意に対して作用し、一定の効果をもたらす限りにおいてであるとし、少なくとも原理的には、形而上的な存在の問題に対して慎重な態度をとっている点である。「美と崇高をもたらす実際の原因を探究するつもりであると私が言う時、それを、私が、窮極の原因に到達しうると言っているとは理解して貰いたくない。私は、肉体の感ずる特定の感動が、心意の上にほかならぬ特定の情緒をもたらすのはなぜか、を説明するつもりはない。……いささかでも考えれば、それが不可能なことが判明するであろう。……ニュートンが、引力という性質を発見し、その法則を決定した時、彼は、それが、自然の最重要ないくつかの現象の説明に有用なことを見出した。……しかし、彼が、後になって、これを微妙で弾性のあるエーテルによって説明しようとし始めた時、この偉人は……そのいつもの注意深い思索の方法を捨てたように見える」(Part IV, sec. I, *ibid.*, pp. 208–209)。「神をたんに悟性の対象として、人間の理解力の限界をはるかに超越した力、叡智、正義、善などの複合観念と考える限り、すなわち、神性というものを、こうした精緻な、抽象的な光のもとで考える限り、想像力や情念は、ほんの僅かか、あるいは全く動かされない。しかし、人間性という条件によって限界付けられているために、我々は、こうした純粋な抽象的観念にまで昇るためには、可感的な表象《イメージ》という媒体によらねばならぬし、また、神の性質を判断するためには、その、認識しうる行為や、作用によるほかはない。だから、原因に関する我々の観念を、結果——それによって我々は原因の認識に導かれるのだが——と識別することはきわめて困難なわけである(10)」(Part II, sec. V, *ibid.*, p. 142)。

したがって、バークは、その美学説の客観性を、一方、対象自体の事実的考察によって、他方、認識の権限の自己限定によって確保しようとしていると言えよう。この意味では、彼自身は明言していないが、「美とか、醜とかは、……対象における性質ではなくて、全く、内的および外的感性に属するのは確実だが、対象の中に、そうした特殊の感情をもたらすのに本来適したある性質が内在する」(Hume, op. cit., in *Essays, Moral, Political and Literary*, I, p. 244) というヒュームの前提は、バークもまた採っていると考えるべきであろう。

さて、以上で私はバークの批評論のフレームを眺めてきたが、ここに示された限りで、さしあたり彼の立場について一応の規定を与えるならば、それは、彼自身がヒュームに対する批判を意識したと否とにかかわりなく、ヒュームに近いものであり、したがって、その要素の観念は、多分に、認識論上の観念としての性格を帯びていると言えよう。しかしまた、そうした規定は、あくまでも一応のものである。なぜならば、反対に、バークにおいては、その主張の表明に際して、ヒュームを特質付けている慎重さが見られないのも事実だからであり、しかも、そのことは、たんにバークの思考の論理的密度にのみ起因するのでないと考えられるからである。彼が常に、自然認識における論理的単純さを欲し、また、時には、要素の観念のすべての含意を否定するのではないかとすら思われるほどの、認識の全体性への欲求をも示しているという事実は、この点との関連において重要である。バークの言葉を引用しよう。なお、後者は、スミスの『道徳情操論』への讃詞として、彼に送った書簡の一節である。「すべての異なった現象のたびごとに、原理の数を増大させるのは無用であり、高度に非哲学的でもある」(On Taste, *Works*, I, p. 99)。「〔我々は〕……すべてを最終的単純さにまで還元しなければならない」(Preface to Second Edition)。「私はあなたの理論の……堅実さと真理性について確信しています。……私はかねがね、旧来の道徳学の体系は、あまりにも限局されていると考え、またこの学問は全人間性より狭い基盤の上には立ちえぬはずだとも考えていました。あなた以前にこの問題を論じたすべての著者たちは、ゴシックの建築家のようでした。彼らは、大きな円天井を、一本の、細い柱で支えることが好きなのです。そこには、技術《アート》はありましょうが、……長く、それで人を感じさせることはできません。あなたの理論のように、人間性――それはいつも不変です――に基礎を持つものは、常にうつろい行くたんなる個人的意見に立脚するものが忘れられた後も、ずっと永続するでありましょう[11]」(to Adam Smith, 10 Sep., 1759, *Corr.*, I, pp. 129–130)。

　したがって、これらの言葉に一定の意味を見出すことを拒否しない限り、要素の観念についての先の規定にもかかわらず、私には、バークの自然概念の、存在論への傾斜を全く否定し切れないようにも思われる[12]。しかし、本稿は、もとよりバークの理論上の曖昧さを批判するためのものではない。むしろ、私にとって重要なのは、彼の美学説の前提する自然の中に、仮にも、そのような二元性への可能性があるとすれば、はたして、それは、彼の世界像に対してどのような意義を持つであろうかという問題である。しかし、この点については、ここではさしあたり問題として提起するに止め、次に、前期の作品中の第二群、すなわち、歴史作品の検討に移ることとしよう。

(iii) 歴史論

バークの歴史作品は、量的にはかなり豊富であるが、批評の場合と異なり、原理的態度が直接に表明されているのは稀である。したがってこの場合には、これまでとは逆に、主として彼によってなされた歴史叙述の中から、方法の意識をたずねなければならないであろう。しかし、『イングランド史略』、および、*The Annual Register* に含まれている七年戦争史のみを取ってみても、多岐にわたるバークの歴史叙述のすべての内容を尽くすことはできないから、ここでは、問題への手掛かりとして、私の推定を予め述べ、その具体的検証を通じて問題に接近したい。

結論的に言えば、歴史家としてのバークを特徴付けているのは、歴史を、それぞれ窮極の原因にまで遡って考えられた諸条件の因果連関的関係、すなわち、必然性の体系として把握しようとする態度である。それでは、それは具体的にどのように表現されているであろうか。例を最も体系的な叙述を示している『イングランド史略』にとってみよう。それは、原始古代から始まり、ローマ人の征服と支配、北方民族の侵入、サクソン人の支配と、そのキリスト教への改宗、ノルマン・コンケストなどをへて、マグナ・カルタの制定に至るブリテンの通史を内容としている。そこでは、まず、ローマ人との接触以前のブリトンの状態が、彼らに固有の祭司 Druid を中心とする、非文明社会として描写されるが、それは、古代文明の中心から隔たること遠いという地理的条件、冬季にはすべての人間の活動を中止させる気候的条件などの関数として説明される (BK. I, Chap. I, II)。次いで、度重なるローマ人の侵攻が述べられるが、それは、たんに、ローマ皇帝の版図拡大の野心の表現とは考えられず、むしろ、ローマの内政、党争における、彼らの権力的地位の保持のために必要な対内的示威行動として、すなわち、ローマ皇帝の権力構造の観点から、その必然性が解明される。バークによれば、こうしたローマの政治の「一般的性格」という見地の導入によって、必ずしも常に一貫してはいなかった彼らの攻撃の仕方の特質もある程度理解される。逆に、ローマ人に対するブリトンの激烈な抵抗もまた、彼らの勇気もさることながら、それにのみ帰するのは妥当でなく、そうした抵抗を可能にした政治的、物理的条件があったと見なければならない（BK. I, Chap. I, III）。

ところで、アグリコラによる最終的な征服の後、ブリテンは、西ローマと運命をともにし、ケルト人の侵入によるる混乱を経て、サクソン人の支配のもとに入る。それとともに、彼らの間にはキリスト教が根を下ろし、秩序が回復されるが、バークによれば、飢餓、疾病、文盲、迷信等の野蛮の中に、キリスト教がかくも成功裡に入りえたのは、聖職者たちの禁欲的生活や、すぐれた学問と技術によるけれども、さらに重要なのは、布教活動そのものにおける教皇グレゴリウスの深慮であった。すなわち、「宗教上の変革に際して、誤謬から真理への移行が、できるだけ急激にならぬよう、注意が払われた。最初の改宗者は王たちであったけれども、だからといって、迫害があったとは考えられない。この宣教の推進者であった教皇グレゴリウスは、次のことを大方針とした。それによれば、異教の寺院は破壊さるべきではない。……むしろ、初めて偶像を撤去する際には、それらは、より聖なる典礼、より善なる目的により、新たに聖別さるべきである。それは、民衆が、従来長い間聖としてきたものを、あからさまに冒瀆することによって、彼らの先入見に、あまりにも荒々しい打撃を与えぬためであり、また、どこでも、これまで民衆がその宗教的慰めをくり返し得てきたその同じ場所を見ることを通じて、彼らが、そこに導入される新しい教義と儀式とに、次第に順応するためである。……これらの規制ほど慎重に満ちたものはかつてなかった。それらは、人間性に対する完全な理解から形造られた」（BK. II, Chap. II, *Works*, VII, pp. 240–241）。

下って、ウィリアム征服王の制覇とジョン王時代のマグナ・カルタの制定という、二つの大事件はどのように叙述されているであろうか。まず前者について言えば、それは、一方、ウィリアム自身の支配者としてのすぐれた資質にもよるが、他方、彼の用いたあらゆる力と策謀が、フランス王すらも絶対的支配者たりえなかった諸侯間の権力関係の操作と、新しい被支配者への配慮において、すぐれて発揮されたからでもあった。だから、その状況の中での当事者たちの性格を知るならば、「あれほど僅かの正当性しか示しえず、また、計画に匹敵するにはあまりにも小さい権力の支持しか持たなかった」ウィリアムの事業が「彼の臣下のみでなく、近隣のすべての諸侯たちにまで、熱心に受け入れられ、また一般的に追随された」こともまた、そんなに「驚異」ではないのである（BK. III, Chap. I, *Works*, VII, p. 333）。後者について言えば、それは、封建法の不備に原因するところの、王に対する封臣の闘争の所産である。封建法によれば、すべての土地保有権は王に由来するが、それは、元来、土地のすべてに、最初に王の権原が設定されていたからではない。それは、たんに封臣の服従義務と関連した法の擬制であった。しかるに、この擬制が、一度、王の権利として確立されると今度は、王はそれを根拠として、封臣の領地、身柄等について大きな恣意的権力を振い始め、ここに封臣たちの結束した抵抗を受けたのである。したがって、マグナ・カルタの本質は、ウィリアム一世以後の封建法の修正として理解さるべきであり、古代サクソン法の復活などでは決してない。たしかに彼らは、「古代からの自由《エンシェント・リバティ》をおごそかに要請」（*Works*, VII, p. 442）したけれども、その時「彼らの心にあったのは、不可譲の土地保有権であった」。そこでは、「自由《リバティ》という観念すらも……決して完全に自由《フリー》ではない。彼らが、その特権を主張したのは、何らかの自然権や、独自の根拠によってではなく、たんに彼らがその土地を王から与えられていたからである」（BK. III, Chap. VIII, *Works*, VII, p. 463）。彼らに対して、ジョン王が敗れたのは、すべてを忘れて、自らの権力的野望の追求という恣意に陥ったからである。こうして、「当時の我が国の状況を顧みれば、我々は、これら〔大憲章と森林憲章〕の特許状の精神と必然性とをよりよく理解しうるであろう」（BK. III, Chap. VIII, *Works*, VII, p. 460）。

　このように、バークは、歴史世界を、常に与件の複合という意味での必然性のタームで把握しようとするが、右に見る限りでも、そこには、一種の決定論的トーンすら感じられるであろう。このことは、『イングランド史略』から眼を離して、『自然社会の擁護』を歴史作品として眺める時に、より明瞭に現われる。すなわち、周知のとおり、それはボーリングブルックのスタイルを模すことにより、理神論そのものに対する痛烈な諷刺《サタイアー》を意図したものであるが、そのような、背後にある意図は別として、そこで駆使された議論の内容自体に注目するならば、それは、君主政、貴族政、民主政、混合政体のいずれを問わず、自然状態よりの離脱以来、あらゆる政治社会の歴史は、まさにその構造《コンスティテューション》によって、必然的に腐敗、戦争、堕落の歴史にほかならないというものであった。バークは、このテーゼを、あたかも歴史の真実であるかの如く論証するために、ローマ以来の豊富な歴史の知識を利用しえたし、実際、それが当時の読書人の世界に、sober argument としてまず受け入れられたのは、そこに示された実証的歴史叙述の仮面のゆえであるとも推察しうるであろう。それゆえにまた、後に『政治的正義』（一七九三年）において、全啓蒙思想中での最後衛的な歴史社会批判をあえてしたゴドウィンは、「バークの論文において……現存の政治制度の悪は、比類なき推理の力と、弁舌の輝きとを以て、余すところなく明らかにされた。ただし、そうした悪は大したことではないと考えるべきである、ということを示すのが、明言された著者の意図ではあったが」（Murray, *op. cit.*, p. 68）と批評したのであった〔補論5・6〕。

〔補論5〕　ここで、前期の作品群の中での『自然社会の擁護』の位置について一言する。通常、それは、諷刺の意図まで含めて、バークの政治思想の最初の表現とされ、政界登場以前からの、彼の体制への忠誠心がそこに読みとられている。しかし、その解釈は、誤りでないにせよ、それだけでは、なぜ彼がそのようなスタイルによって自己の思考を表現したのかという、積極的理由は一切見逃されてしまうであろう。私の考えでは、彼がそうしたスタイルをとったのは、自らの批評理論の具体的な応用によって、その有効性の証明を与えるためだったのではないか。一七五七年に書かれたと言われる第二版への序文（T. W. Copeland, Burke's Vindication of Natural Society, *The Library*, 4th Series, Vol. 18, p. 461）は、この著作が諷刺たることを自ら宣言しつつ、次のように述べている。「彼〔ボーリングブルック〕の成功ほど、人類にとって致命的なことがあろうか。……人は、最初に提案された時には、全く同意し難いと考えた主張に関して何ごとか有利なことが言われると、次第次第に、彼ら自身の理由についてあやふやになってくる。彼らは、一種快い驚きの中に投げ込まれ、あの豊かな、推理の収穫に魅せられ、捉えられて、論者と一緒になって走り出す。……これが、哲学という御伽の国である。そして、悟性がその夢想的性格を知った後にも、しばしば想像力に対するそれらの快適な印象は持続し、その効果をもたらす。……〔だから〕自分自身の弱さや、創造の秩序の中での劣等さ……の意識による規制を感じない人間は、すべての最も尊く、敬うべきことすら、尤もらしく攻撃することができるし、また、創造そのものすら、批判するのは困難ではないのだ」（*Works*, I, pp. 4–6）。ここに示されているのは、哲学のような言語による推理の体系は、その推論の真理性には一切かかわりなく、人間の想像力に対して、いわば感覚的に作用し、したがってまた一定の効果——それは美学的でも、また政治的でもありうる——を与えずにはいないという認識である。本文には述べなかったが、それは、『美と崇高』第五部の、言語、就中詩の美的効果への考察と完全に一致する。バークは、こうした推理の体系の故意の悪用に対するには、同じ方法を自らも駆使して、読者の想像に訴える以外の方法はないと考えたのであろう。そして、この場合、それは、ボーリングブルックの論理を、いわば極端に拡大＝デフォルメすることによって可能となると考えて、そのスタイルを模したのではないか。因みに、この方法は *The Reformers* や、「演劇論へのヒント」に見られる理論、就中その喜劇《コメディ》論とも一致する。すなわち、彼は、喜劇とは、諷刺詩であると規定し（*Hints*, *Works*, VII, p. 150）その本来の目的は、人間の「悪徳と愚行」を嘲笑の対象とすることによって、それらへの嫌悪を表現するにあり（*The Reformers*, No. 2, Samuels, *op. cit.*, p. 301, No. 10, *ibid.*, p. 322）、かつ、そのためには、自然の事物中より、その目的に適した素材を意識的に選択して表現すべきであるとする（*Hints*, *Works*, VII, pp. 153–154）。こうした理論が、演劇論史上、どのような位置を占めるのか、私は詳かにしないが、少なくともそこに、啓蒙の人間論を見るのは充分可能であろう。いずれにせよ、『自然社会の擁護』は、「実証史学の仮面をかぶった理神論の喜劇《パロディー》」として性格付けられると思う。

〔補論6〕　歴史社会批判との関連では、当然ルソーに対するバークの評価が問題となる。バークがフランス革命に際してルソーを鋭く批判しているのは周知のとおりであるが、前期のルソー評は、一七五九年と六二年の *The Annual Register* に掲載された『ダランベールへの手紙』、および『エミール』についての書評の中に見られる。双方を通ずるバークの論調は、「現存の作家中、ルソーほどに才能と学識を有する人間はいない。だが、最大の騒ぎを巻き起こし、著者に最高の名声を博せしめたそれらの作品が、人類に対する真の有用性や、寄与に少しもなりえないのは、彼自身と世界の双方にとっての不幸である」(for the Year, 1759, p. 479) という言葉の中に要約されている。オズボーンは、これを評して、バークのルソーへの態度は敵意に充ちているとは言い難く、むしろそこには、ルソーの才能の率直な承認とともに、一種の困惑の感情が表現されているとしている (A. M. Osborn, *Rousseau and Burke*, 1940, pp. 118–119)。それを、本稿の視点から言い直せば、その困惑の感情とは、一方、歴史の認識者としてのルソーへの高い評価と、他方、その認識を公言することの、政治的意味と効果への疑問の混合と言うべきであろう。後者の側面が、たんにオーソドクシーに対するバークの素朴な信仰のみでなく、人間の想像力に対する論理の効果という美学的認識にも支持されていることはすでに述べた。

なお、バークとゴドウィンの関係について一言すれば、人間論および、ある意味では歴史社会批判においても基本的に共通する両者の、政治思想におけるあまりにも大きな対立は、バークが、認識論的思考を優位させることによって、要素論的思考の中から人間の対象化の意識と、したがってまた、対象化された人間心理の操作可能性の視点を抽き出しえたのに対して、ゴドウィンは、逆に存在論に傾斜することによって、ひたすら啓蒙による真理との一致の観念に固執した点にある。このため、ゴドウィンには方法の意識は生まれず、政治思想のユートピア化は必至であった。

したがって、この必然性の論理が客観的たるべく、歴史叙述は何よりも事実に忠実であらねばならぬであろう。彼自身の言葉によれば、歴史は「真実と確実さの明らかなしるし」(*The Annual Register*, 1763, II, p. 248) を試金石とする。そしてまた、与件の構造のメカニズムの明晰化が不可能の場合、歴史家は当該問題への評価を控えるべき (*Ann. Reg.*, 1758, p. 39, 1759, p. 20) であり、逆にそれが可能な場合には、歴史家は、その対象たる歴史上の当事者に対して、彼が、与件の連鎖への認識力をどれほど有し、また、それにどれほど適応しえたか、という基準によって、評価を加えるであろう(13)。この理由から、『イングランド史略』では、ウィリアム征服王や、教皇グレゴリウスは賞讃され、ジョン王は批判的に描かれている。

いずれにせよ、こうして、バークの歴史叙述には、歴史の中に一定の体系《システム》が客観的に内在し、かつそれは歴史家にとって認識可能である、という観念が前提されている。この観念は、先にも述べたとおり、啓蒙思想において、さまざまの認識領域の接点をなしていた要素論的思考の一つの表現と考えられよう。

だが、ここで論点を一歩押し進めるなら、こうした歴史観に対しては、次のような疑問が投げかけられないであろうか。すなわち、現実の歴史とは、唯一つの必然性の論理によっては、必ずしも把握し尽くされぬのではないか、という根本的疑問はひとまず措くとしても、その体系においてすら、実際上、すべての与件は確定しえぬのではないか、という疑問である。そのような場合、歴史家は、それが可能となるまで、いつまでも判断を保留すべきであろうか。*The Annual Register* での前年の政治史の記述に際して、彼はそうしている。しかし、その場合のように、対象がいわば未確定なのではなく、問題があまりにも遠い過去に属し、もはや与件の連鎖の明確化への期待可能性が殆どない場合、歴史家はいかにすべきか。たんに、事実の記述のみに止まるべきか。だが、そうすることは、歴史を必然性の体系として表象する根拠を、自ら薄弱にする危険なしにはありえないであろう。『イングランド史略』の次の一節は、どのように解釈するにせよ、この問題に対する、彼自身の一つの回答とされなければならない。「〔紀元四五二年以降〕……すべてをむさぼり尽くす戦争、恐るべき飢餓、記録された我が国の歴史上例を見ないほどに破壊的な疫病などが、合体して、ブリテンの破滅を頂点にまで押しやった。当時の教会の著作家たちは、互いに絡み合った災厄を目のあたりにして、混乱のあまり、ただ、罪深く、不逞な民族を罰するために差し出された神の手を見るのみであった。以前、ローマ帝国の殆どすべてであった部分が……、きわめて残酷な未開人たちの……抗い難い氾濫によって、一挙に覆されるのを見る時、我々は、〔原因の〕政治的追究《ポリティカル・インクアイアリー》の世界から殆ど連れ出されんばかりになってしまい、それらの深甚な革命の中に、どうしても神の手を認めざるをえない。神は、しかるべき時に、こうした革命によって、彼の至高の支配を明示し、あの偉大な変革の体系をもたらしたのである」(*Works*, VII, pp. 231–232)。「彼らの反抗を支えるべき手段を充分に持たなかった封臣たちが、あの時にあれほどの危険性のある決議〔ジョン王に対する、古代からの自由の宣言〕をあえてしたのは、驚くべきことである。しかし、この時代の歴史は、非常に重大な事件における、同様な計画性の欠如の例を数多く見せているし、また、いつも野蛮な恣意によって動かされている人間の行動について、その政治的原因を知ろうとするのは無駄である、とも教えているのだ」(*ibid.*, p. 442)。

これらの言葉を、いったいどう理解すべきであろうか。それを、判断中止を表明するためのたんなるレトリックと見るのも、不可能ではない。しかし、第一の引用が、歴史の主体として、歴史外在的神意《プロヴィデンス》を、第二のそれが、当事者たちの恣意を導入していることは、文脈的にも明らかである[14]。そして先に美学説を検討した場合と同じく、これらの言葉もまた、バークによって、全く無意味に語られてはいないと考えるならば、それは、少なくとも、何とかして歴史における必然性の支配を読みとろうとする彼の意欲の表現と考えねばならないであろう。しかし、そのように、バークが依然として歴史を必然性の体系として表象し続けるとしても、こうした歴史外在的動因の導入は、ほかならぬその必然性の意味を二元化することにはならないであろうか。そしてもしも、認識しうるメカニズムとしての必然性と、超越的恣意としての必然性が、おのおの自己主張をするならば、その結果は、彼の描く歴史世界自体の分裂にまで導かないであろうか〔補論7〕。

〔補論7〕　この場合の神意は、歴史認識の一貫性の保持のために呼び出されたものであるが、だからと言ってバークにおいて、一般に「神意」という表象が、常にそうした客体の世界の統一性の担保のためにのみ用いられているとは限らない。「神意を否定するのは人間の推理からであるが、その推理は、神の業たる一定の秩序の観察によっている。我々の自然的感情の中には、神意を否定するものは何もない」(Burke-Somerset, *op. cit.*, p. 71)という場合のように、理性と感情という二つの認識原理をおのおの独立、対立させ、かつ、それらの認識の権限を限定させるために用いられている場合もある。この場合は、先の場合とは異なって、神意は、むしろ認識論的思考態度のサンクションとして用いられていると見なければならない。また、「おそらくこの〔人間と動物との〕区別すらも、神意は、何らかの大目的なしにはなし給わなかったであろう。しかし、それが何かを明確に知ることはできない。なぜなら、彼の叡智は、我々のそれでなく、彼の方法もまた、我々の方法ではないから」(*Sublime and Beautiful, Works,* I, p. 115) という場合のように、存在問題に対する懐疑的態度を表明するために神意が用いられることもある。

だが、ここでもまた、私の目的は、バークの歴史叙述の背後にある理論の曖昧さを追及することではない。むしろ、私にとって重要なのは、批評と歴史という、バークにとってかくも重要な二つの認識の領域で、具体的意味の差こそあれ、客体の世界像における二元性への傾斜が強く認められるという事実である。いずれの場合にも、そうした二元化をもたらしたものは、一方、認識の確実性を何よりも尊しとする要素論的、認識論的な接近の方法であり、他方、客体の世界の全体構造を見失うまいとする意欲であった。このことについてはあらためて述べる必要はあるまい。その場合にも、後者の契機が、たんなる意欲に止まらずして、方法化までをも求めたならば、おそらく前者の大きな修正は不可避だったであろう。しかし、自然をメカニズムとして表象することにより、また歴史世界の論理を必然性として表象することによって、意欲はたんに意欲たるに止まり、それゆえにまた、前者の方法としての優越的地位は不動たりえたのである〔補論8〕。むしろ、そこで現実的にもたらされたのは、彼の世界像自体の中で、合理的推理によって認識されうる部分と、しからざる部分とが区別されることであった(15)。

〔補論8〕「もし可能なら、あらゆる学問《プロフェッション》の殆どすべてを通ずる原理をマスターすべきである。……それによって我々の見解ははるかに大きく拡がる。我々の心は開かれ、それ自身どれほど尊いにせよ、個々的な技術《アート》と学問《サイエンス》にのみ接することに、不可避的につきまとう小ささ、狭隘さを防ぐことができる。……限られた研究には、常に誤った讃嘆が伴う。それは、より一般的知識によって、多分に修正されうる」(Burke-Somerset, *op. cit.*, pp. 84–85) という言葉は、この意欲を端的に表明している。しかし、彼が、具体的に何を考えていたかと言えば、それは、「一の研究から、速やかに他の研究に移ること」(*ibid.*, p. 86)であった。意欲はついに意欲に止まったとする所以である。しかし、この点は、バーク自身の矛盾というよりは、むしろイギリス啓蒙思想に一般的な帰結の、一つの現われ方と考えるべきであろう。なぜならば、認識論的思考態度が支配的となり、個々の認識の権限、または態様におけるアトミズムが、同時に認識の各領域相互の関係におけるそれまでをも意味するようになる結果、ここに見られるように、世界に対する全体的認識への欲求そのものは引き続き存在しえても、それを合理的に方法化する道は、啓蒙思想全体の中ですでに見失われているからである。文学史は、まさにこの時点で、哲学に代わってそれを担いえたのが、作家や詩人の直観であると主張するであろう。例えばアトキンスは、その意味での近代文学の尖兵として、自ら「新しい作品の世界の創造者、それゆえに、自らの好む法則を樹立しうる」と称したフィールディングをあげる(Atkins, *op. cit.*, p. 315)。しかし、バークについて言えば、たしかに彼もまた、人間性の研究としての詩の意義を哲学と同様に高く評価し(to William Richardson, 18 June, 1777, *Corr.*, III, pp. 354-355)、かつ、詩は哲学と異なって分析的知識の領域でないことを認めている(*Sublime and Beautiful*, Part IV, sec. V, sec. VII, to R. O'Hara, ante 23 Aug., 1762, *Corr.*, I, p. 147)。しかし、それは、いかなる自然法則からも独立し、かつその認識の中に全宇宙を撮影せしめるような詩人の直観を彼が主張したことを意味していない。バークが強調する感情の意味は〔補論4〕および註(15)に示したとおりであって、それを、右のような意味でロマン的と解するのは適当でない。

III　政治生活中の書簡その他

(i)　はじめに

一七六五年の政界登場以降のバークの思索は、それ以前と異なって、もっぱら政治上の問題に集中することとなる。したがって、そのような資料の性質の変化がある以上、この時期についての本稿の論述もまた、問題別に論じた前期の場合とは必然的に異なった方法を取るべきであろう。以下本節では、前節の叙述を背景としながら、続いて同年より八〇年末に至る政治生活を通じて、彼の政治的思考が次第に成熟して行く過程を、むしろクロノロジカルに跡付けることが試みられる。しかし、ここでもまた本稿が最重要課題とするのは、何よりもまず、認識者としてのバークの世界像と、そこでの政治についての観念の位置付けであり、したがって、この目的にふさわしい素材と構成が要求されるであろう。具体的に言うならば、以下では、まず前提として、この間の彼の政治生活を、彼自身の置かれた状況に従って、第一期（一七七四年十月のブリストルからの下院議員当選まで）、第二期（一七八〇年末の同上での実質上の敗北まで）に分け、かつ、それぞれの時期の中で、彼が議会政治家としての最も重大な決断に迫られた問題および時点を選定する。そして、その決断の中で、自己をも含めた状況がどのように認識されているかに、論述の焦点を合わせていくこととしよう〔補論9〕。

ここで用いられる資料は、主として書簡である。なお、政治の観念を分析するに当たって、一見それと対応しない自己認識の問題を導入するのは、一つには、すでに議会人として、現実に政治の渦中にあるバークの政治的思考は、問題に対する彼の主体的決断、換言するならば、状況に対する自己の出会いの中に最も原理的に示されていると考えられるからであるが、また一つには、それを考察することによって彼の他のすべての政治的発言の中に織り込まれている状況的要素を、多少なりとも修正しうると期待されるからでもある。

〔補論9〕　おのおのの時期の特質については本文に後述するが、引き続きバークの政治生活を時期区分すれば、第三期としては一七八〇年末の、モールトンからの下院復帰より、一七八二年七月のロッキンガム侯の死去までを取るべきであろう。この時期は、経済改革のキャンペイン、八二年三月末以降の第二次ロッキンガム内閣における Pay Office 改革、アイルランドのカトリック寛容法案の推進、等によって特質付けられ、バークの全生涯中、最も政策的に活動的な一時期である。他方、原理的態度が直接に表明される機会は後退し、政治的思考はすべて政策論の中に織り込まれるようになる。この意味では、書簡自体の性格も前の二つの時期と比較してその方向へと若干変化していると見られる。しかし、約十六年にわたる野党生活の後、ロッキンガムとともにしたこの「黄金の時」（Cone, *op. cit.*, II, p. 15）はあまりにも短く、同年七月一日のロッキンガム侯の死去とともに終わりを告げる。その直後、七月から八月にかけてバークは、ビーコンズフィールドの邸宅に引きこもって最近の事件を回顧し、そして、九月以降、再び政界での新しい位置を求めて動き出す（Cone, *op. cit.*, II, p. 67, pp. 74 ff.）。本稿では、七月以降の書簡が執筆時には未刊行であったため、論述を第二期までに止めざるをえなかった。

ところで、本題に入る前に、前節の論述との連続性を確保するためにも、ここであらかじめ、政界登場の時点でのバークの予備的な政治の観念、および自己認識について、若干検討してみよう。まず前者について述べる。バークは、一七六五年末に議会生活を始めた。それは、結果的には、彼の全生涯にとっての大転換となったけれども、しかし、すでに〔補論3〕に述べたとおり、彼自身の主観においては、必ずしも予期せざる方向への転換ではなかった。したがって、歴史、美学などの作品が、ハミルトンとの関係の樹立された頃を境として、実際上、中断しているのは事実だとしても、彼自身は依然として、ハミルトンに対して、文筆活動のための余暇を要求したし、また、ロッキンガムの秘書となった直後も、アイルランドでの親友オハラに対して、古典研究へのそこはかとない郷愁を示したのであった（9 July, 1765, *Corr.*, I, p. 210）。そして、政界入り自体が、生活方法の変化以外の何ものでもなかったとすれば、逆に、政界入りに先立つ彼の政治の観念もまた、当然、前節で検討したその世界像のどこかに、すでに準備されてあったと考えるべきであろう。事実 *The Annual Register* の七年戦争の記述は、他ならぬヨーロッパ国際政治を対象としており、そこで彼は、政治の世界を、不断に必然性の体系として表象する一方、また予測の著しく困難な将来の問題については、それを運命《フォーチュン》の手に委ねようとする（1760, I, p. 5）。これらのことは、バークが、政治を歴史世界の一部として位置付けていたことを示すであろう〔補論10〕。

〔補論10〕 *The Annual Register* で彼は、くり返して自分は歴史家の立場に止まっているとするが（1761, I, p. 19, p. 47,

1762, I, p. 60, 1763, Preface)、同時に、同誌には、すでに成熟した政策的判断もしばしば示されている。例えば、七年戦争に際して欧州にあまり深入りすることなく、イギリスは、アメリカの経営に全力を投入すべしという主張は、七〇年代のアメリカ政策と照応するし（1758, pp. 12–13, 1759, p. 11）、先住民への懐柔策の主張（1763, I, p. 32）は、彼のEmpire論の一つの表現であろう。なお、一七六二年十一月から十二月にかけてのオハラ宛書簡は、その頃彼が議会の傍聴席へ熱心に通って知識の吸収に努めていることを伝えている。これらの点からしても、政界登場に先立つ数年は、その準備期と考えられる。議会での最初の演説へのピットの激賞（J. Prior, *Life of Burke*, 5th ed., 1854, p. 88）のほか、各方面から祝福された彼の議会での急速な成功（ex. from Dr. Mariott, 8 Feb., 1766, *Corr.* (1844), I, pp. 97–98, from D. Garrick, 18 Jan., 1766, *Corr.*, I, pp. 233–234, from Sir G. Macartney to Wm. Burke, 10/22 Feb., 1766, *Corr.* (1844), I, pp. 101–102）もまた、裏返せば、バークの政治的判断がすでに相当程度成熟していたことを示している。後期の政治的思考に対する、前期諸作品の重要性をあらためて問う所以である。

それでは、他方、彼の自己認識はどうであったか。この問題については、これまでの論述では触れられていないので、ここであらためて、前期を通じてのその特質を振り返ってみよう。それは、一言にして尽くせば、可能な限り、自己を、客観の世界に位置付けんとする欲求であった。例えば、彼の自主的思考が辛うじて成立し始めたと考えられる一七四七年三月の、親友シャクルトン（Richard Shackleton）宛の書簡は、すでに、自己の心理を、皮肉なまでに対象化して眺めようとする態度を示している。「御覧のように、僕は詩気狂《ポエティカル・マドネス》いにすっかり取りつかれている。それは健全な理性の選択でなくて、情熱の爆発の結果なのだ。……そして、他のすべての自然的欲望の性質《たち》と同様、一時期にはきわめて激烈だが、じきに冷めてお次に吸収されてしまう。時々、この二年間に、僕が落ち込んだこうした類いの狂気のすべてを考え、数えたてて見るのは面白いことだと思う。最初に、僕は自然科学に大いに捉えられた。……それを数学狂《フロール・マテマティクス》と呼ぼう。しかし、大学《カレッジ》に入り、それを読み始めるや否や、それは終わってしまった。それから論理学と形而上学だ。僕は嬉々として、しばらくそこに止まっていた。これは、僕の哲学狂《フロール・ロギクス》だ。……お次は、歴史狂《フロール・ヒストリクス》。それもまた、一時期のことだった。しかし、今やそれも終わって、詩気狂いに吸い込まれている。それは、似たような病気――いうなれば疥癬――と同じくらいに治すのが厄介な病気だ。……しかし、医者たちは意見がくい違っており、僕は治癒の希望を捨ててはいない〔補論11〕」（Samuels, *op. cit.*, pp. 128–129, *Corr.*, I, p. 89）。

〔補論11〕　おそらく、こうした心理的態度は、文学者がバークを見る時感ずるような「複数の自己」（F. L. Lucas, *The Art of Living, Four Eighteenth Century Mind*, 1959, p. 140 n.）への発展を内包するであろう。しかしまた、その同じ心理的態度によって、バークは、論理の操作可能性を前提とする雄弁《オラトリー》の伝統を、充分に自家薬籠中のものとなすことができたし、またその批評理論の実践と併せて、多様な論理と表現を駆使する imaginative artist としての卓越性（J. T. Boulton, *The Language of Politics in the Age of Wilkes and Burke*, 1963, p. 121）を示すこともできた。また、ごく初期からすでに、彼が、自己の属する組織に対する、認識者としてのデタッチメントを保持しえたのも、この理由からであろう。バーク自身、その創立メンバーの一人でもあったトリニティ・カレッジ内の弁論クラブの討論に際しての、次の態度は、右の二つの点を合わせて物語っている。すなわち、クラブ員の特定の個人を想起させるような問題は、ここでは論ずべきでないという主張に対して、バークは、このクラブの中では、我々は、「一定の役柄を演技している」のであって、個人への連想はあっても、それは連想された人自身を傷つけるものではない、と反論している（The Minute Book of the Club, May 8th, 1747, Samuels, *op. cit.*, p. 237）。なお「演技」の意識は政界においても、彼が一貫して保持し続けた心理的習慣と考えてよい。

　したがって、この考えによれば、自己は、ただ追認識によってのみ、自己に対して明らかになるであろう。そのためにも、煩瑣な都会生活中には、時々田園に閉じこもって、「世間と交渉を断つこと《リタイアメント》」は必須である[16]。同じことを別の角度から言い直せば、「私は、大体いつも、現在の衝動に従って動きます。殆ど、計画も、目論みも無しにです。おそらく、いつもあまり無さすぎるかもしれません」（to Hamiltons, March, 1763, *Corr.*, I, pp. 165–166）

という言葉のように、将来の自分は、不可予測的だということとなる。しかしまた、たとえ事後的にせよ、自己が客観化されるためには、現在の自己の、他者に対する、いわば空間的関係の確認の努力もまた、不可欠である。それは、クラブのルール違反者や、違反者でないとしても論敵に対して、"damned absolute"と評されるほどに、峻烈な批判を加えるという形で表現される（Samuels, *op. cit.*, p. 216, p. 239）こともあり、他方、ハミルトンとの衝突の直後、数人の友人に宛てた書簡が示すように、小心な善良さすら感じられるほどの自己弁明として表現されることもある[17]（*Corr.*, I, pp. 182 ff.）。

いずれにせよ、こうした、自己の客観化を求める姿勢の中に、彼の歴史に対する方法の意識との対応関係を認めることは容易である。むしろ、より積極的に、バークの場合、自己認識もまた一つの歴史認識にほかならぬと言うべきかもしれない。そしてこの意味では、まさにこれから、政治の世界において状況と出会おうとする自己自身、すでにその中に、前節で検討した、歴史世界のさまざまの性質を内包していると考えるべきであろう。

(ii) 一七六五年―七四年

本題に戻り、政界生活第一期における政治認識の問題を検討しよう。政界での「新参者」、「殆どよそ者」として、おそらくはハミルトン一派の執拗な妨害を受けながらも（to Patrick Nagle, 14 Oct., 1765, *Corr.*, I, p. 216）、バークは、〝従兄弟〟ウィリアムの尽力によって一七六五年末、ヴァーニー卿のポケット・バラーたるウェンドーヴァーを与えられて下院に登場し、翌年一月の処女演説においては、多年培われた弁舌の力と、すでに準備されてあった該博な政治上の知識によって、議員としてはむしろ幸先良い出発を飾った。以後、一七七四年十月に、ブリストルのホイッグより求められて選出されるまでの、バーク第一期の政治生活は、もっぱら、ロッキンガム・ホイッグの、次第に台頭しつつはあるが、しかし未だ必ずしも指導的ではないメンバーとして過ごされるであろう。それは、本稿との関連においては、二つのことを意味する。すなわち、第一は、この時期のバークは、未だ具体的な政策形成の中枢にはいないこと(18)、第二には、彼は、世論であれ、利益要求であれ、特定の選挙区からの圧力を感じていないことである。したがって、このような状況のもとで、彼が政治的決断を迫られる場合があるとしても、それは、もっぱら、いつでも非政治化する用意のあるバーク個人と、彼の属する派《パーティ》の論理との出会いという、比較的単純な構造を持つ次元で形成されるであろう(19)。

はたして、バークにこのような決断を強いる状況が、議員生活半年にして早くも訪れた。すなわち、一七六五年七月に成立したロッキンガム内閣は、当初から、その政策遂行能力を疑問視されながらも（S. Macoby, *English Radicalism 1762–85*, pp. 46–48）、一応、印紙税法の撤廃、宣言法の制定、本国でのサイダー税廃止、一般的令状禁止の決議（下院）などを成立させたが（Burke, A Short Account of a Late Short Administration, *Works*, I, pp. 265 ff.）、一七六六年三月の印紙税法の撤廃によって閣内不統一に陥り、僅か一ヵ年と十二日にして同年七月三十日瓦解、閣内の親ピット派は、ピットを実質上の中心とするグラフトン（Duke of Grafton）内閣に残留した。しかし、この政権も、ピットの重病、彼とロッキンガムとの対立などによって動揺を続け、翌年夏には、早くも、新しい政権への交渉がなされる。ここでは、ロッキンガム自身も入閣を求められたが、彼は、チャタム（＝ピット）の政権はすでに終了したとの前提のもとに、全く自由な立場で自己の政権の組織を主張、交渉は不調に終わった。そして、同派は、以後、一七八二年三月に至る長い野党生活に運命付けられることとなるのである。

この、一連の政変劇の中で、バークはいかに考え、いかに行動したか。当然、彼の最終的決断は、ロッキンガム派の最も忠実な一員として止まることであったが、その選択は、いかなる根拠によったのであろうか。まず最初に、オハラに宛てられた三通の書簡の中に、彼の心の動きをたずねてみよう。それらは、混乱の中での不安（ロッキンガムの辞職の前日）、政権よりの切り崩し策による動揺（ピットとの協力体制による事態の収拾工作中）を経て、彼が、結局はロッキンガムへの忠誠を貫き（ロッキンガムとピットとの最終的衝突後）、それによって彼自身の内面的自己同一性を確認しえた過程を示している。「〔多くのメンバーの留任交渉がなされていますが〕

私自身については、何も聞いていません。私は、自分自身、ピット派全部とむしろ不仲であると思っています。私の仲間の状況と行動とは、私にとってきわめて不利です。私の道は、喜ばしいものではありませんが、おかげさまで明快ではあります」（29 July, 1766, *Corr.*, I, p. 264）。「〔政権に残留した〕コンウェイ（General Conway）が手紙をくれ、私の上京直後、彼と彼の仲間が、私に対して好意を持っているのを大いに披瀝しながら支持を求めてきました。そして、私の満足するような地位を提供する用意と希望があると言いました。話し合いは長くかかりましたが、私は、強い、正確な言葉で次のような私の決意の内容を告げました。つまり、私はこの〔ロッキンガム〕派とともに出発したこと。私としては、言葉でも、気持ちでも望んでいないにもかかわらず、それが今や分裂していること。名誉という点では、現在、政権の外にいる側にそれがあること。たとえ、提供される地位が受諾しうるものであるとしても、それを受諾し、保持するのは条件付きであって、その条件とは、私は、政権の側にではなく、その外の側に属しているという理解が成立していること……などでした。彼は、このような条件では、全く駄目なのではないかと心配だ、と言いました[20]」（Post 11 Nov., 1766, *Corr.*, I, p. 279）。「私たちは、港から、はるかに、はるかに遠くにいると思います。しかし、私たちは安全な海にいます。岩礁、砂洲、陸棚等、海岸の欺されやすいあらゆる危険はありそうに見えません。野党――グレンヴィル派、ベッドフォード派、そして私たちのことですが――にあっての団結が、いかに困難かは知っています。しかし、そうした団結なしには、私たちの反対は尊敬されても、決して効果的ではありますまい。……ビュート卿の時代は、当然、あと一年は続くでしょうが、もしも、そこで、あるいはそれ以前に彼が失脚しても私たちがそれによって浮かび上がるとは思えません。ベッドフォード派とグレンヴィル派は、私たちの派よりも、もっと大胆で、もっと御し易い連中であり、彼らの方が私たちより好まれるでしょう。そして、他の連中がしたと同じように、彼らのコースを走るでしょう。あるいは、このプラトン年〔約二六〇〇〇年――半澤註〕の周期の後に、私たちに番が廻ってくるかもしれませんが……見透しは遠く、定かでありません。私たちは、およそ、それを近付けたり、より確かにしたりする努力は何もしていません。私は、私の性質と意見からして、我が派の原理にまでなっているこの気質が好きなのです。しかし、私は、反対したり、野党であることを好んでいるわけではありません。むしろ逆で、政権の中に入る方が、全く得策でしょう。私は、野党を望んだことは一度たりともありません。なぜなら、私は、私のしていることが何らかの効果を生ずるのを見たいと思いますし、たとえどれほど快くても、野党であることは、不毛で、非生産的で、たかだか害悪を防ぎうるだけなのですから。しかしまた、野党にあっては、歩みは確実で、調整しなければならない矛盾はありませんし、また、調節すべき名誉や利害の交錯もありません。すべては明晰で、率直です。歪んだ政略から離れていることにより、心労と、そのための涙から免れてもいるのは、全く、この上もなく貴重に思えるのです。あなたの友人〔ハミルトン〕と永らく暮らしたこの私が、そう感じており、また、私が、そういった類いの人物や考えから救われていると感じていることについて、毎日毎時、神に感謝している、というのを信じて下さい」(23 Dec., 1766, *Corr.*, I, pp. 284–285)。

バークの決断は右のとおりであった。それではこの決断は、いかなる根拠によるものであったろうか。この点について、資料からは一義的には明らかではない。一七六六年の書簡は、その前後に比較して必ずしも数少なくないにもかかわらず、むしろ、その問題について黙して語らないとすら見られるのであるが、それはたんなる偶然であろうか。あるいは、この場合、決断の根拠が積極的に明示されていないという、そのこと自体に、何らかの意味を見出すべきであろうか。議会生活開始直後、および、ロッキンガム派の政権への希望が全く失われた一七六七年クリスマス休暇に書かれている次の二つの書簡は、間接的ながら、この問題について何事かを示唆するであろう。「院の内にいても、外にいても、私の頭を充たしているのは議会での仕事です。私は、他のすべてのことを押しやって、それにしがみついていますが、それは、たんに満足としてではなくて、逃避としてなのです。私は、議会で、いつものとおりの恥知らずのやり方を続け、諺にも言うとおり、恐れも機智もなく、私の気持ちを述べます。そして、どう思われているのか、聞かれているのか、いないのか、何もたずねずに、できる限りの奉仕を私の派に対して尽くすのです」(to O'Hara, 8 Apr., 1766, *Corr.*, I, p. 248)。「現在、政権とベッドフォード派の間に取り引きが進行中です……私たちの仲間について言えば、それは、政界での迷い児《アンファン・ペルデュ》です。私たちは、避けたり、避けられたりしながら、他のすべての連中と距離を保っており、全く以前と同じ場所にいます。私たちが、仮に欺されやすい人間であるとしても、それは、全く私たちの廉直さのゆえであり、決して政略――もしお望みなら、悪事と言ってもよろしい――のためではありません。誓って申しますが、私も、ウィリアムも、澄み切った、一貫した行動の計画を喜んでともにしていこうとする一団の人々の仲間にいることに、言い表わしようもない慰めを感じているのです。私自身、全く希望はありません。私が下院に入ったことを、偉大な、速やかに来るであろう将来《フォーチュン》への確実な途上にあるとして、皆が祝ってくれました。そして、私に対して、いくらかでも耳を傾ける人々が現われた時、私の友人たちの誰もが楽観的でした。しかし、実際は、私自身そう思ったことは決してありませんでした。私が議会に入ったのは、好んでではなくて、逃避の場所としてでした。私はその中に押し込まれたのです。私は議員でなければなりませんでした。それも、いくらかの喝采を博し、いないのと同じではない議員でなければならなかったのです。私が仕事にとりかかるや否や、私を破滅に追いやった企みは、そのようなものでした。しかし、私は、私の状況を、きわめてあやふやな運命の側に見ていました。私は、こうした新たな義務を課された自分を、生贄にされた男と見なしたのです。そして、こう考えるならば、私が予期しなかったことは何も起きなかったし、それに対処しえないようなことも起きなかったのです。ですから、友よ、お喜び下さい。私たちが健康で、上気嫌で、そして内面的平静を保っているのが神様の思し召しである限り、ひどく間違ったことは起こりようがないのです」(to O'Hara, 11 Dec., 1767, *Corr.*, I, pp. 339–340)。

右の二つの書簡、就中後者のトーンは明瞭である。すなわち、ここで彼は、政権をはなれて一年半、権力の回復へのあらゆる努力が破れた後のロッキンガム派の中に自らを発見する。そして、あらためて政界入り以後の自己を回顧しつつ、生起した事柄を、すべて始めから「予期されたもの」と考えることによって、辛うじて内面的平安を取り戻すであろう。その場合、彼がそこに必然性としての意味を見出しえたのは、実に、政界における行動、否政界入りそのものが、彼自身の合目的的な選択によるものではなかったという意識であった。したがって、この意味では、政界入り以前からの、名声を求めてやまなかった彼自身の本来の希望にもかかわらず、分裂してた少数派に留まろうという、政治生活最初の重大な決断もまた、よしんば、自己の行動の一貫性を保持するためでもあったにせよ、事前の積極的な目的意識による結果ではなかったのであろう。彼が、グラフトンからの勧誘に動揺したのも、そのためであったとも考えられる〔補論12〕。

〔補論12〕　それにもかかわらず、決断は現実になされており、そこに一定の根拠が存在しなかったとは、もとより言えない。資料に従って解釈する限り、それは、一つには、彼自身述べているようにロッキンガム派の「気質」、「原理」と彼自身の「性質」「意見」との合致が感じられたことにもよるであろう。一七六八年七月十八日のロッキンガム宛の書簡は、ベッドフォード派のヘイの言葉として、ロッキンガム派の「排他的気質」を遺憾に思う旨伝えているが（*Corr.*, II, p. 4）、政界における同派へのそうした評価と、バーク自身の、自己の判断に固執する強い傾向とは、明らかに符合している。あるいはまた、ロッキンガムによる保護《パトロネージ》が、すでに何らかの変更しがたい事実上の拘束を意味していたのではないかとも推測しうるが、この推測の根拠は、註（16）に述べたビーコンズフィールドの購入である。だが、いずれにせよ、それらの理由は消極的であり、バークの積極的選択を何ら意味していないし、また、政権からの勧誘をふり切ってまで、ロッキンガムの保護を受けることが立身のためであるという打算が働いたとも、少なくとも資料の上からは推測しえない。あるいは自己正当化のためにも、そうした隠微な決断の根拠は忘れられてしまうのであろうか。（なお政治生活全体が、自分の主体的選択の結果でなく、そうすべく余儀なくされたという意識は、ずっと後に、一七八〇年にブリストルの選挙に敗れた時にも、再び前面に出てくる。後出、註（27）参照。）

右のように、少なくとも事後的な自己認識を通して見る限りでは、政界入り当初のバークは、政治における彼自身の主体的な選択の余地を、きわめて狭いものと感じていた。そして、そのような政治の世界での挫折感は、彼にとっての必然性の観想という、非政治的な次元においてのみ、癒やされていたのであった。おそらく、こうした自己統一の姿勢は、名声への欲求が、主として認識者としての卓越性の達成に向けられていた前期のバークの、直接的投影と考えるべきであろう。それは、後にも述べるように、これ以後、彼の政治的生涯を通じてくり返されるところの挫折感↔自己恢復という心理的循環過程の原型をもなしている。

　だが、ここでもまた、私の意図は、こうしたバークの姿勢を、彼の政治家としての限界、あるいは自己矛盾として批判することにあるのではない。私にとって重要なのは、その中に窺われる、彼の政治についての観念である。すなわち、こうした一見非政治的な態度の中に示されている政治の観念は、実は、たんに、名もないアイルランド出身の新参議員としての、彼自身にかかわるものとしてのみ意識されていたのではなく、同時にそのまま、この時期においては、政治に対する彼のより一般的認識のフレームとも、明らかに対応していたのではないか、と私には考えられるのである。その例証として、政治への観察と自己認識とが、二重映しに表現されている書簡から一度眼を離し、前者が、客体の世界に対する認識として端的に表明されている「現状の不満の原因の考察」（Thoughts on the Cause of the Present Discontents, 1770, *Works*, I, 以下「現状の不満」と略称）の、次のような言葉を引用しよう。

「諸国民が統治されているのは、他に先んじて法によるのではない。ましてや暴力によってでもない。実際の力《フォース》や、支配のため発揮された最初のエネルギーがどれほどのものだったにせよ、本当はそれらの作用は、全く補助的でしかない。諸国民が統治されるのは……彼らの気質に対する知識と、その賢明な操縦によるのだ」（*Works*, I, p. 436）。「統治の技術には困難が伴わぬというつもりはない。実際、最良の政権でも、非常に多くの反対に出会わねばならないのはたしかである。……あらゆる選択にまつわる不都合さを、それらの不都合の重大さや、結果の差異を勘案せずに強調するのは、すべての事柄を同一に見、正と邪を混同する人々の、常に陥る誤謬である。問題は、政府に対する絶対的不満か、完全な満足かにあるのではない。いかなる時、いかなる体制《システム》においても、それらは、純粋に、それだけではありえない。論争すべきは、民衆の好意《グッド・ヒューマー》についてである。それは、おそらくは達成されるであろうし、また、実際、顧慮せねばならぬものである」(*ibid.*, p. 476)。「〔名誉〕革命以来、政府の多くの有用な権力が、危険なそれと一緒に弱まってしまったのは、私も知っている。立法部に頻々と訴えることは絶対必要となり、そのために、議会は毎年、しかも一年のうち大部分開いていなければならなくなっている。これらの事情……からして下院は、常設の上院のような性格になってしまったが、それは、より大なる混乱を治すためには必要な混乱であり、王政のもとにある自由を、対外的な強さと、対内的平和とに調和するという、極度の困難さから生まれたのである。我々自身、この大きな不利益から完全に免れえないことは、きわめて明白である。しかし、私は、悪を除去しえぬからといって、それをさらに増大させようとも思わぬ」(*ibid.*, p. 494)。「〔本書での〕私の目的は、国家の基本法のあらゆる根本的変革には、いかに困難が伴うものであるかについて、読者の理解《テースト》を換起するにある。……一つの悪のうち、どれほどまでを許容するかを知ることは、叡智にとっての、軽からざる部分である。それは、堕落した時代と、その生活態度にとって実行不可能なほどの純粋さをあえてすることによって、現行の悪慣行の除去の代わりに、新しい腐敗が、古くからのそれの隠蔽と保存のために導入されぬよう、必要なのである〔補論13〕」(*ibid.*, pp. 519–520)。

〔補論13〕「現状の不満」は、フランス革命に先立つ時期のバークの公開諸論著中、かなり特異な位置を占める。すなわち、それは、何らか特定の、具体的政策の主張を試みようとするものではない。それはむしろ、一七六一年のピットの辞職事件に始まる過去数年の政治情勢を、ロッキンガム派の立場から総括し、かつ、それを通して同派の、党派としての自己同一性を宣言するためのものであった。このため、議論の内容は、当時の政界で常識化していたビュート卿の黒幕ぶりと、その一派たる宮廷派(King's friends――バーク自身の呼称によれば Court Faction)の策謀、内政と外交上の失政を、逐一批判することに力点が置かれ、行論の過程で、あるべき下院、党派、貴族政などが考察されるにしても、例えば、「あらゆる名誉ある党派は、その第一目的として、次のことを承認するであろう。それは自らの意見を抱く人々が、国家の権力と権威を用いることにより、彼らに共通の政策を実行に移しうる状態に置かれるための、正しい方法を追求することにある」(*ibid.*, p. 530) という言葉が示すように、その批判は、きわめて原理的に表現されている。したがって、その批判に対応する認識もまた、ここでは原理的であり、状況的、説得的性格は比較的稀薄であると考えてよい。

同じことは、同書の成立過程からも推論できる。すなわち、一七七〇年四月の同書公刊にはるかに先立って、すでに前年六月のロッキンガムからの次の書簡は、その執筆開始に触れているが、それはまた、同書が、特定の政治的論争にかかわるいわば時事評論的パンフレットではなく、一つの政治的サイクルの終了と、状況の客観化の意識のもとに成立したことを物語っている。「ロンドンを離れて以来、政治について、殆ど何も考えていません。……あなた自身の近況報告を嬉しく思います。……あなたが、過去九年間の体制《システム》に関する諸記録を検討し始めたことは、非常に喜ばしいことです。――実際それは、この時点で、とても有意義な仕事であり、人々に正しい考えを教える上で、最近の議事録がこれまでなしたよりもずっとよく役に立つでしょう」(29 June, 1769, *Corr.*, II, pp. 39–40)。なお、「現状の不満」出版の十年後の一七八〇年五月、議会改革問題に関連してロッキンガム派が分裂寸前にまで追い詰められた時、バークは、それを篋底より取り出して、急進分子の急先鋒リッチモンド公に贈り、反省を求めている。このことも、バークにとっての、同書の重要性を示す根拠となるであろう (Post 8 May, 1780, *Corr.*, IV, pp. 235–236)。

ただし、断るまでもなく、「現状の不満」は、本来政治的パンフレットであり、したがって、こうした読者への説得の効果に対する著者バークの無頓着が、あくまでも相対的でしかないことは、見誤られてはならないであろう。この点の例証として、有名な黙示的《ヴァーチュアル》代表を主張する一節と、その前年、ウィルクスのミドルセックスからの下院当選に際してオハラに宛てられた感想を対照させてみよう。前者が、ルソーすら連想させる後者の認識を踏まえた上で、その現実化を阻止する目的で考えられた説得の議論であることは明瞭である。「人民による為政者の選出、および名誉や褒賞の人民による配分は、自由な国家の第一の利益の一つである。それ、あるいはそれに相当するものを欠くならば、人々は自由の実質を長きにわたって享受することはできない。……我が国の構造は、そうした明示的《アクチュアル》選挙を認めないが、それはまた、同時に(基本法の精神が保持されている限りでの話だが)、あらゆる民主的国家における選挙の方法以上に、それによるところの効果を保証することができる。……最近になるまでずっと、次のことが議会の第一の義務とされてきたのだ。すなわち、「権力が、人民の受容しうる連中の手中に入らない限り、そしてまた、国民が信頼しない宮廷の中に、徒党がはびこっている限り、議会は政府の支持を拒否すべし」と。こうして、人民による選挙の良い効果のすべてが、我々には保証されている、と考えられてきたのである」(*Works* I, p. 472)。「民衆の、だらけ切った様子と、彼に対する忘却ぶりから考えれば、ウィルクスがミドルセックスから選ばれたのは、全く驚きでした。しかし、選挙の時のように、民衆が、いつもの繋留から解放される場合には、何が起こっても驚くべきではないでしょう」(11 Apr., 1768, *Corr.*, I, p. 349)。

ここに示されているように、「現状の不満」におけるバークの現状批判は、現在の体制の歴史的起源の認定に根拠付けられているのではない。彼にとって重要なのは、名誉革命以来、一つの政治体制が、歴史の所与として成立しているという事実であった。もちろん、この体制は、人々の自由な同意を前提とする契約説の上に基礎付けられている。しかし、だからといって、現在、人々が好む時にその契約を破棄して、いつでも自然状態に戻りうるのではない。たとえ擬制であるにもせよ、人々の同意という、一回の決定的選択が存在したと見なされねばならないことは、歴史の所与性の重みを増加する所以でこそあれ、自然状態の現実的可能性を意味しない。それはむしろ、現実の政治における選択の許容範囲を、最初から限定するものとすら言えるであろう〔補論14〕。しかも、そこから生ずる困難は、名誉革命以来の体制が、「四方を、険しい絶壁と深い淵に囲まれた微妙な均衡」(*ibid.*, p. 520) に依存する混合政体であるという事実によって、さらに増幅される。したがって、こうした所与を前提とする政治の世界は、ルソーが考えるような、いかなる意味においても、絶対的な善の追求の領域ではない。むしろ、正確には、より小なる必要悪の選択の世界と言うべきである。しかも、その悪の選択すら、恣意的ではありえない。先に引用したとおり、「統治の技術には困難を伴う」のが常であり、それは正確な情報、すなわち、「民衆の気質についての知識」と、その「賢明なる操縦」によってのみ、初めて可能である。そして、この困難さのゆえに、彼は、自らを「病気の経過を、非常に詳しく記述するが、その治癒については殆ど何ごとも言えない医学書の著者」(*ibid.*, p. 516) に擬し、また、「自らが確かになすべきであり、かつ、実際にもなしうる以上をあえて試みる人は、彼自身と公衆とを大切にせぬ人である。これは、私の、おそらく弱くはあるが、正直な、無私の感情である」(*ibid.*, pp. 520–521) と述べなければならなかったのである〔補論15・16〕。

〔補論14〕 バークが実証史学の影響のもとに、ヒュームと同様、自然状態の歴史的実在について批判的であったことは、第II節の『イングランド史略』の引用からもすでに明らかであるが、また、一七六七年の *The Annual Register* は、ファーガスンの「文明社会史」を評して次のように述べている。「文明社会《シヴィル・ソサエティ》は、その起源は何であろうと、人間の一般的状態をなしている。これまで、人間について書いた多くの――その中には、何人かのすぐれた人もいる――著述家たちが、人間は本来孤独であったという点から出発する。それに満足しないで……人間とは有害なものだと唱える連中もいる。……ファーガスン氏は、こうした本質的《キャピタル》な誤謬を採ることなく……それらを、最も力強いやり方で論破する」(1767, II, p. 308)。もしも、この評者が依然としてバークであるとするならば(註(3)、(4)参照)、それは、本文での、「現状の不満」からの第一の引用と照応するし、この意味での契約説批判は、ずっと貫かれていると見るべきであるが、ただし、ここで明確にされねばならないのは、それは、現実の体制について、彼が契約説的論理構成を拒否したことを、何ら意味しないことである。右の引用自体、たんに自然状態への不可逆性という、契約説に内在する論理を強調した言葉とも解釈できよう。それればかりでなく、政治社会を、所有権保持のための擬制とし、またその擬制の運用を多数決に求める点、下院を、国民の感情の可視的イメージとする点など、バークがロックの契約理論を、自明のものとしてそのまま前提している例は、バークの全著作中、枚挙にいとまがない。両者の差異は、自然状態への不可逆性のみならず、政府の分解の不利益をもバークがより明示的に主張し、また、超実定法的な自己保存の原理を、現実に危機が迫っている場合以外、いわば眠った原理たらしめようとする点(to Dr. Erskine, 12 June, 1779, *Corr.*, IV, p. 86)などである。それは、たんに二人の時代の、体制の安定度の差を示すにすぎない。

しかし、だからといって、殆どすべてのバーク研究が前提するように、バークが、一個の政治哲学者として、彼にとっての歴史的所与たる名誉革命の体制を、人間一般に対して、どこまで本質的なものとしたかについては、若干の疑問なきをえない。たしかに、彼の発言、就中フランス革命期の著作には、そうした本質論的表現が見られるし、また、右のファーガスン評も、あるいはそう受けとられよう。しかし、特定の問題に対する判断を、それと意識しつつ、一般的に表現するのは、バークが青年期から涵養したオラトリーの能力のしからしむるところだから、まずその面からの資料批判は必要であろう。しかも、それにもかかわらず、『フランス革命の省察』自体、所与の制度を、そのまま自然として表象するのを、慎重に避ける態度を示しているとも見られるのである。（今、この点について詳しく立ち入ることはできないが、私見のみを述べておく。）なおまた、青年時代、アメリカ行きを希望したこともある（Prior, *op. cit.*, p. 41, p. 53）バークが、この時期においても、善悪いずれにもせよ、アメリカ社会の持つ、無限の可能性を感じていた（to General Lee, 1 Feb., 1774, *Corr.*, II, p. 517）ということは、所与の重圧が未だそれほど大きくない社会への彼の感情を示しており、それは、同じ問題について、全く別の側面から光を投げかけるであろう。一般に、認識の理論的問題について、前期以来のバークが、本質論的傾斜を示しながらも、他方、それを常に拒否してもいることについては、前節に述べたとおりである。

〔補論15〕　一七六〇年の *The Annual Register* はイギリスにとって、現在の戦争で欧州中心政策をとるべきか、また海上中心政策をとるべきかは、重大問題であるとしながらも「すでに我々は我々の側を決定してしまっているのだから、現在では、それはもはや、政治的思索《ポリティカル・スペキュレーション》以上の問題では殆どありえない」（p. 55）と述べている。この言葉は、一度の決定的選択――明示的、黙示的のいずれを問わず――があった後には、問題が、いわば質的に変化するという思考が、バークにおいてはこの時すでに充分成熟していたことを示している。なお、ここでいう「政治的思索」が、しばしば、バークの功利主義と言われているところの、いわゆる、政治における目的合理性《イクスペディエンシー》の観念と対応するのは言うまでもない。

いずれにせよ、一見逆説的ではあるが、こうした発想は、バークのオポチュニスティックな政治行動、あるいは状況的思考の根拠を説明する。例を再びウィルクス問題に取ると、「現状の不満」において、彼は、下院でのウィルクスの議席剥奪に対して、「民衆の同意《フェイヴァー》に対して、宮廷のそれを優越させるもの」として激しく非難しているが（*Works*, I, pp. 497–502）、それは、ウィルクス自身の行動に対する全面的同意から出たのでは決してなくて、むしろ、下院の側の態度からして、まさに必然的にそうすることを余儀なくされたものであった。一七六八年六月九日のオハラ宛書簡は、次のように語っている。「ウィルクスは、我々の味方ではないし、たとえそうだとしても、信用のおけぬ男です。……彼は陽気な、快活な男ですが、慎重さも、原理もない男なのです。もしも彼が攻撃されたとするならば、それは、必ず大きな圧政を伴ったでありましょうから、我々は、彼を守らねばならなかったし、また、その用意もありました。しかしそれは、彼の大義に対してであって、個人としての彼についてではありません」（*Corr.*, I, pp. 352–353）。したがって、議会でのウィルクス擁護と、それに先立つ一つの事件――一七六六年六月、ロッキンガム内閣の時代に、パリに追放されていたウィルクスが、公式の赦免と、損害の弁償を求めて帰国したのに対して、ロッキンガムは、バークを用いてこれを正式に拒否させ、結局三百ポンドを与えて再び国外に退去させた事件――とは決して矛盾するとは考えられないのである。なお、ウィルクス自身に対するバークの態度は、この後も常に不透明であった。彼は、一七七四年の選挙では、一時は、ウィルクス派の支持をえて、ウェストミンスターから選ばれることをも期待したが（*Corr.*, III, p. 29 n.）、新議会が始まると、後述するように、アメリカ問題で、宣言法の撤廃まで主張するチャタムおよびウィルクスと激しく対立し、反ノース政権陣営の主導権を争うこととなる。

　したがって、第三者から見れば、たんにウィルクス事件についてのみならず、バークの政治行動一般にまつわって離れない多様性や論理的矛盾は、実は、その時々における彼自身の選択の余地の狭さの意識の結果にほかならないのである。だから、逆に、過去における彼の行動が回顧される時、彼自身の主観の中では、それらはすべて「それ以外にはありえなかった」がゆえに「すべて正当である」ということにもなる。一七七三年夏休み中のオハラ宛書簡は、次のように述べている。「私は、私自身について忘れっぽくなっていますし、また、そうなりたいと願っているのです――そうして、その忘却の中で、外面しか見ない人にとっては、平静さとして見過ごされてしまうような、一種の重苦しい慰めを見出すのです。私は生まれつき、楽観的な性質《たち》ではないのです。……しかし、私、および私とともにした人々の公的行動については――人間としての弱さと不注意を別にすればですが――行為と意図のいずれもが正しかったと信じています。……もし、すべてをもう一度しなければならないとしても（ある程度の過度の熱心さを別にすれば）全く同じようにするでしょう」（20 Aug., *Corr.*, II, pp. 451–452）。

〔補論16〕　バークにおける契約説の問題とも関連しながら、ここで、本稿の方法上の立場について若干敷衍する。

従来の、日本における西欧政治思想研究を支配したのが、イデオロギー論（上部構造論）、および精神史の二大潮流であったことについては、ここにあらためて述べるまでもないであろう。そして、前者が、思想史を基本的には階級関係に規定されたその関数と見なすのに対して、後者が、そうした実体からは抽象可能な理念《イデー》の展開の跡付けを主たる任務とするという意味において、この両者は本来対立する方法であると考えられ、そのいずれを採るかが、研究者にとって、いわば自明の前提、ないしは出発点であった。だが、振り返って考えて見るならば、たとえ暗黙裡においてすら、思想史研究が、このいずれかの方法を採ることによってのみ、思想史研究としての正統性を保証されるとする観念自体、問題なしとしないであろうし、そもそも、これら二つの方法が、本来、対立するものであるとばかりも言い切れないのではないだろうか。別の見方からすれば、両者は、いずれも、その圧倒的な比重が政治理論史、ないしは政治哲学史に置かれているという意味において、すでに共通の前提に立っているとも言えよう（上部構造論においても、思想自体のレヴェルにおいて問われているのは、イデオロギーの論理構造である）。こうした意味での共通性は、図式的上部構造論の不毛性が叫ばれた時、より一層の論理内在化がそれに対する回答とされるのを常としたことを考えれば、一段と明瞭になるであろう。

私はもとより、こうした理論史の意義自体を否定するつもりはないし、いわんや体系的政治理論のかつて存在しなかった日本政治思想史と異なって、西欧政治思想自体がそうした方法を要請していることを否定する者でもない。だが、それにもかかわらず、私が、今述べたような疑問をあえて提起する所以は、そのような理論史の方法によっては、理論自体の展開過程を跡付けることは可能であるとしても、他方、所与の理論の含意ないしは帰結が、一定の歴史的状況のもとにある当該思想家によっていかに意識されていたのかという、いわば所与の理論とそれを抱いた思想家の意図との関係の側面は、全く見逃されてしまうのではないか、と考えられるからである。ところが、当該思想家の爾後の理論の展開は、ほかならぬその意図の意識によって大きく左右される。これは言うまでもない。

それをしも、「論理内在的」な事後的操作によって説明するのが、はたして、歴史の中に機能する思想のダイナミズムを理解する所以であろうか。

論点を、バークの契約説の問題に絞るならば、私にとって問題と見えるのは、彼自身、イギリスの体制について、契約説による構成をいわば自明の理として承認しながらも、他方、それが持っている個人による体制の自由選択という含意を、現在の政治の世界に投影しようとはしていないという事実なのである。もちろん、彼がそうした含意を全く認識していなかったのではない。前節に引用したルソー批判は、むしろ逆に、彼が明瞭にそれを意識していたことを示すであろう。しかし、それにもかかわらず彼は、現実の政治の世界については、本文に述べたように認識し、かつ、そこで語られる言葉と、彼の個人的体験の告白、ないしは一般化との間には、明らかな対応関係が認められるのである。もしそうであるとするならば、それが、契約説本来の理論的見地よりしていかほど矛盾と映じようとも、歴史家は、まさにその事実の承認と叙述から出発しなければならない。

(iii) 一七七五年—八〇年

以上述べてきたように、政治生活第一期のバークは、彼自身の地位の低さ、および、おそらくは前期からの心的習慣の連続とによって、むしろ、状況に対する観察者として立ち現われる。しかし、その間にも、その認識と弁舌の鋭さによって、ロッキンガム派内での彼の地位は不断に上昇していった。その結果、すでに一七七三年秋のアイルランド不在地主課税法案問題に際して、彼は、ロッキンガム侯の判断にかなりの影響力を及ぼしていたが、就中一七七四年当初以来、アメリカ問題が緊迫化する頃になると、英国第二の大都市ブリストル市のホイッグによる彼自身の招請と下院当選、ダウズウェルの死などの事情も加わって、下院における同派指導者としてのバークの地位は、不動のものとなっていった。それは、議会政治家バークの成熟期への到達であり、議会において、また、選挙区との関係において、彼が自ら政治状況の中心となることを意味した。今、一七七四年以降、一七八〇年に至るバーク第二期の活動を簡単に跡付けて見るならば、それはおよそ、一七七七年末を境としてさらに二つに分けられよう。まず、前半における彼の活動の中心をなすのは、言うまでもなく、アメリカへの宥和政策の主張である。それは、一七七四年四月、七五年三月、および同年十一月の三回にわたり、大演説とともになされた茶税撤廃以下の和解の動議をピークとし(21)、それらすべての失敗の後に、一七七六年末より七七年春にかけて実行され、同様に失敗に帰したロッキンガム派の議会欠席戦術と、それに対する反省とともに終わる。次いで、アメリカ独立戦争が転機を迎えた一七七八年以降、彼は、アメリカはすでに決定的に失われたとの判断のもとに、一転して、次第に不満の昂じているアイルランドに対する宗教、貿易上の宥和策を推進し、またフランス、スペインによる英本国侵攻の危機の中で、議会改革運動に対立しつつ、政府各部門の経済改革を主張する。その努力はすべて直接的効果を生まなかったばかりか、むしろロッキンガム派の内部分裂を促進し、さらに悪いことには、すでに数年来しばしば彼と対立していたブリストル選挙区を彼から奪うことになったけれども、それにもかかわらず、一七八〇年近く、瓦解していくノース内閣に代わって、統一的政策を標榜しうる唯一の党派として、ロッキンガム派の政権への見透しは次第に明るくなり、ここに彼は、その政治生活の「黄金の時」(Cone, *op. cit.*, II, p. 15) への入口に立つのである。

ところで、先に述べたように、すでに第一期においてその原型が成立していたバークの政治認識は、右の過程を通じて、彼自身が状況の中心となることにより、どのようなヴァリエーションを形づくっていったであろうか。あるいはまた、具体的な政治行動の中で、彼は「必然性」をいかに認識し、それに対していかに順応したであろうか。以下、アメリカ問題に焦点を合わせながら、情勢の展開とともに急速に成長していく彼の政治的思考を、再び書簡によりつつ跡付けてみよう〔補論17〕。

〔補論17〕 ここで本節が主たる資料とする書簡集の性質について一言する。第一期においては、政治への原理的認識が、きわめて数多く、事後的に書かれている書簡の中に現われるのに対して、第二期に入ると書簡自体の性質がある程度変化し、いわば無目的なたんなる事後認識を伝える書簡はきわめて少なくなる。それは、一つには、そのような通信の相手であったオハラが一七七六年二月に死去したことや、政界生活が続くにつれて、青年時代からの旧友シャクルトンとの間がより一層疎遠になったことなどの偶然的事情にも原因するが、最大の理由は、彼自身、今や政治状況の起動者にまでのし上がったことであった。したがって、オハラの死後も、ブリストルでの忠実な支持者チャンピオン、あるいは、今や確実に彼とともにあるロッキンガム等との間に交わされた書簡の中には、数多くの原理的認識が含まれるけれども、それらは、一見事後認識である場合までも含めて、殆どすべてが、同時に、新たな政治行動の前提となる状況判断としての性格をも具えている。しかしまた、一七七八年以降、彼の政策活動の最盛期に近くなると、アメリカ戦争の最終的危機感の昂進も手伝って、書簡の性質はさらに一変する。そこでは、もはや原理的思考は後退し、行動についての具体的諸連絡が中心となる。したがって、書簡を中心とする本稿の叙述も、詳しくは、およそ一七七八年頃までとし、それ以後については、将来への展望を試みるに止める。なお、バーク自身、書簡についてどのように考えていたかは必ずしも明らかではないが、しかし過去の書簡の公開はおろか、保存に対してすら消極的だったようである。それは、息子リチャードの死（一七九四年）に際して、大量の書簡を廃棄したことに象徴されている（*Corr.*, I, editor's Preface, p. vii）。一般的に言って、理由はともあれ、バークがその私生活、内面性などについて、人に知られることを、むしろ積極的に拒否する心性の持ち主であったことについては、すでに述べたとおりである。

周知のとおり、バークのアメリカに対する基本的態度は、一七六五年以来、一貫して、一方で印紙税法以下の具体的課税政策に反対し、他方で、宣言法によって、本国議会の法的優越を主張するところにあった。しかし、問題に対する具体的な取り組みという点に関しては、「我々が、過去二回の議会、いや実は三回の議会の間、……沈黙を保っていた理由《リーズナブルネス》に私は完全に同意していたのです」（to Lord Rockingham, 5 Jan., 1775, *Corr.*, III, p. 88）という、一七七五年正月の彼の言葉が示すように、七四年秋ブリストルで当選する以前の彼は、時にむしろ傍観者的ですらあった(22)。したがってまた、同年四月の茶税撤廃提案もまた、従来の議会における主張と行動以外の何ものをも意味していなかった。彼が同演説に先立って、植民地への懲罰措置としてのボストン港閉鎖に賛成している点は、この段階では問題を必ずしも決定的に重大とは感じていなかったことを物語るであろう(23)。同年九月、議会解散直前、ビーコンズフィールドの自邸からロッキンガムに宛てた書簡は、この頃のバークのこうした態度を裏付ける具体的な状況判断を示しているが、それはまた、彼が、アメリカ問題を基本的にはいかなるフレームのもとに認識していたかという点をも表現している。「次の議会の会期中に、アメリカおよび外交問題が、大衆の現在の知覚喪失状態をゆり起こすほどに重大化することはあるまいという卿の御意見には全く同感です。私は、少なくともアメリカ問題が、数年内にそうなるか否か疑わしいと思っています。ペンシルヴァニアがその代表に与えた指示を、ロンドンの新聞が掲載したかどうか存じませんが……これらの指示の気魄や大陸会議のやり方、およびそれに続く交渉などから判断すれば、問題は非常に長引きそうに思われます。しかし、たとえそうであっても、現在のアメリカの気魄や、団結が持続することは、殆ど不可能だと思います。民衆自身の手による救済は、速やかで、鋭くなければ全く効果がないものですが、アメリカの民衆が内閣に働きかけうるのは、我が国の民衆を通してのみであり、しかも、後者は、アメリカから半ダースもの紳士がやってきて、ダートマス卿やノース卿の袖にぶら下がったり、ポーナル氏とやりとりするのを見ても、多分、全く無感動でしょう。……現政権の性格も含めて、国民の現在の気分の中では、全アメリカの混乱と不満、そしてそれが原因で起こるべきより遠い将来の害悪は、ポーランド分割以上には、何の作用も持たないのです。……内閣が安閑としていられるのは、実際、大衆の不満はたやすく蒸発してしまい、移り気なものだという考えがあるからなのです」(18 Sep., 1774, *Corr.*, III, pp. 30–31)。

このように、一七七五年以前のバークがアメリカ問題について「沈黙を保つのが合理的《リーズナブル》」と考えていたのは、一つには、本国と植民地の民衆、およびノース内閣の「気分」の現状についての観察であったが、また、彼の中で、それらの観察が一定の判断、ないしは予測にまで形づくられたのは、彼が、現在の体制内で、状況を構成するそれら諸要素の機能すべき関係を、所与として前提したからでもあった。つまり、彼によれば、そもそもアメリカ民衆の不満は、「本国の民衆を通してのみ」初めて政治的機能を発揮しうるものであり、したがって、この関係が変更されない限り、前者は、後者の無関心によって、たんに政治的に無意味に止まるのみか、まさにそれが無意味であるという理由からして、それ自身「長続きすること」すら「殆ど不可能」だと考えられねばならないのである。こうした判断は、当初より、アメリカ問題に対して、イギリス帝国を構成するシステムの自律性の恢復という見地で臨んでいたバークにとっては、むしろ問題への接近自体の中に準備されてあったと言うべきであろう。逆に、アメリカの民衆がそのシステムの外に出るということは、彼の認識自体の破綻を意味するゆえに、そもそも想定不可能なわけである〔補論18〕。

〔補論18〕　政治的事件を歴史的に認識するに当たって、状況を構成する客観的要素として、可視化または制度化されえない、当事者のspirit, temper, dispositionなどを導入するのが、前期以来のバークの一つの特質であったことはすでに指摘したが（註（13）および、本節（ii）「現状の不満」よりの第一と第二の引用（上掲七八頁）参照）、政治家としての実践を通して彼がそれを痛烈に体験したのは、その問題自体としては成功した前年のアイルランド不在地主課税法案反対に際してであった。バークは、ノース首相の計画失敗がきわめて明らかとなったにもかかわらず、その問題が、政権の存続そのものへの揺さぶりには全くなりえなかったことに失望しつつ、オハラに宛て、次のように書いているが、この認識と本文に引用した約九ヵ月後のロッキンガム宛書簡の後半の部分とは照応している。「私はかつて、政治問題の処理には、能力がいくらかは役に立つし、それがない場合には、欠けているものを埋めるために、大きな、非凡な、努力と注意とが絶対必要だと考えていました。しかし、私は全く迷夢を覚まされています。……〔歴史上の偉大な人物ですら失敗するのに比して、最近の無能な連中が、容易に政権を維持するのを見るにつけても〕能力とか勤勉とかは、長い目で見れば政治に役立つとしても、権力の、現在の保持者の平静と安全のためには、都合の悪いものだ、と強く信じざるをえないのです。……連中は、多くの重大な点で失敗しましたが、彼らの強さは、その失敗の中にあるのです。彼らは、何ものも――信用すらも――失いません。なぜなら、彼らが信用される理由があるとすれば、それは彼らが安定こそ良しとするからです」（11 Dec., *Corr.*, II, pp. 495–496）。

いずれにせよ、当事者、就中、大衆の気質を絶えず測定するというこうした発想は、七〇年代中も、ずっと貫かれているし、それが、彼の政治的思考に対して一種のリアリズムを可能にしたことは確かであるが、しかし、そうした測定を彼に必要と感ぜしめた要素論的思考方法そのものが、他方、政治の世界を、それらの要素によって構成される一定の完結したシステムとして観念させ、そのことによって、最も重大な時点で、彼のリアリズムを裏切っているのも見逃しえない。本文に述べたとおり、それは、彼の認識そのもののトータルな破産を意味し、そこで、歴史への「神意」の介入は不可避となるであろう。視点を変えて言えば、そのことは、バークにおける「必然性」という範疇は、むしろ哲学的なそれであることを意味している。したがって、政治の世界の論理を、同じく「必然性」によって表象しながらも、そこに、すぐれて社会学的内容を与えようとしたモンテスキューや、トクヴィル、さらにある意味においてはルソーの用語法とは、必ずしも対応しないことにも留意する必要があろう。

さて、一七七四年末に新議会が成立して以後、状況は俄かに活発化する。国内では、アメリカとの貿易制限に打撃を受けたブリストル、ロンドンその他から、七五年一月から三月にかけて、政府の政策に賛否の請願が相次いだ。この情勢の中でバークは、「反内閣の精神が今や起きつつあります……それが、自らの性質によってどこまで進みうるにせよ、もしも、鍛え、指示し、維持しないなら、それは結局無意味に終わってしまうということを、私たちは沢山の経験で知っています。それに注意を払わないならば、現政権の方が、彼ら自身の失態が原因である、この災厄と混乱を利用するでしょう」（5 Jan., 1775, *Corr.*, III, p. 88）と書いて、ロッキンガムに行動を促し、情報の収集、同志の連絡強化を主張したが、その目的は、ニューファウンドランド漁業からの、ニューイングランド植民地の閉め出しに象徴されるように、強硬の度を加えつつある内閣の政策に対して、各地からの反政府請願を組織化し、また、宣言法の撤廃を主張するチャタムに対抗しつつ、野党各派内での主導権を確立することにあった。三月二十二日の和解決議案は、三ヵ月にわたるそれに向かっての努力の総決算でもあったが、それは、七十八票対二百七十票を以て敗れ（Maccoby, *op. cit.*, p. 212）、その直後、独立戦争への突入となる。

バークは、この新しい事態にどのように対処したであろうか。ノースの政策が、一段と強硬化した同年三月、彼はブリストルの親友に宛て、「私は本国の優位の熱烈な支持者でした。しかし、告白しますが、その実際の使い方を見ていると、私の熱は次第に冷めてくるのです」（to Champion, 9 Mar., *Corr.*, III, p. 132）と書いているが、彼が、結論的に言えば、すでに述べた認識に規定されている結果、次々と彼の予測を裏切って行く新しい事態に完全に適応するには、長期にわたる内面的苦痛が必要であり、それは、事実の論理のもはや疑いえなくなる二年後まで待たねばならなかった。次の言葉は、こうした開戦直後のバークの苦悩を示している。「アメリカでは、予想どおり進行しています。原因が結果を生んでいるのです。……何がなされようと、神が平和をお与えになるでしょう。私は、この国が、私の決議案を受諾することによって、そのための基礎を据えるほどに賢明であったならばと思います」（to Champion, 28 June, 1775, *Corr.*, III, p. 175）。「〔予想どおりゲイジ将軍が勝てば〕本国では皆有頂天になり、我々はすべての思慮を捨てて戦争に飛び込むでしょう。その戦争《ウォー》は、多くの戦闘《バトル》——それらは、多くの勝利をもたらすでしょうが——によって終わらせることはできないのです。もし我々が敗れれば、アメリカは取り返しがつかぬほど、我々から離れていくでしょう」（to ditto, 19 July, 1775, *ibid.*, p. 180）。「アメリカの意気は、全く信じ難いほどです。……あらゆる人間的諸手段では、彼らが劣っているのは明白です。しかし、遠い、困難に充ちた国のことです。彼らを鼓舞しているあの意気を以てしては、何か途方もないことが起きるかもしれません」（to O'Hara, 17 Aug., 1775, *ibid.*, p. 187）。

しかし、それらの言葉を綴った政界の夏休み中も、バークは、ビーコンズフィールドで、来るべき次の議会での行動の構想を練り続けていた。それらは、最終的には同年十一月、三時間の大演説を以て提案された第三回の和解提案に結晶するが、その構想の過程で彼が、ロッキンガムに対して今一度の行動を促して送った長文の書簡は、この時期のバークが、状況のいわば内側から、政治行動の論理の要求する行動をいかに認識していたかを知る上で重要である。

「とうとうあの戦争に巻き込まれてしまいました。……この危機に際しての国民の一般的気質について、卿の御観察はたしかに正確です。……王は、政府の現状に全く満足し……閣僚たちもまた、完全に安心し切っています。……イングランド中の善良な人々について言えば、彼らは、日々にますます政権と同じ性格を共有するようになっています。……彼らの考えは冷やかで、生気がありません。それは全く無関係な事件に対する考えのようです。それはいかなる情熱もかき立てず、いかなる行動ももたらしません。これらすべての事態の中で、私の認識、情報は、全く卿のと一致しますが、しかし、不幸にして一点において異なるのです。私には、何週、いや何ヵ月、何年たっても、時が、王や、大臣や、民衆に感覚を与えるとは考えられません。現在のやり方《システム》を修正し、変更する方向への感覚を民衆に与えるためには、計画と、操作が必要です。民衆の気分や、意見のすべての方向付けは、少数者の中から始まらねばなりません。おそらく、そうした意見や気分それ自身、非常に多く、そうした方向付けから生まれるのです。事件は素材を与えます。時間は気質を養います。しかし、行動のみが、それらを何らかの有用な目的へと関連付けさせうるのです。……事態を放置すれば、国家は、壮大と繁栄の頂点から、最底の愚鈍と卑劣さの状態にまで、間違いなく、そして音もなしにすべり落ちるであろうというのが、私のはっきりした考えです。この傾きの中で、特定の時期を劃するものは何一つありません。……あらゆる事件が、次を非常によく準備するので、それがやってきた時、何の驚きも生まれないのです。……我々は商人たちを顧みました。彼らは行ってしまいました。……彼らすべて、あるいはその大多数は、儲かる戦争という死体の臭いに、鼻をうごめかし始めているのです。……しかし、これらすべては、そんなに重大ではありません。最大の悪と危険は、議会がこの戦争に、全く、そして決定的に突っ込むことでしょう。……そこからは、イギリスを侮辱するか、アメリカを奴隷にするかによる以外、脱出の方途はありません。その状態の中では、政権は、戦争が継続している限り、その権力の寿命を保つのです。……宮廷派の渋面と、民衆のあざけりの口笛の中で、信用されず、同意されず、国民の人気もなしに、強気で、気難しくて、私たちと私たちの大義にはおよそ不似合な、小さく、哀れな反対の糸を、腹の中から紡ぎ出す以外に、今の私たちにはいったい何が残されているというのでしょうか？　多くの人々と同じように、衆愚への恐れを持ちたくはないと思います。……しかし、慎重に考えるならば、政府へのあらゆる反対は、院外での支持を全く欠いては絶対に無力なことを、私たちは知っています。もしそれが実際的でないとすれば、私は以前からの私の意見――最も有効で、最も名誉ある進路は、形式的な脱退の義務を負わずに、議会を欠席することであるという意見――に帰らねばなりません。あまりにも明らかな私の体験によれば、こうした事態では、か弱い反対は、内閣への最大の奉仕になってしまうのです。……卿よ、あなたは特殊の仕方で、召命を受けておられるのです。アメリカはあなたのものです。あなたはかつてアメリカを救われました(24)。おそらく、もう一度それをなしえましょう。……〔アイルランド不在地主課税法案で成功したように〕できるだけ早く、あなたの主たる同志を集めることを考えるべきではないでしょうか。それ以上の集会が適当でないかどうか、そこで決めるべきです……。大衆の気分が熟していない現在、何ごとかをするのには異議があるかもしれません。……しかし、危険は目的と見合うべきです。そして、現在は通常の時ではありません。なによりもまず、現在の野党の状態は非常に悪化しています。……そうした努力におけるあなたの成功が、何か国民の全員一致のようなものにかかっているとするならば、事態は全く絶望的というべきでしょう。……少数派が戦争を遂行することはできません。しかし、よく編成され、不断に行動する少数派は、進行を容易にさせないという形で、戦争を妨げることはできるのです」（22, 23 Aug., 1775, *Corr.*, III, pp. 189–194）。

ここでバークは、現状判断に関する限り、絶望的である。ノース内閣、本国の民衆、また彼の和解政策の不可欠の前提でもあった植民地人の気質、商人等、すべては彼に背き、議会内の政府反対派連合もまた分裂している。しかし今や、ロッキンガム派の下院指導者たるバークは、かつての如く、その認識において安らぐことは許されない。ではいかにすれば、少数派としての政治行動の有効性を保持できようか。何よりもまず、リーダーシップの発揮を通して、眠った「民衆の気分と意見」に必要な方向付けを与えなければならない。さもなくば、イギリスは、最悪の状態にまで、「間違いなく、そして音もなしにすべり落ちる」であろう。しかし、そうは言っても、自分以外の、状況を構成しているあらゆる当事者が、「無感覚」であることがまさに所与である時に、リーダーシップを云々すること自体、本来無意味ではないか。もしそうであるとするならば、政治の次元に止まるためには、いわば最大のショック療法として、同派が政治の舞台から姿を消す以外に道はありえぬのではないか(25)。だが、それもまた、無視されることによる失敗の危険なしとしないであろう。そして、もしも「危険は目的に見合うべき」であるならば、よしんば与件とは矛盾しようとも、むしろ、同志の結束→大衆（有権者）集会という、本来の政治的手段によるべきではないか。すべてが失敗に帰した時にも、それによって、最低限、政治家としての自己同一性だけは保持されるのではないか。

右の書簡は、論理の錯綜を通して、こうしたバーク自身の内面的対話を示している。しかし、ロッキンガムは、現状は微妙であるとして行動の慎重さを主張し、さしあたっての行動について、バークの提案には同意を与えなかった（from Lord Rockingham, 24 Sep., *Corr.*, III, pp. 214–215, 2 Nov., *ibid.*, pp. 234–235）。彼は、困窮が民衆を眼覚めさせ、それによっていわば自然に、彼らが自らの方に近寄るであろうという、民衆に対する一種の消極的な期待を抱いていたのである。そして、十一月六日のバーク最後の和解決議案も、下院で百五票という、従来の最高の得票をマークしたにもかかわらず、大勢を変更するには至らず、ノース内閣とチャタム゠ウィルクスの急進派の挟撃のもとで、ロッキンガム派の孤立感は深まる一方であった。

一七七六年頭初以降、アメリカ問題について、バークは何ら積極的行動をしていない。彼にとって、政治行動は、与件との対応という一定の合理性を必須の要件とするにもかかわらず、事実によってその認識が次々と裏切られていく時、彼がもはや、なすすべを知らぬのも当然であった。すでに同年正月、彼は、「戦争の成り行きがどうあろうと、アメリカ人たちは、我々から永遠に去ってしまったと思うのです」（to O'Hara, 7 Jan., *Corr.*, III, p.

245）と、直感しているが、他方、同年七月に至っても依然として、「この民衆はいったいどうなるのでしょう。神様は、いったい彼らと私たちとを、どのような運命に定められたのか、私には判りません」（to Lord Rockingham, 4 July, *ibid*., p. 278）と述べている。それは、抗い難い事実を、合理的思考の外に追いやろうとする、彼の矛盾と苦悩とを象徴している。

だが、状況が袋小路であるのは、ひとりバークのみならず、民衆に対するかすかな期待を失っていないロッキンガムとて、基本的には共通であった。もはやそこからの脱出は、自らの力では如何ともなし難く、ただ情勢の好転によってのみ可能であろう(26)。かくて、十月末のロッキンガムの上院での奮戦を最後に、同派は、一七七七年春までの、長期の議会欠席という、最終手段にまで追い込まれる。そして、その失敗が明白になるとともに、独立戦争前半の段階での同派の和解工作は完全な終止符を打ち、バークを中心とする新しい政治状況の開始は、一七七八年を待たねばならなかった。

それでは、多大のエネルギーを投入した問題のサイクルの、一つの終点においてバークは、どのように過去を回顧し、どのように将来を望んだであろうか。以下、一七七七年夏から秋にかけての書簡の中に、彼の政治認識をたずねつつ、政治生活第二期までを対象とする本稿の結びに代えることとしよう。

さて、バークは、同年、著名な歴史家ロバートスン（William Robertson）から、その著『アメリカ史』を贈られているが、アメリカ問題に対するバークの対応の推移を知る後世の歴史家から見れば、それは、彼にとっていささか皮肉な贈り物であった、と言うべきであろう。ともあれ彼は、六月九日、礼状を書き送っているが、それは、むしろ、彼自身の認識の破綻を、歴史認識一般の限界へと還元することによる自己弁明でもあった。「歴史は、その比較的若い時代から、貧しい教師にすぎませんでした。……現在、私たちは、人類の犠牲において歴史に購われているような類いの尊厳と事件とをあなたに提供しているというのは、本当に悲しむべきことです。……私のこの問題についての思索は、未だかつて、非常に先まで達したことはありませんでしたし、現在でもそうです。私がこれまで試みた予測は、すべて誤りだったことがはっきりしました。正直に申しますと、私は、植民地が、独力で現在のような抵抗をなしうるとは思いませんでしたし、ブルボン家のあからさまな介入がなければ、そんなにできるとは思わなかったのです。そして、多分、現在よりも以前に、フランスとスペインが決定的役割を果たすだろうと考えました。両方とも、私の推量は誤っていたのです。……さようなら。これからも引き続いて世界に御教示を御与え下さい。私たちが、今日の情念と偏見とに対して、それよりは勝《まさ》っているのでは決してない、私たち自身の別の情念と偏見を武器としながら、可哀そうな、勝ち味のない戦いを続けている間にも、私たちが、身を以て購っている叡智を未来の世代にお伝え下さい！」(*Corr.*, III, pp. 351-352)。

すなわち、歴史認識は、常に事後的でしかありえず、したがってまたそれを通して人間性に関する何らかの新しい知識を求めることは不可能である、という意味においては、「貧しい教師」でしかない。しかも、その認識すら、購うに人類の犠牲を以てしなければならない、とバークは考える。そして、もしもそうであるならば、本来認識不可能な、現在、ないしは歴史の将来について思うことは、まさに徒労以外の何ものでもないと言わねばならないであろう。「議会が開会するまで、私は、自分の気持ちを、できるだけそれらとそれらに関係することから遠ざけているのです」(to Garrett Nagle, 3 Sep., 1777, *Corr.*, III, p. 371)。「アメリカ問題についての御考えには全く同感です。〔ただし〕それは、これからは、そうした種類の事柄を深く心に留めまいという私の決意が許す限りですが」(to Champion, 25 Sep., 1777, *ibid.*, p. 377) という言葉は、こうしたバークの決意が疑う余地のないものであることを示している。

だが、バークにとっては、認識と行動の双方におけるこうした挫折感が、状況への完全なデタッチメントによって辛うじて癒やされるのも、ビーコンズフィールドで、農業に従事しつつ静かに過ごす夏休みの期間のみであった。なぜならば、挫折のゆえにより強く感じられる詩と歴史への愛惜がいかほどであろうとも (cf. to William Richardson, 18 June, 1777, *Corr.*, III, pp. 353-356) 彼の生活は、現実的にはもはや政治の世界の外では考えられないからであり、もしもそうであるとするならば(27)、考えうる限りでのすべての行為と認識が、事実の手で拒否されつくした現在において、政治に対する認識そのものを、及ぶ限り修正しないならば、ポリティカル・マン・バークの将来はありえないからである。こうして、議会の会期が近付くにつれて、バークは、何が政治行動における有効性を保証するかについて再び思いをめぐらす。そして、あたかも、二年前の一七七五年八月、彼が、ロッキンガムに対してなした如くに、今度は彼に向かって、速やかな行動を要請する若きチャールズ・フォックスと、ウィリアム・ベイカーに、その考察を書き送っている。それは、二年前の、彼の問題提起への、いわば彼自身の回答でもあり、長い苦悩の中から、彼の政治的思考が、ようやく新たな段階に到達したことを物語っている。「私はかつて、私たち自身の確定したプランを欲しました。そのプランは、アメリカ問題の本質そのものに根ざし、戦争の成り行き《イヴェンツ》に全く無関係で、そして、国内での私たちの信用を保ち、私たちのやり方《システム》を維持するように練られたものであるべきだったのです。〔しかし〕長い、いくらかはいまいましくもある経験から、今や私は、そうしたプランは絶対的に実行不可能だと確信しています。お言葉のとおり、それを実行不可能にしたのは、一つには、私たちが最も愛し、信頼した人々の性質の中の、何らかの欠陥でしょう。……しかし、本当は、彼らをそんなに非難することはできません。私たちは、利益や休息を犠牲にしても、その対価が名声《フェーム》として酬われる時代にはいないのです。……ロッキンガム卿とその同志たちは、世論の後押しもなく働きました。しかし、彼らは、いわば強制されて働いたのです。彼らの置かれた状況からすれば、何らかの役割を果たさないわけにはいかなかったのです。これらすべてを変えることはできませんし、それに不平を言っても始まりません。……〔結局〕誰か人と協同するためには、そしてまた、殆ど慰めもなしにそうするためには、私たちは、彼らの性質にもう少し同化することを考えねばならないと思います。もしも、彼らが私たちの方に近付き、また、私たちも同じやり方を続けたいのなら、彼らの方に傾かねばなりません。……彼らが何であり、私たちが何であるかは、充分にはっきりと体験されたのです。そして、一部は私たちの誤謬により、しかしもっと多くは、私たちの状況の困難さと、不可避だった不幸な、ある種の環境とによって、私たちは一種の袋小路よりも少しも良くないところにいます。私自身は、この奇妙な位置にいて、私の気持ちを静かにすべくあらゆる努力をしています。……急いではなりません。あなたの基礎を、深く世論の中にお持ちなさい」（to C. J. Fox, 8 Oct., 1777, *Corr.*, III, pp. 381–385）。「戦争においては成り行きがすべてを決めます。人は、その原理を、成り行きまかせにしてはなりませんが、しかし行動は、多かれ少なかれ、そうでなければならぬと感ずるのです。——なぜなら、大多数の民衆こそが、我々の手段であり、彼らの愛や憎しみ、信と不信は、全くフランダースやニューヨークの最終便〔その時々の情報——半澤註〕に支配されるからです」（to Wm. Baker, 12 Oct., 1777, *ibid.*, p. 389）。「もしできれば手直しすべきだった事柄について悔いても無駄です。本当に、本当に、私たちは成り行きに従わねばなりません。それは強い、自然の手（strong hand of nature）なのです。欲すると否とを問わず、それには従わねばなりません。……私たちが働くのには、王と民衆という二つの手段しかないのです。前者は、現状の主たる原因であり、後者はその奴隷です」（to ditto, 9 Nov., 1777, *ibid.*, p. 401）。

私は、これらの言葉が、すでに見てきた彼の思考の延長の上にあることを否定するのではもとよりない。依然としてバークにとって、自己はそのようになければならなかったし、また、その中においてのみ、自己の「気持ちの安らぎ」を見出さねばならないであろう。しかし、私にとって見逃しえないのは、ここにおいて初めて、民衆と、その気質の向背に決定的に依存する「成り行き」が、その個々の具体的内容から抽象され、その意味ではまさに不確定のままに、彼の政治行動を規定する最大の要因として認識されたことである。換言するならば、かつて二年前に考えられたように、民衆とは、実際にはその効果の定かではないリーダーシップによる方向付けを与えられて、初めて、合理性ある政治の範疇となるのではなく、本来、あるがままにそのようなものである。この考えは、具体的には、「民衆の中に、感情の大変化が真に起こらぬ限り、我々は本質的には何もなしえない」（from Lord Rockingham, 26 Oct., 1777, *Corr.*, III, p. 392）とするロッキンガムの判断に一致することではあった。しかし、そのように認識することは、バーク自身の主体的行動の一切の放棄を意味するものでは決してない。なぜならば、成り行きに支配されるのは行動のみであって、原理までがそれによって導かれてはならないからである。そして原理における主体性を貫く政治的行為は、言うまでもなく、同志の党派としての自己同一性でなければならないであろう。リーダーシップもまた、この二つの条件を充たして初めて可能となるであろう。こうして、バークの中に、民衆とのより一層の一体化、同志のより一層の結合という、いわば二重構造を持つ政治認識が、明瞭な方法の意識とともに成立する。

書簡を通して眺める限り、一七七八年以降、八二年までの間に、バークの政治的思考に何らかの質的変化があったとは見られない。他方、すでに七九年頃には、スペイン、フランスの戦争介入を契機として、久しく待望してやまなかった大衆の「感覚」のよみがえりが、かすかながら感じられ（to Lord Rockingham, 17 Oct., 1779, *Corr.*, IV, p. 158）、また、それとともに、政権への曙光も望まれるようになる。したがって、この時点でのバークは、まさに右の認識を提げて、具体的政策活動に没入することが可能であった。もちろん、その場合にも、さしあたっての、議会における経済改革案の不成功や、議会改革問題に絡まる、リッチモンド公のロッキンガム派からの脱落などの挫折があったにもせよ、自らの認識の基本的な有効性が保たれている、と意識しえた限り、彼はそれらにも耐えることができたのである。こうしてバークは、彼自身閣僚の列に加わることを期待もせず、また現実にも加えられなかったにもかかわらず、「静かな満足」（quoted in Cone, *op. cit.*, I, p. 359）をもって一七八二年三月の第二次ロッキンガム内閣の成立の日を迎える。そしてその日にも、彼は、ロッキンガムに対して、「あなたの基礎にしっかりとお立ち下さい。ただ一つの内閣を」（to Lord Rockingham, 22 Mar., 1782, *Corr.*, IV, p. 423）と強く進言したのであった。

さて、以上跡付けてきた第二期までの政治認識は、その後の彼にとって、いかなる意味を持ち、いかに修正されつつ、フランス革命に至るのであろうか。あるいは逆に、それは、第II節に述べた、彼の、非政治的諸問題についての認識とは、いかなる内面的連関を持つのか。前者の問題については、資料の刊行をまって稿をあらためるとして、後者についての、一つの推論をあえてするならば、こうした政治認識は、政治の世界をもまた、合理的認識可能の部分（自己同一的党派）と、しからざる部分（民衆、または成り行き）とに二元化する可能性を内包しないであろうか。それは、前節に述べた歴史像、自然像の二元化と、何らかのパラレルを意味しないであろうか。だが、そのように考えても、なお疑問は残る。なぜならば、一方、バークが考える政治における認識可能の要素《コグニティヴ・エレメント》としての自己同一的党派なるものの実体は、結局は、政治の世界に投影されたバーク自身の自己にほかならないかもしれない。他方、すでに見てきたように、バークにおいて、自己が自己に対して明らかとなるのは、常に事後的でしかありえない。とするならば、彼自身、どのように意識するにもせよ、党派の原理は、現在、または将来における有効な政治行動を準備する確実な担保としての性格を持ちうるものではない、ということにはならないであろうか。しかし、いずれにしても図式化が本稿の最終的意図なのではない。思想史もまた、叙述を以て満足すべきではないか、と考えながら、ひとまず、限定された時期を対象とする本稿の筆を擱くこととしよう。

第二章　コールリッジにおける政治哲学の形成

I　政治思想史研究のコールリッジ無視──異なる選択肢を探る

サミュエル・テイラー・コールリッジ（Samuel Taylor Coleridge, 1772–1834）は、文学史上は別として一般に思想史、とりわけ、政治思想史において正当な評価を獲得していない数少ない重要な一人である。だが、詩人コールリッジの生涯は実質的に十八世紀末をもって閉じられており、十九世紀に入っての彼の後半生は、すでに高名なジャーナリスト、講演者、文学理論家、宗教・政治哲学者として過ごされた。思想家としての彼の武器は、青年時代から日々飽くことなく反復された自己内省を基礎とする人間心理の緻密な観察と分析、それらを表現し伝達するための異例な読書量、語学能力、しばしば造語まで彼に求めた言語使用における厳密さへの意識などであり、それらを駆使して、しかも自然哲学や論理学までも含めた一般知識学とも対応した政治、宗教の一般理論を樹立するのが彼の終生の目標であった。ジャーナリスト出身である彼には、戦術的意図を持った発言や著作も多いが、それらもまた、この理論の、状況に応じた適応でなければならなかった。この壮大な目標が、彼の生涯の中で十分に達成されたとは言い難いが、しかし、今日の時点で一般に利用可能な資料だけによってみても、彼の精神の中では晩年にはその理論の骨格はほぼ明瞭であったと言ってよい(1)。もちろん彼は、カントやヘーゲルの場合のような一般理論を、素描としても残さなかった。また、彼の公刊諸作品相互の間には、広汎な主題を論じようとするあらゆる作者に不可避な理論の未整理と矛盾が多く残されている。しかも、彼が集積した膨大な素材は、しばしば磨かれざる珠のままであった。その原因としては従来、彼自身の自己イメージですらあった、生来あるいはアヘン常用による怠惰、意志薄弱、不健康、あるいは彼の死の直後から非難の始められた、他人の作品の無断借入《プラジャリズム》による思想の内的統制の欠如などが指摘されており、そのことがまた、とくに文学者を中心とする研究者に対して、彼の精神病理的分析と、思想形成過程とに対する尽きぬ興味を提供している。だが、そのような負の要素の介在にもかかわらず、彼がその学識と構想力のゆえに同時代およびそれに続く数世代のイギリスの思想家たちに対して強い影響力と、そしておそらくは、影響力よりもさらに強い衝撃力を持っていたことについては、彼を、ベンサムとともに十九世紀イギリスの二人の「胚種的精神」としたあまりにも有名なJ・S・ミルの言葉を始め、同時代人の多くの証言からして疑うことができない。詩のみならず、晩年の彼の散文の重要作品はいずれも、彼の死後十九世紀前半のイギリスにおいて何回かの版を重ねた。何よりも彼は、ミル、カーライル、アーノルド、スペンサー、ブラッドリ、グリーンと続く、十九世紀イギリスにおける広汎なドイツ哲学受容の文字どおりの先駆者であった。

では、そのコールリッジに対して、思想史とりわけ政治思想史が、従来一般に正当な評価どころかきわめて貧困な理解しか示してこなかったのはなぜであろうか。もちろんこうした問いは、ある事柄が歴史において実現しなかった理由の説明を求めるものであって、みだりに発すべきものではない。しかし他面で、特殊にコールリッジに関するこの問いは、より一般的に、通常の政治思想史研究において前提されている歴史の構成、対象選択の基準、叙述の方法などに関して、基本的な疑問を提起することにもなると思われる。と言うのも、それは、おそらくはアーネスト・バーカー以来、意識的にせよ無意識的にせよ、政治思想史研究は時代の要請する政治理論の構成と密接に関連してなされてきたという事実と、その問題性を浮き彫りにせずにはおかないからである。

ジャンルのいかんを問わず、およそ思想とは、世界を混沌としてではなく、何らか意味と秩序あるものとして諒解し、もし可能ならばこの諒解にしたがってそれを制御し、方向付けたいという人間の欲求に根ざすものであることは自明であろう。そして人が思想史研究の対象として例えばAという思想家を取り上げようとする時、その理由は第一に、そのような目的に向かって苦闘したAの精神の記録には、何らかの意味で時代と社会を越えた有意味性《レルヴァンシー》があるという判断であろう。その場合、研究者にそうした判断をさせるものは、一方、Aが視野に入れている人間的経験の広さと、他方、それらの経験に秩序を見出す際のAの論理の一貫性であろう。研究者は、これと関連してさらに、本来印象の域を出るものでないにせよ同時代に対するAの思想の代表性、あるいは続く時代に対する彼の影響力などといった歴史的展望をも考慮して対象選択を決定するであろう。

さて、もしも思想史研究における対象選択の基準が通常右のようであると考えて間違いないならば、あらためて問うとして、有意味性、代表性、影響力いずれの点でも資格に欠けるとは必ずしも思われないコールリッジの評価に政治思想史が失敗してきたのはなぜであろうか。再び、そのような問いについての禁欲の必要を自覚するとしても、にもかかわらずここは、従来諒解されてきた政治思想史の射程は、コールリッジのような対象を把えるには不十分であったと認めざるをえないのではないだろうか。これまで、そして現在においても、政治思想史における対象選択の基準は圧倒的に有意味性——しかも特定のそれ——に比重がかけられていたように思われる。すなわち、それは、何よりもまず政治理念の「遺産」の評価——民主主義というプラスの遺産であれ、全体主義、ファシズムというマイナスの遺産であれ、はたまた、より没価値的に、一定の定義を与えられた「政治」の観念という遺産であれ——にかかわる研究だったのであり、その意味では論理的にも、またしばしば現実的にも、政治理論の研究に従属し、本質的にその予備作業たるに止まってきた。そして、同時に歴史としてのストーリーへの要請を満たすためには、多くの場合、必ずしも厳密な学習関係や問題の共通性の論証には裏付けられないままに、時代を前後する二人ないしそれ以上の思想の間の何らかの類似性が比喩的に〈発展〉として想定され、しかもそれが、本来の性格である比喩ないしは形容を越えて実体化されるのが常であった。あるいは、彼我の状況や課題の個性の差異を捨象したまま、Aの思想の〈今日的意義〉が論じられることも珍しいことではない。だが、そのような政治思想史は、政治理論との関連ではいかほどに有用性があろうとも、はたして正当に〈史〉の名称を冠しうるであろうか。それは、まさに同じ理由からして、たまたま歴史として読むに耐えるものでない限り、それぞれの理論の気質と体験に見合う特定の読者と特定の政治の季節の消長に応じた浮沈を免れることはできない、というのが確かな経験的事実だったのではないだろうか。いずれにせよ、従来の政治思想史の少なくとも巨視的な視野にコールリッジが全くと言ってよいほど入ってこなかったのは、コールリッジという対象の難解さもさりながら、むしろ政治理論構築のためのよるべき遺産として彼を必要としなかったという、研究者と読者の側での歴史的展望の質によると考える方が判断として妥当だと思われる[2]。おそらく同じことは、キケロやモンテーニュやパスカルなどについても言いうるであろうし、そこから問題をさらに発展させれば、これまで舞台を賑わせてきた主役たちの役割の再評価もありうるであろう。

このように考えてくる時、思想史におけるコールリッジ再評価の問題は、もしも、素朴にColeridge todayを論じようとするのでない限りは、結局は思想史という学問分野の個有性《アイデンティティ》をいかに考えるかという一般的問題に帰着せざるをえないであろう。ここでは問題は二重であって、右に述べた対象選択の基準であるとともに、分析に際していかなる情報をどのように重視するかという、いわば叙述の内容ないし方法の問題でもある。だが本稿はこの問題に対して、さしあたり、政治思想史は人類永遠の同一課題に対する異なった回答の歴史であるという思いなしの拒否を宣言する以外、方法論それ自体の論議による寄与を目指すものではない。本稿が目指すのは、詩人としての自己に訣別して以後の——だが必然的にその殻を引きずったままの——政治思想家コールリッジの誕生過程の一コマの素描によるささやかな具体的貢献である。それでもここで、あえて私の素朴な方法意識を言うならば、まず種々の状況証拠からして、最も本質的な意味におけるコールリッジの思想の有意味性は当然に前提するであろう。だが、同時に、コールリッジの思想の営みは、十九世紀初頭イングランドという特定の社会的歴史的場《ミリウ》において、彼に固有の課題の意識のもとに、固有の行動としてなされたことに強く着目するであろう。ここでの中心的作業は、思想家としての彼の課題または役割の自己意識、あるいは意識の流れと、その意識が乗せられて通信される言葉の意味内容、およびその際の意図の蓋然的特定化でなければならない。言うまでもなくそれは、思想家以前の、いわば人間としてのコールリッジの生のありように対する、筆者の側での一定の諒解の作業を前提してのことである。また研究者により paradigm, convention などと呼ばれている同時代における諸概念の用法、意味への理解の作業をも前提にしてのことである。私がそこに中心的考慮を払うのは、結局思想史研究とは、歴史上かつて実在した思想家個々人の内面の現象とその表出を素材としながら、彼らの精神の輪郭と活動を描くことであり、またそうした描写の累積以外の何ものでもありえないと考えるからにほかならない。私は、しばしば言われる思想の〈論理構造〉、〈機能〉、〈歴史的意義〉などは、解釈者による外挿なしにはそもそも一義的に決定されうるものではないと考える。思想史の作業もまた他の歴史諸分野と同じく、何よりもまず再現と説明の行為でなければならない。

　もちろんそうは言っても、思想史研究者が現実に素材とするのは、常識的意味における思想ないし理論、すなわちすでに言説として一定の形式を与えられ、多かれ少なかれ抽象化された、思想家による世界体験の記述であることは当然であり、その解析に当たっては、そこに何らかの意味での構造ないし一貫性、同時代的代表性、歴史的位置付けなどについての仮説、予測は不可避である。そしてその仮説の構築に当たっては、必要ならば何らかの言葉をこちら側から試みに補ってみる作業も不可欠であろう。とくに作者の意図の蓋然的特定化はそれを要求するであろう。しかし、たとえそうであっても、その作業が正当に許される限度は、もしもAが、自分の生涯の事実と過去の発言すべてを記憶し、しかもみずからの発言の意味と意図についての第三者の解釈すべてを知りえたとして、その中で合理的に自己のものとして承認しうる範囲を越えてはならないのではないだろうか(3)。さもなければ、対象の言説と解釈者のそれとの混同という最も初歩的な誤謬は言うに及ばず、たとえその誤謬が避けられたとしてもなお、解釈の恣意性は抑制されないのではないだろうか。思想史の研究者は対象Aに代わってAの言うべかりしことを言うのだとする考えも、右の限度を付してのみ許されることであろう。対象とする思想家に事寄せて自己の思想を語るのは、それ自体としては否定さるべきことではないとしても、しかしそれは思想史の埒外の問題と言うべきである。

さて、もしも以上のように言えるとするならば、本稿でのこれからの作業に当たっては、記録されたすべての彼の言説、蓋然的に考えられる彼の言説の同時代人にとっての具体的意味などとともに、従来の政治思想史においてはおそらく最も軽視されてきた伝記的諸事実が、解釈の恣意性の歯止めを担保するものとして、より中心的意義を担わなければならないであろう。もちろん、ある特定の発言を伝記的事実と結び付けて説明する作業には、いろいろな意味で繊細さが要求されよう。しかし、その際、何が〈政治〉思想に属すべき言説ないし行動であり何がそうでないかの区別は、一義的には存在しないと考えるべきであろう。必要なのは、いささかの飛躍をおそれず言えば、少なくとも我が国ではウェーバーの受容以来確立したテーゼであるかに見える、研究者の問題関心に従った対象のいわゆる切り取りを、むしろ歴史家の知性の傲慢と考え、可能な限り禁欲することである。そして、対象の切り取り方もまた、むしろ対象自体が指示すると謙虚に考えることである。

思想史に限らず、一般に歴史に関する方法論議は、格段に教条的なそれを除けばしばしば、研究者ならば誰しも気付くはずの諸検討事項のうちどれを重視するかという、いわば強調点あるいは均衡感覚の差異によるものが多いように思われる。論議が進行するにつれて論議そのものが自己目的化し、そこにある種の空虚さを感じさせることとなしとしないのもそのためであろう。おそらく本稿における議論もその運命の除外例ではありえないであろう。にもかかわらず、政治思想史も対象をめぐる多様なレベルでの蓋然的事実に説明の根拠を持ち、またその根拠に見合った叙述方法を心掛けない限り、歴史叙述として時間に耐える説得力――もしもそれが望ましい価値であると前提して――を獲得できないこと、さもなければ同じ対象についてすら、蓄積なき不毛の解釈論争が果てしなく続かざるをえないこと、いやそもそも厳密に言って思想史の対象とは何であるかということ、これらをいま一度意識することは全く無意味ではないであろう。そのことはまた、じつは政治理論の側でも、思想史への安易な寄り掛かりから離れ、自律への道に歩を進めるために必要なのではないだろうか。

II　政治哲学を志して

(i)　二つの根源的重層性――孤独と共同性・転向と一貫性

コールリッジにおける政治哲学の形成を論ずるに当たっては、まず彼の意識と思想における執拗低音《バッソ・オスティナート》(4)とでもいうべきものの一つに注目しておきたい。書簡や *The Notebooks* を検討したすべての研究者が気付いたとおり、彼には殆ど癒やし難い自己心理分析の習癖があった。それは彼の場合、おそらくは生涯にわたる深い孤独の意識と深く関連しているのであろう。孤独感の中で彼の意識は、絶えず彼自身の心理の中に、否定すべからざるリアリティである重層性または矛盾した衝動を見出し、受け入れ、その構造《テクスチュア》の解析に向かおうとした。彼の道徳・政治理論は、孤独から脱出して社会との和解に達するための反復的――しかしおそらく彼の意識の中ではついに成功することのなかった――試みだったと見なければならないが、それもまた、彼がみずからの中に見出し、受け入れた事実の普遍的存在という前提の上に築かれていた。それは運命的に同じリアリティを担う人間同胞に対して、そのリアリティの承認を促し、その承認の内的経験を共有しようという呼びかけであった。実際、内的経験の共有こそ、彼の道徳・政治理論の基礎たるべきものであり、規範のたんなる宣言では理論としての条件を欠くものと彼には思われた。思考すること、真理を追究することはともに、彼と他者との共同行為でなければならなかった。もちろん、成立した理論の論理そのものには心理学の姿は消えている。

こうした彼の心性と理論は、例えばルソーと対比させてみる時、その特質がより明瞭となる。『告白』や『孤独な散歩者の夢想』の示すように、ルソーもまた深い孤独感の中に自己を見つめ、しかも社会との和解に強くあこがれたとしても、その社会は〈真の〉彼が承認しうるそれでなければならなかった。彼にとっては、スタロバンスキが見事に指摘したとおり、そして、『エミール』などによって十分に裏付けられるとおり、ルソー自身の中にあるはずの原初の無垢と、堕落した社会との対立が、否定し難いリアリティであった。そうした対立のイメージの上に築かれた道徳・政治理論が、内省的であるよりは超越的であり、しかもしばしば応用社会心理学の性格が濃厚であるのは当然である。おそらくルソーは、コールリッジのような意味で彼自身の重層性を認めようとはしなかったであろうし、またそう認める意義も感じなかったであろう。ルソーがしばしば見せた社会に対する激しい告発者の姿勢、「社会契約」や「立法者」の概念、さらにはエミールという人格それ自身などは、彼の深い意識が歴史上のどこかの時、または場所に、ある強い断絶、すなわち人間の突然の変身または外からの救済を願望していたと見なければならないが、コールリッジには、おそらくそれは信じ難いことであった。思考の共同性を信ずる彼はみずからを告発者の立場に置くことは決してなかったし、誤謬の蓄積はある段階に達した時にはもはや修正不可能と確信していたルソーと対照的に、誤謬の、教育による、しかし常に部分的に止まる修正を信ずることにおいて一貫していた。逆に、コールリッジにおいては社会心理の分析は殆ど見られず、稀にあっても素朴に止まった。

したがって、そうした特質を持つコールリッジの生涯の自己意識と、またその意識の表現たる思想の中で、どこか特定の時点に何らかか劇的非連続を見出すことは必ずしも容易でも妥当でもない。もちろん客観的には、政治においては急進主義から保守主義へ、宗教においてはユニテリアニズムから正統への〈転向者〉というのが、今も続く彼に対する同時代からの通俗イメージである。しかもそれには十分な根拠がある。しかし、人間性の中に常に矛盾した事実の存在を意識していた彼は、宗教や政治における自己の教説を変化させるにはそれぞれ数年間ないしはそれ以上を必要とした。また〈転向〉後も、新しい立場において権威とされている者――例えばバーク――に対する懐疑と、古い立場の「半真理性」の承認の態度を崩さなかった。後にも述べるとおり、「一貫性」の問題は彼にとっては殆ど全生涯にわたる強迫観念ですらあった。さて、これらを考慮しながら本稿は、それと識別できる明瞭な独自性を持った政治思想家コールリッジの誕生は、およそ、彼が約二年半にわたるマルタでの総督秘書の生活から一八〇六年八月帰国して約三年半、従前にもまして熱心にカントの道徳哲学に取り組んだ時期に求められるのではないか、という仮説のもとに出発する。そして、その成果をふまえて彼が一八〇九年六月―一〇年三月にかけて異常な熱意で刊行した全二十七号の週刊雑誌 *The Friend* は、彼の政治思想家としての独立宣言だったのではないかと考え、とくにそこでの彼の課題の意識と解決の努力との輪郭の素描を主題とする。だが主題に進む前に本節では、その頃までの彼の生涯の中で、とくに思想形成に与ったと思われる事柄の概略、および初期作品の特質について簡単に述べておこう。

(ii) 伝記――一八一〇年まで

コールリッジは、一七七二年デヴォンシャーの国教会牧師の十三番目の子として生まれた。八歳の時父が死亡し、ロンドンにある国教会聖職者孤児の教育機関クライスツ・ホスピタルに送られ、八年間自宅に帰ることがなかった。成人してからの彼は、とくに兄姉たちとは疎遠であり、その関係は時に険悪ですらあった。九一年、奨学金を得てケンブリッジ大学に進むが結局BAを取得せず、九四年そこを離れる。この頃フランス革命とゴドウィン（William Godwin）の『政治的正義』（一七九三年）に感動する一方、フランスの対英宣戦布告とピットの急進主義弾圧に動揺もする。九四年、オクスフォードの友人、詩人サウジー（Robert Southey）などとともに、アメリカに共産制の理想的農業共同体 Pantisocracy の建設を企て、その資金作成のため九五年、ブリストルで主として共和主義者《リパブリカンズ》を聴衆として一連の公開講義を行なう。しかし、Pantisocracy は、個人所有の範囲や女性の地位などについての仲間の意見不一致から、結局計画の段階で瓦解し、渡米はなされなかった。またこの計画実現のため九五年、サウジーの妻の妹セアラと結婚したが、別の女性への失恋の直後になされたこの結婚の幸福は短く、新婚の時期を除き妻との間には絶えず激しい不和があった。なお彼は一八〇六年十一月には最終的に離別を決意、実行したが、妻子の生活はその後も変わることなく経済的に維持した。この頃からゴドウィン、セルウォール(John Thelwall) など著名な急進主義者との交流が多く、それらは一八〇〇年以降も継続した。

一七九七年―九八年は詩における annus mirabilis であった。神秘的、宗教的、非政治的な The Rime of the Ancient Mariner, Kubla Khan, Christabel などロマン派詩人コールリッジの名を不朽ならしめた詩のほか、とくに九八年には、端的に転向詩とも呼んでよいものがいくつか書かれている。九八年九月―九九年六月、妻子を置いて、前年来友人となったワーズワース兄妹とともにドイツに留学。これもまた右の詩と同じく、前年からの政治的個人的な挫折感のもたらした一種の disengagement の行為であったと解釈されよう。すでに生活のためユニテリアンの牧師としての就職を決意していたコールリッジがその道に進まず、ドイツ行きすらできたのは、ジョサイアおよびトマス二人のウェッジウッドによる年金の開始という援助であった。帰国後の一八〇〇年―三年はロンドンで発行されている新聞 *The Morning Post* の文学・政治欄を主として担当する実質上のリーダー・ライターとして活躍し、社主のステュアートが後にはより広範囲の共同編集を申し出るほどであったが、コールリッジは断った。*The Morning Post* 紙の性格はかなり複雑で、後年のコールリッジは「穏健な反政府派との一般的世評であった」(*Biographia Literaria*, ch. X, I, p. 144) と述べているが、彼の盛んな執筆期間中、次第に当初の野党路線からアディントン＝ピット路線に接近したといわれる。彼の〈転向〉はこの *The Morning Post* 時代に実質的に進行したと考えられる。同紙上の彼の政治論文は、政府の政策に対する批評と並んでフォックス、ピット、ナポレオンなど政治家論も多く、後年の彼の政治理論が政治家論を一つの中心として展開していったことを予告している。なお、*The Notebooks* は、この頃の彼が日々の政治情勢の分析に従事しながら、他方では真剣にカント、とくに『人倫の形而上学の基礎付け』を学んでいたことを示している。また、アヘン中毒が本格化したのも、通常およそ一八〇〇年以降と推定されている。進行するアヘン中毒と孤独感の中で彼は、イギリス社会との和解、すでに詩魂の衰えは自覚しながらも、依然天才たる自負と両立する役割などを模索し続けたのであろう。一八〇四年から〇六年までは単身地中海のマルタにおもむき、イギリス総督秘書として過ごしたが、帰国後は一八一〇年十月にロンドンに出るまで、主として湖水地方グラスミアにワーズワース一家と過ごした。妻子を置いたケジックとは二十マイルの距離であった。この間一八〇八年にはロンドンの The Royal Institution でおよそ十八回と推定されている文学論講義を行なって成功を納め、翌年はグラスミアで *The Friend* の執筆と編集に熱中した。しかし、直接的には経済的破綻によった *The Friend* 第二十七号での終刊は、同時に、書記としてその編集を助けた恋人、ワーズワースの妻の妹セアラ・ハチンスン（Sarah Hutchinson）との訣別ともなり、さらに一〇年以降はそれまでの彼にとって殆ど偶像的意味すら持っていたワーズワース自身とも決定的に不和となる。それらは感じ易いコールリッジの心に深い傷跡を残すこととなった。彼は、外面的には、すでに一〇年代初期には詩のみならず数多くの講義や新聞 *The Courier* への寄稿などで、その名声を十分に確立していたものの、内面的には深まり行く homeless の意識、思想家としてはとくに読者への失望、深刻なアヘン中毒に苦しんでいた。その中で彼は次第に、医師の手を借りて中毒から脱出する道を真剣に探るようになり、紆余曲折を経て最終的には一八一六年、ロンドンのハイゲートにある医師ギルマン宅で献身的介抱を与えられ、初めて安定した生活環境を獲得する。結果として彼は、その後の生涯をすべてギルマン家とともに「ハイゲートの賢者」として過ごすこととなる。ギルマン家時代の晩年の作品には、従来の合理主義志向は否定されぬものの、同時に神秘主義の影が差していくであろう。

III　リパブリカン・コールリッジ——ブリストル講義

著しく求心的なコールリッジの精神の中には、他方で政治の世界への強い関心が常に存在した。そうした彼の政治的な初期作品としては、一七八九年の詩 Destruction of the Bastille のように、手放しにフランスの自由を祝福し、ブリテンにもその自由が拡まる願いを素朴に歌ったものもあるが、これは作者十七歳の、明らかに juvenile poem と見なければならない。それを別とすれば、彼の政治的思索は、やはり一七九四年―九五年に真剣に開始されたと見るべきであろう。そこには圧倒的な衝撃を与え続けているフランス革命とその混迷のほかに、英仏戦争、議会改革運動とピットの弾圧、奴隷貿易反対運動、ゴドウィンの『政治的正義』の理論的衝撃などの要因が姿を見せている。その時彼は、プリーストリー（Joseph Priestley）を尊敬する一人の若きユニテリアン、共和主義者《リパブリカン》であり、世に非難される English Jacobin の一人であった。イギリス急進主義政治思想史の中での初期コールリッジの位置は、とくにゴドウィンおよび彼以後の急進主義の変質の問題、あるいはイギリス社会主義思想史との関連で、それ自身が一個独立の論題たるべきものである。だが、ここでは、とくに一七九五年ブリストルで行なわれた少なくとも十二回の公開講演（以下ブリストル講義と略称）を中心として、その中でも、彼にとってそれ以後まで意味を持つことになったと思われる点についてのみ述べておきたい。

ブリストル講義はいくつかの論題で行なわれ、その中には砂糖とラム酒の不買運動を提唱した奴隷貿易反対論や、思想の自由を主張した新聞検閲反対論なども含まれているが、中心は、三回の Conciones ad Populum. or Address to the People および六回にわたる Lectures on Revealed Religion, Its Corruptions and Political Views であった。ここで彼は、フランス革命以来のイギリス国内の精神的混乱を前にして、人々に対して、キリスト教の誤りなき原理に立って宇宙の本質である平和と調和の社会の実現に努力するよう呼びかけている（CC, 1, p. 5, p. 33）。それはユニテリアンの立場に立ったユートピアへの信仰表明と社会批判であった。彼は時にはプリーストリーの言葉そのままに、この世界においては本来苦しみはあっても悪は存在せず、一見矛盾と見えるものもじつは調和が理解されないだけであること（*ibid.*, p. 105, p. 151）、あらゆる現象は最終的には必然的に善の実現の方向に進むべきことを主張し、またそのような調和的ユートピアの実現に不可欠な真の信仰を妨げているキリスト教の堕落、社会的意見や政治的・社会的諸制度を、ルソー風に厳しく批判する。その際彼は、とりわけ商業と私有財産に対して強く批判的であった（CC, 1, p. 128, p. 228, CL, I, p. 214）。この点において彼は、土地所有の規模と原理を問題とした急進主義者中最左翼に位置していたと見てよい。

だが、本稿の文脈にとって見逃せないのは、第一に、こうしたユートピアニズムの前提に置かれた次のような状況描写であり、そこにある、ユニテリアニズムとは必ずしも調和するとは思われない、自由への情熱と、またそれと一体をなすペシミズムの要素である。

フランスの実例は、まさに「ブリテンへの警告」である。血塗れてその諸権利へと進み行く国民よ。荒廃によって自由への道を刻んでいる国民よ。いや、我々の感情を理性と戦わせてはなるまい。悪意に満ちた我々の情念を、人間性の仮面のもとに甘やかしてはなるまい。これらの行き過ぎに対して、猛り狂った絶叫をもって嘲るのではなく、それらの根源にあるものを発展させる方がより益となるであろう。フランスの自由は標識灯である。それは我々を平等へと導きながら、同時にその道を扼する危険をも指し示すべきものなのである。

（CC, 1, p. 6. なお pp. 33–34 に同じ表現がくり返されている）

この言葉の中には、未だ社会的には殆ど無名の若者だったとはいえ、ピットの弾圧の対象にはなるまいとする、彼自身と聴衆双方への配慮があるいは働いているのかもしれない。フランスはすでに交戦国であった。九四年の大弾圧は未だ現実そのものであった。にもかかわらず、明らかに恐怖政治とテルミドールを念頭に置いたと思われるこのようなフランス革命への態度保留の中には、いわばユートピア論的部分に見られる教条性とは異なった、コールリッジに本質的なペシミズムが姿を現わしているとは見られないだろうか。と言うのも、少なくとも彼のその後の思想の発展から逆にさかのぼってみる限り、すでにこの時点でコールリッジをゴドウィンから分けていたもの、さらに最終的には彼にプリーストリーのユニテリアニズムと素朴な平等主義への信仰を捨てさせて孤独な思想行脚に向かわせたもの、否、次第に復帰していった正統の中においてすら、彼を時代の主流と生涯の終わりまで戦わしめたものは、まさに、早くもここに窺われる、人間における悪の恒久的現実性の感覚だったと考えられるからである。彼は自由への愛と歴史の将来における普遍的慈愛心の支配への希望さえ持てば、それがすでに現在において人間の利己心を捨てさせるであろうという、ゴドウィンの啓蒙オプティミズムを批判して次のように言う。

> 将来の人間の完全性とは、なるほど善意に充ちた教義ではある。しかし、自分たちは決して到達するはずのない遠くの展望は、いかに美しく見えようとも我々の歩みを早めることはまずないであろう。また、自分たちではなく子孫が享受すべく定められている幸福など、まず誰の行為に対しても影響しないであろう。いわんや無知の者、偏見ある者、利己的な者に対するにおいてをや。……世界は巨大な迷路である。そこでは殆ど誰もが異なった方向に走っており、殆ど誰もが同じ方向に走らない人間に対する憎しみを現わしている。
>
> （*ibid.*, pp. 44–45. なお引用文中の強調はコールリッジ。以下同様）

コールリッジには、ゴドウィンのように人々の利己心をそのままにして、むしろそれに訴えて真理を拡めていけば、真理が社会を「次第に下降していって、ついには下層身分にまで到達するであろう」(*ibid.*, p. 43) とは信じられなかった。彼は、フランス革命が「血塗れ」となり「荒廃」せざるをえなかったのも、結局は、本来下層階級を指導すべき、原理を知る少数者が、民衆の盲目と強力さを克服しえなかったからだと論じ、そのような民衆を教化するものとしては宗教しかありえぬと主張する (*ibid.*, p. 6, p. 44)。

この問題は、より大きな理論史的展望の中で眺めれば、一般に啓蒙主義と言われるスペクトルムに属する思想家たちに共通な、悪の理論的・現実的処理の困難性という、周知の問題の一コマにすぎないとも言えよう。そして、すでにこのブリストル講義においてコールリッジは、民衆的改革運動でも理性主義の福音による一般的啓蒙活動でもなく、原理を知った無私の愛国的少数者が「被抑圧者に対してではなく、のために大義を主張」せよという、その後の生涯を通じて不変のテーゼを確立しているところからすれば (*ibid.*, p. 12, p. 40, p. 43, p. 218)、問題に対する彼の解決は、ルソーのような立法者論、すなわち外からの救済の方向性を取る可能性もあるいはありえたであろう。しかし、先に述べた心性のためであろうか、彼の理論はその方向には進まなかった。すでに国教会牧師となっている兄ジョージに宛てられた一七九八年三月の手紙の中の一節は、明らかに兄の職業的感情への配慮があるとしても、バークをすら連想させるものがあり、以後の彼の政治理論が、ルソーにおけるような、世俗的政治的意味での人間の絶対的救済の方向は目指さなかったことを予測させるのに十分である。

> 私の見るところでは政府は、ある種の熱病のもたらす膿瘍です。それは病気の必然的結果であり、その苦痛によって病気を昂進させます。にもかかわらず、それは自然の叡智と善の中にあるのであって、結果として生理的に必然であるばかりでなく、同時にまた原因として、患者の完全な分解を妨げるべく道徳的に必要なのです。それのみが死を防いでいる潰瘍の絶対的な治癒を期待する人物については、いったいどう考えたら良いでしょう……私はいつも絶対変わらず原罪を信じています。(*CL*, I, p. 396)

ブリストル講義について見逃すことのできない第二の点は、彼の目指す普遍的平等と調和のユートピアにおける私的ないし家族的愛情の問題である。彼は直接にはおそらく、二者択一の犠牲が必要な場合には家族的愛情は正義に道を譲らなければならないとする、『政治的正義』第一巻第二章におけるゴドウィンの主張を意識しながら、次のように述べている。

あらゆる家庭から生まれてくる感情を拒否しながらしかも人間愛を教え込もうとするあの高慢な哲学には注意しよう。人間愛は家庭生まれの感情によって生み出され、育てられるのである。(CC, 1, p. 47)

親子の愛情は我々の心情を訓練し、祝福された完成の状態へとそれを準備する。その中では我々の情念はすべて神への愛に吸収されるであろう。私的愛着の強さは、普遍的人類愛を鼓舞しこそすれ妨げはしない。

(*ibid.*, pp. 162–163, p. 46)

したがって、すべての「感謝と家庭的愛情を否定し」、「親子の愛情は愚行であり、感謝は犯罪的であり、結婚は不正である」とするゴドウィンは、「基礎なしに建設し、手段を確立することなしに目的を提示する書物」(*ibid.*, p. 164, also *The Watchman*, 1796, No. 3, CC, 2, p. 99)にほかならなかった。彼はまた、ストア派の哲学を、「家族的愛情を全く顧慮しない」「陰鬱で冷血漢的利己主義の体系」(CC, 1, p. 157)として非難している。

こうした言葉は、あるいは全集版ブリストル講義の編者が示唆しているように、同時代の文脈の中では、プライス対バークに始まる一七九〇年以来の愛国心論争の一端を若きコールリッジもまた担った、そしてそれについて彼はすでにバークの側に立っていた、ということを示しているのかもしれない。五年前、偏狭な祖国愛を批判して人々に世界市民たる自覚を促したプライス(Richard Price)を、「普遍人類的使徒職などといった使命を帯びている」と自称する徒輩と非難しながら、バークは次のように主張した。「社会の中で自分が属している小さな一画に愛着を持つこと、その小さな一隊を愛することは、公的愛情の第一の動機（言うなれば萌芽）です。それこそ、我々を導いて祖国愛からひいては人類愛へと進ませる長い連鎖の最初の輪なのです」（『フランス革命の省察』拙訳、一〇頁、六〇頁）。バークがそう言ったのは、たんに伝統的な家族論の言語を用いたというよりは、忠誠問題におけるキリスト教の普遍主義的倫理対主権国家の緊張関係という、マキアヴェッリあるいはホッブズ以来既知の問題を彼もまた少なくとも直感的に知っていたからと見るべきであろう。さもなければ、『省察』で彼が、あれほど大胆執拗に国家を家族にイメージして見せようとし、しかも家長の権威については全く触れなかったことは理解し難い。キリスト教倫理の中で核心的徳目であると考えられてきた家族のイメージは、矛盾を覆うためのバークのレトリックにとって最も好都合であった。

だが、コールリッジに即して言えば、少なくともブリストル講義あるいはその頃の書簡、*The Notebooks* などで見る限り、彼が家族的愛情の問題を国家ないし社会への忠誠の問題と自覚的にリンクさせていたと判断すべき材料はない。国家との関連では彼は未だ素朴に、「考える無私の愛国者」（CC, 1, p. 12, p. 40）と自己規定するに止まっていた。人間精神に対する国家と教会の権限関係の緊張問題は、後期のコールリッジにおいてもまさに中心問題となるであろう。しかし、彼も含めて当時の多くのイギリス思想家は、それについて素朴にオプティミスティックであった。

したがって我々はここでは、家族的愛情への着目というよりおそらく憧憬が、たとえ理論としては当時の彼が心酔していたハートリー（David Hartley）からの借り入れであったにもせよ、すでに、この時期の彼の思想にしっかりと定着していた事実を確認すれば十分である。その理由も、それまでの長い彼の孤独感を考えれば理解に困難ではない。彼は以後ゴドウィンとの十年以上にわたる親交を深めていくが、この点に関する限りゴドウィンと一致することはついになかった。家族への愛着は、二年後の彼の政治的挫折感の中で、disengagement を自己納得する上で大きな役割を果たすであろう。転向詩の主題の一つは、若気の熱狂の愚かさから覚めた後に感ずる家族の愛情、とくに若い父親としての幸福感であった（Frost at Midnight, ll. 44–64; Fears in Solitude, ll. 225–232）。しかも家族的愛情の問題が彼の思想の中で占める地位は、そのような、ある意味で消極的なものだけではなかった。と言うのも、この時も、これ以後もコールリッジは、一面では両性関係と親子関係、他面では神と人間の関係を含むものとしての愛の概念こそ、人間の相互関係を象徴する最も基本的な概念と考え続けたからである。Ancient Mariner の隠された主題が人間の罪の意識の問題であるとともに愛の問題であったことはすでに指摘されている（A. J. Harding, *Coleridge and the Idea of Love*, 1974, pp. 62 ff.）。後には、家族的愛情は愛の一側面でありながら同時にまた完成態であると位置付けられるであろう。一八一一年に行なわれたシェイクスピア論講義の一節で彼は、「この（両性の）結合から人生における親子兄弟姉妹の関係が生まれる。そして、あらゆる国家は拡大された家族にほかならない。精神のあらゆる働き、要するに我々を野獣から区別するものはすべて、より完全な家族生活の状態から発している」（Coleridge's *Shakespearean Criticism*, Lecture VII, Everyman's Library, II, p. 107）と述べている。明らかに彼にとって愛の問題は、今後彼が次第に受け入れていくカントの倫理的ア・プリオリと、リアリティとしての自己の情感とが軋み合う問題領域であった。しかも、彼がそれを一般に人間相互関係の原理と考える以上、そこには、右の引用においても国家への言及があるとおり、必然的に社会構成原理の問題も絡んで来ざるをえないであろう。以下二つの節ではとくにこの問題を念頭に置きながら、*The Friend* とその周辺における彼の思想的努力を跡付けてみよう。

IV　*The Friend*——挫折からの再出発・読者の模索

一七九八年秋のドイツ行きから一八〇六年夏のマルタよりの帰国を経て一八〇八年末頃までの約十年間は、コールリッジの生涯の中で最も苦渋に満ちた時期であった。政治的希望における挫折は、当然に、その希望と密接に結び合っていた世界像への懐疑をもたらした。また、家庭の喪失とアヘン中毒の進行に加えて、一八〇〇年以降は、かつては彼を世の中に押し出す主要な動力だった詩人としての想像力の枯渇を明瞭に自覚せざるをえなくなった。詩作の量も急速に減少した。ジャーナリズムでの成功は、求心的で、しかも統一性を求める彼の心を満足させるものでは必ずしもなかった。彼の精神は孤独に苦しみながらも同時に、独立と和解を達成すべく、真に自己の思想たるべきものを求め続けていた。もちろんすべては彼の心の中で相互に密接に絡み合っていたのであろう。その過程を経時的に詳細に跡付けることは、初期政治思想のより詳細な分析と同様別の機会に譲らなければならないが、とりあえずここでは、有名な一八〇二年の詩 Dejection: An Ode の一節を引用しておこう。ここには詩人としての自己への告別、思想家としての独立への意思が明示されているとともに、すでに彼が、自然的傾向性の自己否定を基礎とするカント的道徳性の理念に接近しつつあること、しかも、同時にそれが、従来彼が想像力として大切に育んできた、生に対する彼自身の細やかな感受性に対して新しい矛盾、困難の意識を生みつつあることもまた暗示されている（訳文は散文とする）。

かつては、道は険しくとも、私の中のこの喜びが困難と戯れたこともあった。というのも、希望が、葡萄の蔓のように私の周囲に育ち、私のものでない果実も、葉も、私のものと思われたからだ。……しかし、今や苦悩が私の頭を地に垂れさせる。いや、それが私から笑いを奪うのも気にすまい。だが、その苦悩は、私を訪れる度に、自然が私に生まれつき与えてくれた想像力という、形成力の霊を押し止める。……それというのも、今私にできることは、私ならば感じなければならぬことについて考えぬこと、いや、じっと静かに耐え忍ぶこと、ただこれだけだからだ。……難解な探究によって私自身の自然からあらゆる自然の人間を盗み去ること、これだけが、多分、私の唯一の頼み、唯一の計画となった。そして、一部にのみ適するものが全体を左右するものとなり、今や私の心の習慣にまで育っているのだ。(ll. 76–93, *Poetical Works*, Oxford University Press ed., 1969, pp. 366–367)

一八〇八年は、充実の年であった。年初めに行なわれたロンドンのRoyal Institutionにおける詩論・文学論講義の成功裡の終了は孤独と抑鬱の春をもたらしたが、それを乗り越えて彼は九月一日にグラスミアでワーズワース一家と合流、*The Friend*の計画にとりかかった。彼は自分が苦しんで新たに獲得した原理を、イギリスの最良の読者に向けて、最も非時事的に語りかけたかった。「私はこの仕事の中では群衆に向かっては書かない。私が書くのは、身分、財産、公的地位、才能、反省の習慣などからして群衆に影響力を与えるべき人々に向かってである。私は、批評、立法、哲学、道徳および国際法における真の「諸原理」を基礎付け、また誤った「諸原理」に反対するために書くのだ」(to Humphry Davy, 14 Dec., 1808, *CL*, III, p. 143)。そのためには、経費の危険負担から執筆編集まで、たとえ友人たち、とくにワーズワースの助力も仰ぐにせよ、最終的にはすべて自己責任において行なうのが望ましいと彼は考えたのであろう。実際彼はそのとおり実行した。形式としては、単行本でなく、かつて一七九六年の*The Watchman*で経験のある、予約購読による週刊雑誌形式が選択された。それはすでに三千項目を超えた*The Notebooks*への書き込み《エントリー》の蓄積を世に問い、彼につきまとった怠惰、散漫、難解の汚名をも雪ぐであろう。題名は、最初は彼の意気込みを示すかのようにThe Upholderと予定されていたが、最終的には次のとおりであった。The Friend; A Literary, Moral, and Political Weekly Paper, Excluding Personal and Party Politics, and the Events of the Day. Conducted by S. T. Coleridge, of Grasmere, Westmorland. 時事性の除外には、一部一シリングという比較的高価な価格設定とともに、コベット(William Cobbett)の*Cobbet's Weekly Political Register*への対抗意識もあった[5](*CC*, 4-I, p. xlii, also to T. Poole, 12 Jan., 1810, *CL*, III, p. 272)。

だが*The Friend*の計画にはその奥にもう一つの意図があった。彼は創刊直後第二号において「自由のための著作者」と自己規定する(*CC*, 4-II, p. 26)。そしてフランス革命にはるかに先立つ一七八〇年、まさに「自由の友」

たちによって支持されていた時代のバークの言葉を引用し（*ibid.*, p. 21）、すでにそこに現われているバークの「政治的叡知」の偉大さを強調する。言うまでもなくそれは、一貫性問題の古典的例証たるバークを借りて、一方では自己の政治的立場の正統性、彼の言葉によれば「*The Friend* がキリスト信者にして静穏な国民たる諸家庭に疑惑なしに受け入れられる公正な機会を主張する」（*ibid.*, p. 27）と同時に、他方では、かつての自己と現在の自己との一貫性を弁証するためであった。彼が一貫性の問題をいかに重大と考えたか、あるいは少なくともそう主張したかは、*Biographia Literaria*, 1817 において再びバークの一貫性を称揚していること（ch. 10, I-124）、*The Friend* 一八一八年版において、かつてのブリストル講義の一部を現在の自分の立場として再録――ただし断り無くいくつかの削除を行なった上で――していること（CC, 4-I, pp. 326–338）などにも窺われよう。

　しかし、それにしても彼はいったい誰に向かって自己の正統性と一貫性を主張し、さらに彼の考える「原理」へと彼らを導こうとするのだろうか。彼の読者は誰でなければならないのだろうか。それは一見先のディヴィ宛の手紙から明らかなものの如くである。だが地位と財産と教養ある階層に向かって語るという彼の姿勢は、前節に見たとおり、あえて宣言し直さずともすでにブリストル講義の時から鮮明であった。それは当初から彼を、いくつかの通信協会など急進主義運動のより大衆的部分とみずから隔絶する点であった。では、一八〇九年の状況のもとで「キリスト信者にして静穏なる諸家庭」とは、その中でもとくに正統的・保守的国教徒支配層を言うのであろうか。だがはたして彼らは、彼の主張する一貫性など認めて温かく迎えてくれるであろうか。かつてドイツで「文字どおりのホームシック」にかかっていたコールリッジを、*The Beauties of the Anti-Jacobin* 誌上で「祖国を離れ、世界市民たることを始め、その哀れな子供を父無し子とし、妻を極貧のうちに遺棄した」と非難したのは彼らではなかったか（CC, 4-II, pp. 22–23）。しかも次節に述べるように、*The Friend* における彼の道徳哲学は、当時国教会の中でも最も正統思想としての権威を恣にしていたペイリ（William Paley）の功利主義的道徳哲学に対して、人間の自由な主体性（free-agency）、および良心の実在を主張して真向から挑戦するものであった。それどころか、ホッブズ、ロックとともに、ヒューム、シャフツベリー、ジョンスンなど、一口に言って後期ステュアート朝以後のイギリスの正統思想はすべてベイコン以前と区別されて、今後も生涯を通じてコールリッジの不倶戴天の敵であった。また政治的にも彼は、バークの偉大さを一方では讃えながら、他方では、フランス革命に際してバークに追随するイギリス貴族が、「傷つけられた王と亡命貴族の悲劇的絶叫に涙しながらも、大陸住民大多数の困苦欠乏、多重の抑圧に対する最も唾棄すべき無感覚……を示した……」ことを非難せずにはいられなかった（*ibid.*, p. 141）。この非難は、その言葉の限りではトム・ペイン『人間の権利』第一部第一、二章すら連想させるものがある。意識的に社会に対する告発者の姿勢は取らなかったにせよ、コールリッジの中には、かつて彼を少なくとも心理的に絶望的孤独に追いやったイギリス社会への遺恨の感情が潜在していたのであろうか。もちろんコールリッジはペインを、「高慢のため良心が麻痺し」（*ibid.*, p. 35）、「利己的希望で以て衆愚に賂する」（*ibid.*, p. 137）者として明確に拒否した。また、この頃の *The Notebooks* には「「民衆《ピープル》」という聖なる言葉を冒瀆する野蛮なバーデット〔Francis Burdett, 議会改革主義者――半澤註〕の徒党《モブ》」（*CN*, 2955, Nov.–Dec., 1806）という言葉、ユニテリアニズムの拒否（*CN*, 3581, July–Sep., 1809）、*Edinburgh Review* への不快感など（*CN*, 3302, 1808/1810, 3502, Apr.–May, 1809）も書き込まれている。保守的なペイリに対するのとは異なった意味で、かつての急進主義とその流れをひく者は彼の当面の最大の論敵でなければならなかった。

　結果において、記録されたおよそ四百名の *The Friend* の予約購読者は、少なくとも外見上は、おそらくは彼の要求を満足する人々であった。そこには外相カニングを始めとする上下両院議員、貴族夫人、ランダフ主教を含む国教会聖職者や医師、学者、法律家、軍人が多くあった。しかしその一方ではブリストル時代あるいはそれ以前からの、ユニテリアンを含む友人とその知人、クエーカー等も含まれていた。その中には書店主やイングランド中部の商工業者も相当数あった。だが、この雑多な教養ある有産階級に向かって、いったいどのようにして、イギリスではおよそ否定の対象以外にはなりそうもない、ルソー＝カント的な人間の自由な主体性の概念など説得しうるであろうか（6）。当然のことながら、*The Friend* には、まさにその世評を払拭したいと望む彼の意に反して、「難解」の苦情が寄せられた。そしてその処理のためであろう、読者の興味をつなぐ配慮として、論旨の展開とは関係のない彼自身、あるいはワーズワースの詩、ドイツ通信、ドイツ文学より借り入れた物語、ルターとルソーの性格比較論など雑多な記事がしばしば挿入され、また、論点そのものが、必ずしも本来の計画とは一致しない方向で限局されたと見ざるをえない場合もあった。それらが、少なくとも現代の読者から見て、作品全体の緊密性を損なっていることは間違いない。もちろん、それも、いわば伝達のためのコストと考えれば、「言葉は道徳的行為である」（*CC*, 4-II, p. 59）として、その限りではホッブズ以来のイギリスの伝統の中にいるコールリッジにとっては、ある程度は承認すべきものだったかもしれない。しかし、他面で彼は、そうした配慮を必要とする読者に対して明らかに不快感を示し、僅か十号を発行した直後に、みずから計画全体の挫折を予測するほどであった（to R. Southey, 20 Oct., 1809, *CL*, III, p. 253）。だがそれは当初から予想された事柄ではなかったか。一八〇八年前後の *The Notebooks* の中には、*The Friend* と直接関連するものではないが、一般に「読者」、さらには問題を遡ってそもそも「書く」という行為の社会的意味についていくつかの省察が記されている。

> 四種類の読者。(1) 何でも吸い込む海綿。押されると吸ったものをそのまま、多分いささかより汚くして吐き出す。(2) 砂時計あるいは砂時計の上半分。受け取ったものを短時間に間違いなく排出する。彼らの読書は、時間の無益な測定と居眠りである。(3) 濾過袋。良きもの、純粋なものはすべて除去して滓だけ残す……。(4) 最後に、ムガール皇帝の黄金の篩《ふるい》……これのみが唯一の良き読者であるが、遺憾ながら数は最も少ない。彼らは必ず良きものを保持し、余分や不純なものは透過させてしかもその跡を残さない。（*CN*, 3243, May, 1808/1811）

> 私の裁き手に誰を選ぼうか。最も真摯で不偏《インパースナル》の読者を。作品の中では、私と世界と、そして彼自身を忘却する読

者を。……我が歌の功績は何か。それは、止むことなき、幾千にも重なる木霊。その木霊は、歓び迎える純粋者の心から、我が歌をくり返し、歌い伸ばす。……(7)(*CN*, 3220, 1807–8)

ああ 愛しき本よ(8)。砕かれた、しかしその社交的本性からして何らかの捌け口を持たざるをえない魂の、唯一つの打ち明け相手よ。私は、最も真摯に語っている時以上に、書いているという意識なしに書く。……こうして私は、私の最深の思いを書くという習慣——私が最も無意識に形作ってきた習慣——を導き出す。私には、それらの思いを洩らすことのできる魂がこの地上には一人もいない。それでも、「私は、独り立つべき神ではない」。それゆえに、我が受け身の、しかし唯一人の〈真に〉優しき友よ、私はお前に打ち明けよう。私が自らの死を感ずる時、必ずや私はお前を燃やすであろう。(*CN*, 3325, May, 1818)

これらの書き込み《エントリー》それぞれの間には文脈の一致は必ずしもないが、それらを綜合してみる時、コールリッジにおける読者の問題の意識はかなり明瞭なのではないだろうか。*The Friend* においていかに彼が財産と教養ある読者に訴える姿勢を見せようと、内心において彼は、その読者を軽蔑していた。この軽蔑感は、天才としての彼の自己意識からのみならず、彼自身の社会的声価の高まりにつれて、年とともにむしろ増大していかざるをえない性質のものであった。にもかかわらず彼は、「独り立つべき神ではない」。しかも、すでに前節冒頭に指摘したとおり、彼にとって思想とは本質的に人間の共同行為でなければならなかった。彼は言う。「私の基本的立場《ドクトリン》すべての確立のためには私は私の共働者たるべく読者の注意を必然的に要求せざるをえない」(to R. L., 23 Oct., 1809, *CL*, III, p. 256, also cf. to R. Southey, 20 Oct., 1809, *CL*, III, p. 253)。とするならば、読者との不安定な関係の意識を克服すべく彼が取りうる選択肢は次の二つであった。その一は、一八一六年の *The Statesman's Manual, or A Lay Sermon* がはっきりと「社会の上流階級」、しかもそのうちの学識ある部分にのみ宛てられたように、「共働者」としての読者を具体的により限定することである。もう一つは、これとはむしろ正反対に、「不偏の読者」、「幾千にも重なる木霊」に期待すること、すなわち論理的に突きつめて言えば、彼の心の中での真の読者の探究を、その定義にふさわしい者が見出されるまで——それはおそらく不可能であろう——無限に拡大することである。同じ一八〇八年春の書き込みの一つは、狭い社会の中での評判＝世評たる reputation ——十八世紀イギリス紳士の主たる行動基準の一つ——に対して次のように fame の概念を立てているが、これは彼の中でのこの方向性を示す傍証になろう。曰く、「Fame という言葉で私の意味するのは、無限の時代を通じて善良かつ偉大な人々に働きかけようとする欲求である」（*CN*, 3291, Apr., 1808）。

最初に述べたように、コールリッジには常に正確な用語法への強い意欲があった。この時期に限っても、右の例のほかに、文学史上あまりにも有名な imagination-fancy, arrogance-presumption, genius-talent 等の区別、表現能力におけるドイツ語の卓越への賛美（*CN*, 3557）、句読の用法への配慮（*CN*, 3504）、psilosopher（似非哲学者）、nothingism[9]（無意味）（いずれも *The Friend*）など、アングロサクソンには異例な数多い造語などはこの意欲の現われであった。一面ではそれらは、詩人としての鋭い言語感覚を示すと同時に、宗教における奇蹟物語の乱用批判（*CN*, 3022）、いわゆるロマンスにおける非条理な叙述および人間の動物的本能に訴える超自然物語の拒否（*CN*, 3449）などと同じく、彼のきびしい合理主義精神を物語るものでもあろう。しかし他面この意欲は、彼において読者イメージの焦点が、彼自身の希求に反して絶えず拡散せざるをえなかったこととも無関係ではないのではないだろうか。*The Friend* 第三号から第六号まで四号を費やして、真理の伝達における結果責任と心情責任の相剋を論じ——そこに出版の自由を主張するという戦術があろうと——最終的には良心の法則を掲げざるをえないコールリッジは、また屈折した心で、*The Notebooks* を唯一の〈真に〉優しき友として語らざるをえないコールリッジでもあった。

コールリッジにおける読者意識の矛盾と抽象性は、すでに指摘されているように、人生の最初の九年間において彼が、「もしも彼自身か、または彼を取り巻く世界の基本的な善性かに対する信頼という豊かな基金を獲得していたならば」（N. Fruman, *Coleridge*, 1972, pp. 20–21）あるいは苦しまずに済んだかもしれない、むしろ精神病理の問題と見るべきかもしれない。もしそうならば、そこには対応こそ異なれ、再びルソーとの共通性を思わせるものがある。それはさておき、十九世紀初頭において、一貫性と正統性の挙証に迫られたことによってコールリッジは、書くという行為自体の社会的意義の問題に真剣に苦しんだおそらくは近代イギリス最初の、そしてその後も長く、稀有の思想家となった。このことは、イギリス社会の階級構成の堅固さ、あるいは各階級に要求される行動定型の堅固さを考えれば、彼の死後とくに十九世紀の後半において彼の思想がついに全面的継承者を持たなかったという重要な事実の幾分かを説明するであろう。彼に刺戟された同じゲルマニストのカーライルには、その問題で苦しんだ形跡は認められない。それとも、このような思想家の意識を跡付けることは、結局は〈ロマン主義〉という、捉えどころのない概念の聞き飽きた脚註を一つ加えるか、あるいは、「ジャーナリスト」という言葉に含まれるあまりにも自明な定義をくり返すことにすぎないのであろうか。

V　*The Friend* の理論――自由の主体としての人間・社会原理としての愛・法への服従

コールリッジにおける政治哲学の形成を追いながら筆者はこれまで、あるいは必要以上に、彼の理論の内容よりもその形成における意識の問題にかかわりすぎたかもしれない。筆者にそうさせたのは、孤独と自己意識の問題もさりながら、とくに彼の場合、それまで殆どすべてのイギリス思想家が眼を向けてきたフランスではなく、十八世紀にはその言語すら学ぶ人の稀であったドイツ思想(10)に自己の拠り所を求めようとしたという事実であった。彼が読者の問題を異常に鋭敏に感じたのも、主張しようとする理論そのものの新しさの意識のためでもあったのかもしれない。

さて、*The Friend* ばかりでなく、とくに同じ一八〇九年夏に集中している精力的な *The Notebooks* の書き込み、書簡などを総合してみると、この時期のコールリッジの重要な関心が、個人的にも理論的にも、人間の政治的、社会的義務と連帯の原理をめぐっていたことは明らかである。彼はカントとりわけ『人倫の形而上学の基礎付け』に理論的援けを求め、新しい道徳学を構想、提示しようとする。その後の彼の思想の展開も含めての推論ではあるがおそらく彼は、『エミール』におけるルソーと同じく、この道徳学は当然に倫理学と政治学を含むべきだと考えたのであろう。そして、それのみが、彼の思想の一貫性と政治的正統性を論証すると考えたのであろう。だが彼の野心はさらに大きく、進んで論理学や心理学に基礎を持つ形而上学すら——しかしこの点にすでに「貧しい心理学者」カント（*CN*, 1717, Dec., 1803）との齟齬の可能性が胚胎していたと見るべきであろうが——構想しようとしていた（*CN*, 3254, Spring, 1808）。これらの関心はすべて、次第に深まっていく宗教的思索の彩りを与えられながら最晩年まで継続することになる。

だが、眼を *The Friend* に限ってみると、こうした新道徳学の展開は、*The Notebooks* に窺われる彼の意図や、またそのために彼がすでに獲得したはずの材料の質と量とは必ずしも対応しない、方向としてむしろ限局されたものであった。週刊雑誌という形式からしても反復と雑多性を免れない *The Friend* の主題を、発行の順序に従って大まかに整理すると、第一にはすでに前節で指摘した真理伝達問題における心情倫理と結果倫理の問題、第二には政治的服従義務論およびそれと関連する形での政府論、政治家論、そして第三には国民国家論、国際秩序論がある。だがこの三つの主題のうちで第一は第二への前提作業であり、また第三はもはや終刊間近い第二十二号で初めて述べられたに止まり、全体の中心は圧倒的に第二の問題、とりわけ政治的義務論であった。そして次に述べるように、同じく良心の実在というア・プリオリに基礎がありながら、政府の如何にかかわらない人間の社会的連帯という主題は、*The Friend* では第三の国民国家論の中で僅かに触れられただけであり、それに関する大部分の思索は、「最愛の打ち明け相手」たる *The Notebooks* に向かって語られたのみであった。もちろんそこには、読者への戦略的配慮による意図的選択もあったであろう。しかしこのギャップには、じつは何がしかの理論的問題も介在するのではないだろうか。以下本節ではとくにこの一点を念頭におきながら、*The Friend* の論理を跡付けてみよう。

彼はまず第一号において、きわめて慎重に、「人類一般によって、しかもあらゆる時代を通じて疑いなき真実として同意されている事柄」の一つとして、「人間性を作り上げている諸衝動相互間の不調和の感覚」が実在するという指摘から出発する。「シャフツベリーの雄弁」や、「喜びもなく心も固いホッブズの不敬虔」がいかに否定しようとも、「書斎で、考え深い額を支える腕を証明の山の上に休めているパスカルから……貧しく物思うインディアンに至るまで、謙虚に自己を吟味する人ならば誰でも、人間の内部には善とともに悪もまた実在すると感じている」。言いかえれば、「絶対的ではないがしかし仮借ない良心が人間にはあり、人間はこの良心を麻痺、停止させることはできても、欺き、無に帰せしめることはできない」。そして、「この、人間における良心という事実からの必然的な推論として、我々はたとえ我々の不変の意識からは教えられないにせよ、人間の自由な主体性を演繹する義務があり、もしもこの二つをたんなる内的感情の幻想として退けるならば、我々は人生のあらゆる時においてみずからの行動と一致して思考する能力、あるいは思考と一致して行動する能力を喪失せざるをえない」（以上 CC. 4-II, pp. 6–8）。

私はすでに第III節において、コールリッジが初期のユニテリアンの時代から、悪の恒久的現実性についての強い感覚を持っていたことを指摘した。その意味では彼は全く変わっていないとも言うべきであろうが、しかし十年の歳月と、とりわけカントの学習は、彼に同じ感覚のより緻密な表現を可能にさせるとともに、彼自身にとってすら問題をより複雑化させもした。すなわち、一面ではこの良心の実在および人間における善と悪に対する両義的可能性＝自由な主体性という概念は、free-agency ＝ agent libre という言葉そのものからしてルソー、とりわけ『人間不平等起源論』または『エミール』に負っているかのごとくである。しかし、すでにフランス革命のイデオローグとして拒否さるべきであったルソーに対する一八〇九年のコールリッジの態度は必然的に不透明であって、彼は、一方でこうした主張を、まさにかつてのカントその人のルソー学習を追うかのように、とくに『人倫の形而上学の基礎付け』における意志の自律の原理、およびこの道徳法則に服する者としてのすべての人格の自己目的性の原理と重ね合わせ、しかも、明らかにカントからの借用であるその命題を、カントの名前を全く示すことなく、ルソーのものとして論じている。他方で彼は、これらの命題は「神聖にして不可侵の道徳法則が直接に関わり合う場合」、すなわち「外的行動ではなく、我々の行動の内的格率」としては絶対的に真理であるが、同時にそれらを、社会や政府の領域に無限定に適用するのはおよそ誤りである、として厳しく退ける（*ibid.*, p. 128）。こうした手続きは何を意味するであろうか。今少し彼の言葉を聞こう。

　彼は言う。「人格は決してモノたりえない。……人格はつねに目的に属し、目的因の一部を形成すべきものである」（*ibid.*, p. 125）。この人格においては、良心による自己決定こそ理性の指示であり道徳法則である。「私がみずからの良心に反して行為することを地上のいかなる権力も義務付けえない」（*ibid.*, p. 128）。そしてこの道徳法則の核心は、「「汝の行為の格率があらゆる理性的存在者の法たるべく意志しうるよう、汝はいかなる矛盾もなしに行為すべし」にあり、この命題こそが、人間における唯一の普遍的かつ十分な道徳性の導き手である」（*ibid.*, p. 128）。しかも、「この理性においてすべての人は平等であり」、「万人は自由な主体として行動する権利、すなわち自己の行動を、自己の良心に従って、自己の意志により最終的に決定する権利を持っている。……この権利を人は、罪を犯すことなしには喪失しえない」（*ibid.*, p. 125）。そして、重要なことには、この万人に備わっている良心あるいは義務の命令は、法に対する人々の服従においても現に働いている実在の原理である。人々が治められるのはただ恐怖によってのみであるというホッブズ説は誤りである。「恐怖それ自身は、たった一人の個人に対してすらもいかなる恒常的、連続的、予測可能的効果をももたらさない。精神の上に一貫して作用する恐怖が事実あるとしても、それはつねにその原因として、ある義務感を前提としている。人間はそれを、歴史に教えられ、経験から学び、またみずからの心情から教えられている」(*ibid.*, pp. 98–99)。この義務感はまた「能力」でもある(*ibid.*, p. 101)。人間はこの義務感＝能力の自己に対する権威をいかにしても否定しえない。法に対する私の服従においてその権威は、「それを支持すべく私の国のすべての力と威厳をもって主張されるが、にもかかわらず、私にとってその力は、私自身の永遠的自我の力に等しい。そして私にとって許されている選択は、それを私の保護の天使とするか、復讐の悪魔とするかである。これこそ法の精神であり……オルフェウスのハープである。これこそ、今もいつも……ついに止むことなき道徳的結合力によって人を社会状態へと強いる真の必然性である。人はかくして治められるべきであり、また、かくしてのみ治められうるのである。創造の時より、彼の感覚の客体は、また主体たるべきであった。そして彼に割り当てられた任務は、それらの感覚に囲繞された行動の領域において、それらの感覚をできるだけ協働させながら、可視の世界を克服することであった」(*ibid.*, p. 101)。

ではこの義務の原理は、たんに服従の原理に止まらずして同時に政治社会の組織原理たるべきかといえば、一見フィヒテの影響を思わせる主体と客体の合一の論理は、それを予想させるかのようでありながら、右に述べたようにコールリッジはこの原理を、参加の原理とすることには断固反対する。バークさながら彼は言う。統治とは、状況に応じて人間の外的行為を規制すべきものであって、そこでの原理は経験と予見《プルーデンス》である。それは判断の問題であり、判断の能力において人は決して一様ではありえず、また経験と予見の指示する規則は、特定の状況下の特定の国家しか拘束しない。人間が国家を形成する理由は財産の保護である。そこに不平等は必然であり、そもそも純粋理性から財産権を演繹するのは不可能である(*ibid.*, p. 128, pp. 131–132, p. 136)。結局、理性と良心は普遍的であるにせよ「人間は理性だけの存在ではない。なぜならば理性は決してそれ自身だけによっては作用しないからである。理性が現実性《リアリティ》となり、意識と経験の対象たるためには、個々人の理解力と具体的性向という実体の衣を纏わねばならないのである」(*ibid.*, p. 132)。ところがルソーは『社会契約論』において、理性の平等、人間の自由な主体性、自己立法の原理などを社会組織に適用しようとした。そしてイギリスにおけるルソーの弟子たる改革主義者カートライト（John Cartwright）は、同じ原理から自然権の平等と普通選挙権を主張しようとしている。しかし、そもそもルソー自身が「歴史に強いられて」ではあるが「最も多数性を備えた民衆的議会、いや全国民《ネーション》ですら情念によって誤ちに走る蓋然性」を認めているではないか。したがって、「ルソー自身によって立てられた全体意志と一般意志との区別において全体系の誤謬と無意味さはおのずから明らかである」（*ibid.*, p. 127）。「いや、ルソーの哲学の基礎全体が無意味（Nothingism）に帰しているのである」（*ibid.*, p. 296）。

さて以上のような倫理的ア・プリオリの主張、政治義務論、政府論などについて、文章の中の個々の微妙な論理の襞を無視すれば、全体の戦略と成果は明らかである。ブリストル講義時代から彼が抱いていた自由への情熱、しかも特定の社会層の現実の運動や要求とは最初から切断されていただけにそれだけ抽象的観念の世界で燃焼していたに違いない自由への情熱は、いささかも変更されず、ここに、より厳密な人間像の裏打ちを与えられた。彼はその点において一貫性を誇りうるであろう。個人的問題のレベルにおいても、アヘンの誘惑への屈服と、家庭放棄者であり、妻以外の恋人を持つという二つの事実の意識があるだけにより一層強烈だったにちがいない、倫理的でありたいという意志もまた、少なくとも一つの理論的根拠を与えられるであろう。また、政治的服従義務を、それと断らないにもかかわらず、事実上「外的行動ではなく我々の行動の内的格率」に含ませることによって彼は、一方でルソーの理論を最も徹底した服従義務論へと換骨奪胎し、しかも他方、参加の問題を権利問題ではなしにもっぱら経験と予見能力の問題とすることによって、自分がまちがいなくバークの弟子の一人であることを立証する。しかもこのような理論的レベルでの立証は、バーク自身が熱心に行なった名誉革命体制礼賛という、彼の嫌う正統的歴史観へのコミットを何ら必要とせず、今後も彼が実際くり返して行なったように、むしろそれへの批判の余地を彼に残すであろう。

さらに、こうした理論は、彼にとって年来のもう一つの重要問題である宗教問題についても理論的解決の突破口を与えるものであった。例えばこの頃の *The Notebooks* で彼は、ここでもルソーとカントに従うかのように、宗教を思弁的なドグマの体系としてではなくて行為への義務の命令として捉えようとし、また十誡を第一から第四、第五より第七、第八より第十までの三部に分け、それぞれ理性的存在、社会的存在、そして国民としての存在という三つの次元での人間への命令として理解しようと試みている（*CN*, 3293, 1808/18, 3581, July–Sep., 1809）。明らかにそれは、この時期の彼が、ブリストル時代から批判を抱いていたペイリ道徳哲学論破のための完全な武器を手にしたという自覚を持つに至ったことを示している。ペイリ道徳哲学は、人間の道徳的義務の根拠を、来世における罰を担保として与えられている「他者〔すなわち神〕の命令」という、いわば他律的強制として捉え、人間の行為にあっては「私的幸福が我々の動機であり、神の意志が規則」であるとする（*The Principle of Moral and Political Philosophy*, 1785, Book II, ch. II）。そして社会的・公的行動領域において、行為の善悪を判断する基準は「功利」、すなわちその行為の傾向あるいは結果が全体としての社会的善に貢献するか否かにあるという結果倫理を強調する（Book II, ch. VI）。公共の利益《パブリック・イクスピディエンシー》こそ重要であり、その集計が神の意志である。計算は何よりも重要である（Book VI, ch. III）。道徳感覚その他の先験的原理はじつは多く歴史的なものにすぎず、「良心の呵責」などは信頼しうるものではない（Book I, ch. V）。行為の善悪は、それがもたらす個々の結果によってのみ判断されてはならない。例えば貨幣偽造や窃盗、密輸など、その与える個々の損害は少なくとも、それのもたらす傾向はそれぞれ信用の崩壊、所有の不安定、国庫収入の破壊などである。だから、五ポンドの盗みも五十ポンドのそれも同罪たるべきである（Book II, ch. VIII）。こうしたペイリ理論に対してコールリッジは、自分の知るところでは、ある教会で、教会員の五分の四が、みずからは信じていないにもかかわらず、ただ他人への良き範例を示すためにのみ教会に出席していると告白したという例をあげてみせ、「これらの合理的クリスチャンたち」の行為は、要するに「一人一人が騙し合い、共通の嘘をつくため」の、宗教的にはおよそ無意味な行為、いやそれどころか「偽善」であると厳しく論難する（*CC*, 4-II, p. 317）。しかし、そこからさらに一歩踏み込んで、例えばそれならば罪および罪人とは何なのか、それは彼もその一員であった啓蒙オプティミズムの言うように、未だ啓蒙されざる精神の弱さなのか、それとも今後彼が次第に惹かれていくアウグスティヌスの言ったように、自由意志による神への積極的反逆なのかという問題については、この時点での彼は、*The Friend* でそれを論ずる希望を強く持っていたにもかかわらず、結局不明確であった（*CN*, 3510, 1808/18）。また、実定宗教論すなわち教会論という、晩年の彼にとって国家論とともに最重要問題となる点も、何らの言及もなされなかった。

The Friend ではカントの名前は、「ドイツ通信」の中で軽く触れられる以外にはついに出てこない。だがそれは、間違いなく彼が、政治哲学において最もカントに接近した作品であった。すでに彼は、『人倫の形而上学の基礎付け』だけでなく、主要作品すべてを読了しており、その中には言うまでもなく『人倫の形而上学』も入っていた。それを考えれば、あるいはルソーの換骨奪胎も、そこでのカントの徹底した服従義務論（法論の第二部　公法、『カント全集』第十一巻、一八四頁以下）の中に、動機と武器の双方があると見るべきかもしれない。いやそもそも、善と悪への人間の両義的可能性という、出発点の概念そのものが、それへの確信は彼の体験から来ているにせよ、カント『宗教論』冒頭からのペシミズムと倫理性への意欲を下敷きにしているのかもしれない。とすれば、さまざまの文学的粉飾を取り去って厳しく考えて、*The Friend* とは、コールリッジが、カントの政治義務論を、ホッブズにも似て、現に支配する権力には服従せよとする「形式的保守主義」(11)とともになぞったものにすぎないと見ることもできよう。もちろんそのようなことは、彼がカントへの負債を公けに宣言した一八一七年（*Biographia Literaria*, ch. IX）にも一言も触れられていないから、一つの蓋然的推理でしかない。

しかし、仮にも右のように推理できるならば、我々は今度は不可避的に次の疑問に逢着せざるをえない。それは、ではこの義務論と *The Friend* におけるバークを憶い起こさせるほどの国民国家論および愛国心論とはどのようにかかわり合うのか、また、同時期の *The Notebooks* やシェイクスピア論講義に見られる愛の概念の社会原理化への努力、否、より遡って、人間の共同行為としての思考という共同体論への模索と、このルソー＝カント的義務論とはどのような関係にあるのか、という疑問である。なぜならば、明らかにカントにおいてもルソーにおいても、政治哲学は彼らに固有の人間像の上にそれと一体のものとして成立しており、しかもそれらは、少なくともこの二人においては、およそそのような情緒的共同体論を許さない性質のものだったからである。周知のとおり、カントにおいて最も重要と考えられたのは、個人が、傾向性として現われてくる感性を克服して義務に従って生きることであった。ルソーにおけると同じく、人が何よりも考慮を払うべきは、物理的生存も含めてみずからの生であった。もちろん普遍的人間愛は二人の主張の一部ではあったが、それもまた、人間の、個人としての自己完成の帰結でなければならなかった。この意味において、「形式的保守主義」を説いた『人倫の形而上学』第二部「徳論の形而上学的基礎論第一篇倫理学原論」が、いささかの懐疑と留保を含みながらも結局はストア的な友情の高揚をもって終結しているのは象徴的である。すなわちキケロにおいてもモンテーニュにおいても、ストア的友情論の核心はつねに、人間論と国家論における改善へのペシミズムを前提にしたうえで、しかもその克服を、完成した二つの人格――それも決して二つ以上ではなく――の魂の相互溶解という本質的に私的な次元に求めるところにあった。とするならば、我々がすでに知っているように、カントにとって、国民国家の積極的理論は結局不可能であったこと、彼の「倫理的理想主義はその政治哲学にとって……全くの負債」であったか、または「少なくとも消極的資産であったこと」と、彼もまた賢人の友情を尊しとしたこととの間にはやはり、何らかの内的な必然的関係があったと考えるべきであろう(12)。そして、そこに示されているカントのペシミズムと本質的個人主義は、ルソーもまた共有するところであった。だからこそルソーの社会契約の理念は、その実質的実在性を古典古代、とくにスパルタやローマ史の中に主張しようとするルソー自身の意欲にもかかわらず、同時代、あるいは歴史の将来においていかなる現実化の方途をも見出せなかったし、また、教育によって堕落した人間の状態を免れたはずのエミールという人格も、みずからの生まれ育った社会の一員たることの重要性や一般意志の神聖さを知りながら、結局はソフィーとともに「世間を離れ」て暮らさざるをえなかった(『エミール』岩波文庫、下、二六〇頁)。いや最終的にエミールは、ソフィーとすら別れて、文字どおりの孤独の中に人間としての義務を果たさざるをえないであろう。こうした問題をコールリッジはどのように処理し、突破してその共同体論に進もうというのであろうか。いやそもそも、彼はその問題を意識しているのであろうか。

この点について、あらかじめ結論を述べるならば、コールリッジの問題処理は未だ不十分であった。まず、*The Friend* の国民国家論は、それ自体としてはバークと比較して必ずしも全面的に目新しいものではないという側面がある。彼は言う。

> 愛国者《ペイトリオット》は、愛国心そのものが我々の愛情と美徳の金の鎖に必須な輪たることを知っている。彼は国民たること《ナショナリティ》より世界市民主義《コスモポリタニズム》の方が高貴であり、人民《ピープル》よりも人類の方が愛の対象として崇高であると唱えたがる偽りの哲学、いや誤った宗教から怒りの軽蔑とともに顔を背ける。……プラトン、ルター、ニュートンその他彼らに匹敵する異常な巨人が自己形成したのは、幾百万の人類が共同に奴隷であること以外何らの紐帯をも認識しない広大なアジアの帝国においてであったか。……否、人間的愛情で区切られた小さな円の中においてであった。……ここで、この区切られた円の中でこそ、かの峻厳な精神――その言葉は人類への神話であり、その愛はあらゆる国々を抱き、その声はあらゆる時代を通して響く精神――が立ち上がる。……これこそ真の世界市民主義であり、愛国的な愛情の乳母にして乳子である。(CC, 4-II, p. 323)

国民国家論のこうしたある種の定式性に対して、別の側面として重要なのは、この時期のコールリッジは、すでに触れたとおり若い頃から独自に温め続けてきた愛の社会原理化を、意志の自律論との関連である程度明晰に表現することができる地点に到達しており、しかもその点において、カントに対して、惹かれながらも初期より感じていた懐疑を確立することもすでにできた、という点である。ところが、*The Friend* においてはそれらは有機的に理論の中に組み込まれることはなく、むしろカント的な「形式的保守主義」の論理が前面に出てきたのであった。*The Friend* に現われることのなかった彼の思索は *The Notebooks* の中に語られている。問題は自己愛、人間愛、そしてそれと深く関連する幸福などをどのように見るかであった。彼は言う。

自己愛の博士たち〔ペイリを指す?――半澤註〕は言葉の誤用から誤りにおちている。我々は我々を愛すると言う。さてこれは、有限の被造物にとって、自己という言葉の絶対的意味においては不可能である。そして、二義的、比喩的意味において自己とは、たんに距離の近さ、道徳的見解の狭さ、そして距離による価値の決定を意味するにすぎない。……この世においてすら、可能な一つの状態――その中では我々はまさに、次のように言いうる状態がある。すなわち、私の自己が、それが愛しようと意志するものにおいてその二義的、客観的な愛の対象を自由に構成しつつ愛する、そして、それが愛することを命じ、それが命ずることを愛する、という状態である。自己愛と、愛する自己との差異は、前者の対象は感覚の法則に従って与えられるのに対して、後者は、対象を精神の法則によって決定することである。(*CN*, 3559, July–Sep., 1809)

社会を求めての人間のすべての交流という泉は、堕落していない人間ならば、自己から他者へと浸透させて行かねばならない――また他者から彼自身の内に受け入れねばならない――自然の喜びであり、必要である。人間の卓越はまさにこれらの事柄に存する。そして、愛ないし結婚の交流が卓越しているのは、ここでは、この相互浸透が他のいかなる交流の態様にも増して完全で全面的なことである。(*CN*, 3574, July–Sep., 1809)

もちろん、これらの言葉の直接的背景は、コールリッジ自身の個人的愛情の問題であろう。また右のとくに前半の一節の中には、コールリッジにおける愛の対象は結局は彼自身の観念ではないか、と思わせるものがないでもない。そこには、今後彼が発展させていく共同体論が、国民国家論であると同時に神秘的共同体論にもならざるをえないことが予示されているのかもしれない。それはともかく、一八〇七年の *The Notebooks* には、このほかにも、愛に関する記述は多い。それらにおいてコールリッジが眼ざしていたのは、「愛へと予め調律《プレチューン》された心情の法則」（3093）、「愛について――その力に義務と宗教を〔加えよ〕」（3180）といった言葉にも窺われるように、人間における愛の本源性の強調であり、またそれらを、義務の観念によって、感覚性を本質的要素として含んだままに人間の交わりの原理へと昇華させることであった。カントにおけるような感性それ自体の克服も、ルソーにおけるような自己保存の本源性も、決して彼の主題ではなかった。「他者の幸福を自分自身のと等しく増進すべく欲し、努めることは友情である。そのいずれかが犠牲とならねばならぬ時に、みずからのではなくて他者のそれを採るのは友情の高みである。これを行ない、このすべてに加うるに、与えることによって自分のすべての幸福を受け取ることは愛である。そして相互の愛こそ最善の象徴であり、天国を予め味わうことである」（*CN*, 3284, Mar., 1818）という愛と友情の対比は、彼とカントとの対立点を良く示している。第III節で述べたように、家庭があらゆる人間結合の中で最も完全なものとされたのは当然であった。彼のこの面での思索は今後も発展し、一八一七年には「私はカントのストア的原理を拒否する。それは誤りであり、不自然であり、非道徳的ですらある。『実践理性批判』において彼は、愛情《アフェクション》を人倫には無関係なものとして扱っている……」（to J. H. Green, *CL*, IV, pp. 791–792）と宣言するまでになった。しかし、こうした思考の系列は *The Friend* においては表現の場を見出すことはなかった。

　コールリッジがみずからの理論の中にひそむこうした緊張をどこまで意識していたかは、資料からは直接に窺えない。たとえ意識したにしても、手に余る問題だったであろう。そして、解決はむしろ、カントの受容を今後何らかの意味で次第に自己制限し、再吟味する方向に求められなければならないであろう。しかしその問題は、*The Friend* 以後における彼の思想の展開の問題として、本稿では全く触れることのできなかった他の問題、例えばロゴスの実在と歴史内在、象徴による真理理解、その啓示宗教との緊張などの問題とともに、別個に論じなければならない。

第三章　政治思想史叙述のいくつかの型について

I　方法論の必要と限界

およそ歴史の研究者ならば誰しも自分の方法を持っているはずである。政治思想史研究者も例外ではない。だが経験的には、この方法は、方法という言葉から通常理解されるように、制作に先だって存在し、それに則って制作が行なわれる既成の規則群、としては必ずしも作用してはいないようである。研究者の思考過程の中では、まずあるべき思想史について漠然たるものにせよ直観的イメージがあり、その具体化として個々の叙述がなされるのが常である。思想史方法論とは、そこで得られた具体的叙述から事後的に抽出されてくることが多い。それでも、一人の研究者がいったん自分の方法を自覚化すれば、結果として、より豊かなとは言わないまでも、少なくともより混乱の少ない叙述を産み出すことがある程度は可能になるのではないだろうか。顧みて私の場合にも、これまでさまざまの方法、または方法になる以前の方法的意識とでも呼ぶべきものが、それもおそらくは相異なるものが、時には互いに矛盾したままで頭の中に散在していたかに思われる。クエンティン・スキナーをめぐる方法論論争に触発されてではあるが、それらをできるだけ論理の筋道を通して書き留めてみたい、そして、それによっていささかなりとも私の頭の中を私自身に対して整理してみたい、というのが本章の目的である。もちろん、方法については従来多くの優れた歴史家たちがさまざまに書いてきて、もはや私が付け加えるべき何ものもないかにも思われる。そうと知りつつあえて書く勇気を振るい起こそうとしてもすぐさま、客観主義的歴史認識の妄想、主体的な政治への意欲の欠如といった批判の声が耳の中で響いてくるし、何よりも、方法論議の宿命として、私の言葉は常に私自身に返ってこざるをえない。それは覚悟のつもりである。なお、以下の考察の材料は、私の守備範囲であるヨーロッパ思想史からのものである。

言語行為論で武装したスキナーが、従来の政治思想史研究の非歴史性、神話性に対する批判と思想史研究の方法論の問題を提起し、それをめぐる論争が英語圏で活発に開始されてもはや半世紀近くになる(1)。この論争の主要な争点は、スキナーの側では、始めはもっぱら政治思想史に歴史叙述としての厳密性を要求するための、資料解読上の規則を中心とした方法論そのものであった。しかし、多くの批判者たちは、そうした狭義の方法以上に、むしろスキナーが前提すると思われた政治思想史研究の性質、目的などある意味ではメタ方法論を問題とした。スキナーはしばらくの沈黙の後、「批判に応える」として狭義の方法論とメタ方法論双方の次元で応答したが(一九八八年)、それは従前からの彼の主張の擁護であると同時に、さまざまの批判を取り込んだ微妙な再構成でもあった。

振り返ってみればこの論争は、広い意味でウェーバー以来の社会科学方法論史の一段階だったことは間違いない。もちろん、私の知る限りでも四十点ほどの関連文献のすべてが同じ重要性を持つわけではない。だが、当然それらには時代の特質が投影しており、この意味では論争全体を、行動科学とマルクス主義の没落以後、一九七〇年・八〇年代英語圏思想史の一横断面として見ることもできる。と言うのも、確かに論争の主題は政治思想史方法論であり、また、論議のおもむくところ必然的に、政治哲学と政治思想史との関連の問題であったけれども、他方で、この論争で用いられた諸理論としては、とりわけ論争が成熟したと見られる後半期では、同時代の哲学や文学批評理論を彩った記号論、ディコンストラクション、解釈学、言語行為論等が重要な働きをしていたことは明らかだからである。

ところで、この論争に対する我が国での反応を考えてみる時、私にとって印象的なのは、我が国の大多数のヨーロッパ政治思想史研究者たちはそれに無関心だった（少なくとも私にはそう見えた）ということである。日本において、ウェーバー理解社会学の方法論は強い持続的関心の的であったし、今でもそうである。R・バルトも、ディコンストラクションも、デリダも、ディルタイからガダマーまでの解釈学も、言語行為論も、英文学の「新批評」批判も、それぞれの分野（業界？）で導入され、それぞれのファンを持っている。しかも、それらはいずれもテクストの読解の方法に関わるものである。他方、この論争で採り上げられた問題は、著者の意図の蓋然的推定は可能か不可能か、そうした推定をすることの意義は何か、そもそも著者の意図とは何か、およそテクストとは自己完結的なものでありうるか否か等々であって、それらはいずれもすべての研究者にとって重大な関心事のはずである。とすれば、スキナーに同意するにせよ反対するにせよ、我が国の政治思想史研究者たちも、そうした他分野の情報をもって論争への態度表明をすることはできたはずである。だが、その例は多くなかった(2)。

もちろん、たとえ方法の問題に重要性を認めるにしても、英語圏での論争を我が国でそのまま再現し、代理戦争を演ずるのは無意味である。いや、そもそも思想史研究者が方法論論争にあまりにも現を抜かすのは、それ自体異常だとすら言えなくもない。と言うのも、思想史における方法論議の有用性には一定の限界があるのも確かだからである。思想史方法論とは、テクストという複雑な構成物を分析するためのマニュアルを提供するものでも、できるものでもない。いわんや叙述の成功を保証するものではない。それはただ、研究を具体的に進める手続きの過程でひどい失敗を犯さないためには留意すべき規則を一般的に指示する、ある意味では消極的なものにすぎない。しかもそうした規則は、批判者の一人が指摘したように、経験のある「普通の歴史家」ならば先刻承知のものである場合も多い。自明の事柄を書かざるをえないのが「無謀にも歴史の方法について書く者の普遍的運命である」というのは、他ならぬスキナー自身の言葉である(3)。また、方法論論争はしばしば認識論論争とならざるをえず、その時、批判対象となる具体的な議論のある程度のデフォルメは不可避である。その意味で、少なくとも自分で歴史叙述の一断片でもしようと志す研究者が、方法論論争にある種の空しさを感ずるのも自然であろう。思想史方法論における哲学の過剰を主張して、「思想史家は認識論的にナイーヴであるべき」であり、「理論以前の無垢状態を回復することこそ歴史家の第一義的任務である」、と言うK・マイノーグの皮肉たっぷりなスキナー批判は、こうした感じ方を代表していると見てよい(4)。

しかし、それにもかかわらずこの点では私はマイノーグには同意できない。反対に、スキナーやジョン・ポーコックやジョン・ダンの方法論議が私の中に呼び覚ましたのは、もちろん私も含めて、とりわけ政治思想史研究者はいかに歴史的誤謬を犯しやすいか、いや、いかに歴史に無関心でいられる存在か、そして、そうした事態を回避するためには、自分の思考過程で無意識に用いている規則を自覚化することがいかに重要か、ということであった。私は、思想史の叙述をしている際にどのような手続きを行なっているのだろうか。私は説明し、解釈していると自分では思っている。だがそれは、たまたま私が共感を感じた対象の、それもある一部分についての恣意的な印象や感想を吐露しているだけではないか。では私は批評を目指しているのか。それとも、何らか歴史と呼ぶに値するものを提供しようとしているのだろうか。端的に言って私は何をしているのか。だが、こうした不安は、あるいは私に全く個人的なもので、我が国の研究者でスキナーの問題提起を情報として知った人の多くは、疾うにそれに対する自らの否定的態度を定めていたのかもしれない。とすれば無論争状態はたんなる外見にすぎない。従来、我が国でのヨーロッパ政治思想史研究の多くが、二十世紀前半のイギリスやドイツに見られた近代政治理念発展史型の後追いだったこと、英米でもこの型の叙述を良しとする研究者がスキナーに対して最も強い拒否反応を示したこと、などからすればそう受け取れなくもない。

II　政治的行為としての理念史

いささか前置きが長くなってしまった。本題に入っていきたい。と言っても、結局私は思想史研究のアイデンティティとは何か、という問題のまわりを堂々めぐりするしかないが、その手掛かりとして試みたいのは、これまで存在したさまざまの政治思想史または理論史叙述の中から、仮に理念史、精神史という二つの型を取り出し、それぞれとの対比で、もう一つの思想史、それもスキナーのとは若干次元を異にするものの、少なくとも可能性を考えてみることである。なお、これらは「型」であるから、思想史研究の特定の作品をそのいずれかに実体化することは避けたいが、例示は不可避である。

まず理念史であるが、一つ断っておきたいのは、ここで私は必ずしもマイネッケ『近代史における国家理性の理念』（一九二四年）流の理念史だけを意味しているのではなく、それと形而上学的前提がおそらくは異なるはずの英米の政治理論史をさしあたりは一括して考えるということである。さて、私がスキナーたちの方法論議に強く刺激された理由は、一つには、私も彼らと同じく近代政治理念史なるものに対する根本的疑問を感じていたからであるが、いま一つには、今後はいざ知らず少なくともこれまでは、政治的言語の文法という点でヨーロッパとは必ずしも同じではなかったと思われる我が国で、この型の政治思想史を後追い再生産することについて、絶えず疑問を感じてきたからであった。デモクラシー、自由、平等、権利、代表制等、近代の政治理念、あるいはもっと抽象的に近代精神（と研究者が認定するもの）の発展を跡付け、その発展に対する貢献度によって個々の思想家を発見（または再発見）し評価して配列するというのが、例えばA・ダントレーヴ『政治思想への中世の貢献』（一九三九年）、J・プラムナッツ『近代政治思想の再検討』（一九六三年）に見られるように、在来型の政治理念史であろう。言うなればデモクラシー理論の成長史である。もっとも、最近では個々の対象についての叙述は精密化の傾向にあり、それらを、実体は神話にすぎない似非思想史なりとするスキナーの最初の批判は、我が国においてすらある程度克服されつつあるかに見える。だが、彼の問題提起は私に対して、特定の理念成長史だけが問題なのではなくて、そもそものような理念史を書くという行為はいかなる行為なのかという疑問を、あらためて提起することになった。

ところで、この疑問に対してありうる一つの明快な回答は、特殊にこのような型の政治思想史を書くということは、実は、それによって一つの政治的行為をしているのだ、とすることであろう。理念史は所与の思想家の政治思想のうちとりわけ神話創造的部分に焦点を合わせ、その現代的意義について書く。そう書く人は、対象の言説を通じて自らのそれを語っている。そして、そのことを通じて、大学教育も含めて広い意味での政治過程に参加する（または参加の意志を表明する）。我が国での場合、語っている素材がヨーロッパのものであって、彼我の政治的言語の文法は同じではないかもしれない、ということは問題ではない。近代ヨーロッパ政治理論は普遍性を持っている。さて、我が国で政治理念「史」または理論「史」を実践している人で、もしもこのように明快に答える人があれば、私はその人に対して好意を抱くのに吝かではない。

それにしても、こうした理念史型思想史には、少なくとも二つの問題があるように思われる。何よりもまず、事柄の性質として、一般にそうしたものを歴史と言うことができるかどうかという問題がある。もちろん、私はスキナーが『思想史とはなにか』第一章で従来の思想史に対して行なったさまざまの神話性批判（私はその大筋には賛成であるが）をここでくり返すつもりはない。問題はより根本的なところ、つまり、そうした神話創造は政治的行為としてなされているというところにある。言い換えれば、そこに含まれた一種叙事詩風の歴史叙述がいかに詳細を極めようと、結局その位置は政治理論に対して道具的なものだということを私は問題にしたいのである。ここでは、思想史は、政治理論が歴史の中に自己の神話の根拠を見出すための道具である。おそらくこの考え方には、人間社会における諸事象の普遍性がそれを可能にも有意にもする、という前提が働いているのであろう。

私は、過去の政治思想の現代におけるそうした使用そのものに異議を挟むつもりはない。周知のとおり、人間諸事象の普遍性をいかに、どこまで、認定するかという問題は理論的にはかなり厄介な問題である。規範問題としてのそれは、自然法問題として、ヨーロッパでは幾世紀にもわたって思想家たちを悩ませてきたし、現在では規範と経験双方を含む合理性問題として果てしない論議の的である。しかし、合理性論議、あるいは言語哲学そのものは哲学者に固有の領域であって、実践との関わりを目指す政治理論家も、認識を目指す歴史家も、それは横目で睨んでおく必要は大いにあるとしても、それ以上のことはできないし、とくに我が国では、ヨーロッパ系の言語と日本語との間には翻訳という問題が介在するから話は一層厄介になるが、この問題については、あくまでも対語可能性とは区別した意味での理解可能性としての翻訳の可能性を前提する他はない。ところで、すでに知られているように、R・ローティは、その論文「哲学史の記述法――四つのジャンル」（一九八四年）で、こうした、何事かを学ぶための思想史を哲学史の「合理的再構成」とし、それをスキナーによる「歴史的再構成」と対比させた。そして、そのいずれも自覚的になされる限りで「全く道理にかなって」おり、「それら二つのものが衝突する必要はない」と論じた(5)。ローティが「合理的再構成」と言う時、対応する政治思想史としてイメージされるものが、例えばロック政治理論における信託概念の現代的意義といった限定的なものなのか、あるいはダントレーヴ、プラムナッツ、シュトラウスなどの、幾世紀にもわたる叙述も含むのか、よくわからないが、いずれにしても私は「合理的再構成」の意義を認める点で彼の意見に賛成である。私はまた、「歴史的再構成」が求められるのは結局より良い自己認識を求めてであるという、おそらくはスキナー自身の言葉によったと思われる判断にも一応は賛成である。

これに対して、私がローティに同意できないのは、だから「〈合理的再構成は「本当に」歴史を記述するものなのか〉という問題は言葉の問題だけである」、という主張である(6)。なぜならば、この主張は結局、R・バルト以来主張されてきたテクストの「自由な読み」、または「読み」の本質的個人性（最悪の場合には恣意性）の主張に行き着かざるをえないからである。そして、私の言う理念史もその一部であることは否定できないであろう。在来型の政治理念史は、少なくとも意図としては「自由な読み」を目指したとは思われないから、両者が結び付くとするのは一見奇妙な結論に見えるが、いずれも、スキナーの最初の問題提起の最大眼目だった、歴史叙述における記時錯誤すなわち日付間違い（anachronism）を意に介さない以上、そうならざるをえない。私には、こうした道具的考えは思想史研究のアイデンティティの自己否定になると思われてならない。

だが、本来「自由な読み」の一つである（と私には見える）政治理念史の問題点はそれだけではないと思われる。ここで私が問題にするのは、認識上と言うよりはむしろ実践上のそれであり、おそらくは経験上のものである。私には、慎慮の原則に立つ限り（この前提は重要である）、一つの時代、一つの社会における実践上の政治的想像力にはそれほどの幅があるとは思われない。言い換えれば、それぞれが合理的選択をしている限り、一つの時代・社会の中での政治的諸神話間の対立の幅は、異なる時代・社会の間のそれよりも大きいとは言えないのではないかと思われる。私がここで言いたいのは、もしそうだとすれば、理念史型政治思想史には、その本質的個人性にもかかわらず、我々の歴史的な、ひいては政治的な想像力を定型化し、それ以外の物語への想像力を抑制する危険性がある（またはあった）のではないか、ということである。言うなれば、思考力に対する神話の制度化作用である。それぞれの政治の季節がそれぞれの政治上の神話を求め、産み出す。実際、振り返ってみれば、二十世紀前半に産み出され、育った政治理念史は、同時代の科学史や、文学における「新批評」などと同じく、ヨーロッパの知的伝統・遺産の財産目録として、巨大な社会変動状況のもとで要請された神話の根拠を、歴史の名において提供したものではなかったか。政治について言えばその状況とは、一政治社会全体の生活様式としてのデモクラシーが形式上は成立してもなお実質上は未知であった状況、言い換えれば、デモクラシーが、本当は未だ言葉としてすら高度に論争的だった状況である。アメリカン・デモクラシー、議会制デモクラシー、ドイツ的デモクラシー、民主集中といった言葉の交錯を取ってもその論争性は明らかだと思う。だが、それから半世紀以上が過ぎ去った。そして、通貨としてのデモクラシーの名目的な普遍的通用性は確立したが、同時にその意味の実質的多義性も明らかとなった。その時（少なくとも一九六〇年代以降）、「新批評」や在来型科学史に対するのと同様、素朴な近代理念発展史型政治思想史に疑問が突きつけられても不思議ではない。にもかかわらず、時すでにパラダイムと化していたそれは、研究者の想像力を拘束し続けることになった。このことは一九六八年にT・クーンの衝撃のもとにウォリンが鋭く指摘したとおりであり、またその後、スキナーに対する拒絶反応が実証したとおりである(7)。

より具体的に言うならば、政治理念史は理論史の形式を取ることによって、一方ではある種の神話を創造しながら、他方では、別な視角からすれば有意なはずの多くの対象を物語から排除してきた。それは、プロテスタンティズムの個人主義的な、またリベラルな側面については冗舌であった。しかし、E・フロムが古典的に語るルターやジュネーヴのカルヴァンだけでなく、殆どすべてのプロテスタンティズムにおけるカトリシズムとは別種の権威主義については語らずじまいであった。ロックにおける本質的宗教性も無視した。それだけではない。それがマキアヴェッリの処理に困惑してきたのはあまりにも周知である。そのことは理念史が、マキアヴェッリも含めてヨーロッパでは政治思想の表現形式として伝統的に一般的だったはずの、アフォリズムとして語られる政治思想の理解に完全に失敗してきたことによく示されているのではないだろうか。『オシアナ』その他のハリントンの作品は然るべく「位置付け」されず、ベイコンの『随想集』は無視され、『随想録』におけるモンテーニュの習俗論も、『パンセ』におけるパスカルの権力論も、文学史の周辺部分として辛うじて触れられるとしても、政治思想史に占めるべき座はない。不運な哲学者ヒュームの『政治論集』は功利主義前史にされてしまう。これらは、理念史からすればたかだか歴史上のエピソードにすぎないのであろう。そして、「保守主義者」バークの『フランス革命の省察』も含めて、アフォリズム思想家たちの最大の武器だったはずのレトリックは、政治理論とは無縁の「技術」と認定される。だが、これら超一級作品あるいはそのジャンル全体を無視した思想史をはたして歴史と言えるだろうか。

アフォリズムと並ぶヨーロッパにおける政治思想表現のもう一つの形式として、とりわけルネサンスまたはそれ以前に重要だったものにアレゴリーがある。アレゴリーは、象徴的人物の物語に理念を「受肉」させる。だが、理念史はその形式の実質的意味を認識することができなかった。アフォリズムにせよアレゴリーにせよ、そうした形式の背後には、人間言語による世界表現能力の有限性の自覚があるのであろうが、理念史が見失ったのはまさにその意識だったのではないだろうか。こういった点では、政治的想像力の歴史的変化を主題の一つとしているはずのウォリン『西欧政治思想史』も例外ではない。こうした問題点は理念史に構造的に内在する欠陥なのであろうか。あるいは、デモクラシーというア・プリオリと一致できる（かに見えた）特定の、とりわけ演繹的な理論家、つまりホッブズ、ロック、ルソー、ベンサム等を物語の主人公として過度に重視したその経験的な失敗として、好意的に見るべきものなのであろうか。論議の余地はあるであろう。

III　精神史型思想史の問題と成果

さて、私が次に取り上げたいのは精神史型の政治思想史である。私は、通常は精神史という言葉が、少なくともディルタイ以来のドイツ解釈学の中で、自然科学と対比されたものとしての精神科学の歴史、という意味で用いられてきたことは承知しているつもりである。また、次に述べるように、一つの一般思想史の試みとしてのその意義も理解しているつもりである。

だが、ここでの問題は思想史研究として見られたその性質である。私には、彼らの言う「精神史」は、少なくともある面において、前節までに述べた理念史と変わらないものと見える。この印象は、とりわけディルタイが『ルネサンス期以後の人間と世界観』（一八九二年）などで近代精神の「解放」、「理性の自律」、「人間学の進歩」を謳っている時鮮明である。だが、「理解」の一般理論を目指して、ディルタイの場合のように自伝の拡大形態こそ精神史叙述の最高形式とされたり、ガダマーの場合のように解釈における「地平の融合」、「作用史」などといった概念化が主張されたりする時、たとえそれは思想史方法論を意味するものではないという限定が明確に付せられているにしても、そう教えられる我々の意識が、対象の歴史的個性の認識の方向に向かわなくなるのは自然だと思われる。もっと積極的に言えば、そうした方向での認識への意欲と、したがってまた道はそこで閉ざされるのである。これもまた、一つのパラダイムの想像力拘束性であろう。

このように、通常、精神史という言葉で理解されている思想史叙述は、ある面では理念史と共通の性格があると見えるが、にもかかわらず私は、政治思想史叙述の型として両者は区別して考えたい。その理由は、少なくとも歴史に向かう動機において両者の間にはかなりの差異があり、この差異は、そこから産み出される思想史叙述にそれぞれ異なる性格を与えるはずだと思われるからである。すなわち、政治理念史に向かう研究者の動機が主として政治的なものであり、しかも、とくに英米系の政治理論では政治という言葉が比較的狭く権力現象として理解されるのに対して、「精神史」における動機は、どちらかと言えば非政治的な、むしろ自己の歴史的位置を確認したいという、自己認識欲であろう。「〔歴史認識とは〕この人間、この民族、この国家が……いかにしていまのような状態になったか、ということを理解するのが目的なのである」というガダマーの言葉や[8]、ディルタイの歴史の自伝イメージは、こうした「精神史」の動機を端的に物語っている。しかも、このガダマーの言葉に含意されているように、もしそこで政治という言葉が用いられる場合には、比較的広く、一政治的共同体の在り方から、それと不可分な個人の実存までも包含する意味が込められることが多い。

これと関連して注目したいのは、ドイツ「精神史」には同じ動機に発するいま一つの方向性があったと思われることである。それは、先に示唆したように、ある種の一般思想史への指向、言い換えればさまざまの思想史的観察の綜合への指向である。それは政治の思想史を宗教や芸術のそれと綜合しようとする。とりわけ、美意識を重視し、芸術体験との類比で思想体験を内面化しようとするのは解釈学的思想史叙述の本質的部分であろう。この類比は直観的なものであるが、容易に理解可能なものではある。ただし、それを「生」といった言葉によって概念化する必要があるとは私には思われない。

ところが、精神史としての歴史的綜合への指向が思想史叙述として最も豊かな実りを挙げたのは、必ずしもドイツにおいてではなかった。私には、アメリカ・プラグマティズムのセマンティックスを武器として、しかもドイツ精神史やベルクソンを深く知ったA・O・ラヴジョイの諸作品、とりわけ『存在の大いなる連鎖』(一九三六年)こそ精神史型思想史の金字塔だと思われてならない。ここでは、目的としての歴史的綜合と、それに必要な他者の精神に対する感受性への要請とを前提に、一種分類学的なアプローチが取られ、その分類のための発見装置として(そう私は見たいのだが)、単位観念という概念が述べられる。もちろん、単位観念という言葉には多くの問題がある。ラヴジョイ自身、時にそれを思想史における「要素」であると言い換えたりしながら、結局その理論的性格については必ずしも明確にしなかった(またはできなかった)。彼が「要素」として一方では「無意識の精神の習慣」とか、「形而上学的パトスへの感受性」とかいった一種心理的なものを指示しながら、他方ではまさに「存在の大いなる連鎖」と彼が名付けた特定の形而上学的「原理」を指示していること、しかも、後になると単位観念の例示として、より曖昧に「カテゴリーの型、共通体験のある側面についての思想、明示的または黙示的諸前提、宗教的教義や題目、特定の哲学的公理……さまざまな科学における一般化または方法的仮説」等々雑多なものを挙げていること、などは単位観念の不明晰を示しているところであろう(9)。

だが、言うまでもなくラヴジョイの名を高からしめ、また実際思想史研究として意義あらしめたものは、単位観念という理論的枠組みであるよりは、本来はその一例だったはずの「存在の大いなる連鎖」の概念そのものであろう。この概念は、その下位の単位観念として、充満の原理、連続の原理、階層化の原理の三つを持つとされる。プラトン以後十九世紀に至るこの単位観念の壮大な、ただし最終的には「失敗」の「伝記」(ディルタイにおける同じ歴史イメージを想起せよ)を叙述したものが『存在の大いなる連鎖』であった。しかし、単位観念という概念の曖昧さは、その後におけるこの方法論の発展を妨げてしまったかのようである。今なお続く *The Journal of the History of Ideas* 誌の発刊は、ラヴジョイの方法論自体の継受を意味しなかった。それどころか、その曖昧さは彼に対する批判の種をも残すことにもなった。すなわち、スキナーが「教義の神話」の項で鋭く指摘したように、「このアプローチに固有の危険性は、探求さるべき教義があまりにも安易に実在そのものへと実体化されてしまう」ことである(10)。ここでスキナーは慎重に「危険性」という言葉を選び、エピゴーネンを指しているかに見えるが、はたしてラヴジョイ自身その危険性を免れているかどうか、見方は分かれるであろう。と言うのも彼はしばしばその「原理」の隠された含意の顕在化について語り、また(同じことだが)、ロマン主義においてその原理が変質したとして、それを時にはその原理の「含意に対する反動」あるいは「失敗」として、時には論理的発展として語っているからである。他方、十八世紀のポープから「存在の大いなる連鎖」という言葉を取り出してきたラヴジョイは、その言葉を理論的に彫琢し、操作的に使用することによって、異なる時代と分野の諸思想の間を自由に往復することができた、という事実も見逃してはならないであろう。後者の側面からすれば、単位観念とは、仮説的な歴史の見取り図として、言い換えれば、思想史のドラマにおけるそれぞれの思想の役割を発見するための手段として、さまざまな思想家の中から抽象して再構成された一種の理想型だと考えなければならない。実際、ラヴジョイの曖昧さにもかかわらずそう受け取る方が有意義ではないだろうか。いずれにせよ、ここから我々が受け取る教訓は、理想型を設定することとそれを実体化することとは経験的には紙一重だということであろう。その意味では、所与のケースがいずれなのかの判定に、スキナーはもう少し慎重になるべきだったと思う。

『存在の大いなる連鎖』の主要な素材が採られたのは、ラヴジョイ自身述べているように文学からであった。しかし彼は、とりわけ美意識に着目する（ここにもディルタイとの共通性が認められる）ことによって、狭義での文学史として止まることなく、そこに宗教と道徳哲学を綜合する思想史を構想することができた。それだけではない。彼はプロティノスを通して、「存在の大いなる連鎖」の観念の中に含まれている「階層化の原理」が、政治的には紛れもなく不平等の原理であることを示すことができた。彼はまたシュライエルマッハーを通して、変質しつつあるその観念において強調され始めた事物の多様性、個体性という概念の中には、個人だけではなく「人種、国民、家族そして性というような集合的個体」の絶対化もまた含まれる、ということを示すことができた(11)。このことは、『存在の大いなる連鎖』が、政治思想に関しても（たとえ叙述の中心としてではないにせよ）重要な示唆をしていることを物語ってはいないだろうか。なぜならば、この二点はそれぞれ、デモクラシーと近代精神の成長を語る理念史がまさに見過ごしてきた、幾世紀にもわたるヨーロッパ政治思想史の歴史的特質の一つとその転回とを正確に指示しているからである。

以上、思想史叙述の型として理念史と精神史について述べてきた。ところが、考えてみればそれらはいずれもが（少なくとも歴史叙述の形を取っている限り）言わば通史である。通史が全体の見通しすなわちドラマの筋立を前提にしなければ成立せず、また過度に事実を無視しない限り、そこにこそその意義があるのは自明であろう。しかし、これまで論じてきたところから読み取られる（そう私は希望するのだが）ように、私が思想史の方法に強く関心を抱いてきたのは、どうすれば思想史家は対象の歴史的個性に対する感受性を維持できるか、いや最小限、甚だしく非歴史的との誹りを免かれるか、と考えるからであった。そして、この視点からすれば、例えば「地平の融合」とか、部分認識と全体認識の循環関係とかいった、物語全体の理論的性格に焦点を集中し過ぎることは必ずしも有意義ではない。もちろんそう言えばとて、マイノーグのように理論以前の無垢状態を目指せと言うのでもない。私がここで言いたいのは、我々は通史のある意味では異常に高度な仮説性をあらためて認識しなければならず、またそう認識するならば、通史を一旦は断念すべきだとすら言えるのではないかということである。通史の仮説性を最も如実に示しているのは、周知のとおり十九世紀中葉以降の通史は不可能だという事実であろう。その理由はきわめて単純に、それ以前の時代と比較して我々はより多くの情報を持っているからである。この意味では、より踏み込んで言うと、例えば思想史叙述においてミドル・レンジの分類概念として最も普通に用いられている「……主義」という言葉はしばしば危険である。「……主義」という分類概念が、少なくとも思想史において記時錯誤から安全に使用されうるのは、例えばドイツ・ロマン主義やイギリス功利主義のように、特定の思想家群の自称として用いられている場合、または、「個人主義」、「彼岸主義」といった、時代を越える高い抽象のレヴェルで一定の考え方や態度を指示する場合のみであろう。だが、この種の危険が認識された時初めて、もう一つの思想史の可能性が開かれるのではないだろうか。

Ⅳ　もう一つの政治思想史

さて、前節で私はもう一つの思想史の可能性と言ったが、現在の私はとくに何らか特定の物語を構想できているわけではない。だが、少なくともその出発点は、個々の思想家または比較的短期間における個々の問題についてのモノグラフであり、その集積への努力でなければならないと思う。もちろんそれは、インターテクスチュアルな、しかも既存の分野を越えた研究体験に基づくものでなければならない。そして、あえてくり返せば、その努力を推し進めるためには、解釈とは原理的に誤読なり（H・ブルーム）とか、歴史に批評精神を（D・ラカプラ）とか、解釈の対象と切断された無私の研究は不可能だ（J・キーン）とかいった批判は実践上はひとまず括弧に入れた方がよいと思う。こうした批判は、この他にも多くのスキナー批判者たちが口にしたが、私には、そうした「反省」からは皮相な今日主義的、道具主義的歴史は生まれても豊かな歴史叙述は生まれてこないと思われてならない。

これに対して私自身は、もしモノグラフにとって留意すべき規則があるとすれば、それは、そうした解釈学風のものではなくて、第一に、最も根本的なものとして、J・サールが与えている規則、すなわち、「さまざまな人間言語は、それらが相互に翻訳可能である限りにおいて、同一の根底的な規則の異なる慣習的実現例であるとみなすことが可能である」(12)という規則だと思う。そして、この規則と合わせて第二に、コリングウッドが『自伝』（一九三九年）で主張したように、一命題の真理性はそれが答えようとした問題と深く関わっていること、いやしくも優れた著者ならば常に同時代人のために書いていることを承認する必要があると思う。また、第三に、我々が研究対象とする思想家たちにおいては、少なくとも論理的な無矛盾性を志向するという意味で合理性が存在していることも前提しなければならないと思う。第四に、思想家と呼ばれるクラスの人々における合理性の特質として、H・パトナムが言う「認識上の徳性」すなわち一貫性、単純性、適切性、有意性、真実性、思慮深さ等(13)も仮定すべきであろう。これらすべての考慮は我々を言語的慣習の研究に赴かせるであろう。ただし、こうした規則から出発するモノグラフが蓄積された時、それが、先に述べた、さまざまの長期的な思想史上の観察の綜合としての精神史とどのような接点を持ちうるのか、いやそもそもそれは可能なのか、具体的には分からないし、また事柄の性質上事前に分かるべきものでもないであろう。にもかかわらず、「合理的再構成」と「歴史的再構成」の場合と同じく、一人の研究者が双方を実践することは少なくとも可能だし、かつ望ましいと私は思う。

さて、右に述べた四つの規則は、スキナーがすでに主張していることと実質的に近い。最終的に我々は自分の言葉で歴史を書かざるをえないのは確かだとしても、また、テクストが実在するのはそれが読まれた時だけだということを認めるとしても、だからといって、書いている時の歴史家は、バルト流の自由な読者（消費者）ではありえない。歴史家には客観性または真理（もちろん我々は蓋然的なそれにしか接近できないのだが）への忠誠努力が常に要求されていると考える点で私はスキナーと同意見である。問題は何についての客観性または真理かであろう。そして、この点において、すべての歴史家が一人ずつ異なるように、彼の道と私の道は決して同じではない。もちろんそれは、私が彼の制作しようとする政治思想史の世界を認めないということではない。ただ、彼の歴史世界と私が制作したいそれとは必ずしも同じではないということである。私は、（E・ハーシュ流に言えば）歴史家が作者の地位を「簒奪」してみずからを語るのではなく、作品を通して作者が語ること、または作者をして語らしめることが必要だと思う。もっともそこまでは、自分の立場がハーシュのそれと同一視されるのをひどく嫌うスキナーも同じかもしれない。問題はその語り、つまりモノグラフの中身である。そこで、スキナーの世界と私のそれとの違いをはっきりさせるために、彼の主張の核心と思われるポイントを簡単に振り返ってみよう。

スキナーにおける政治思想史とは、端的に政治的イデオロギーの歴史である。「政治の世界において思想の要因が演じてきたさまざまな役割」、「政治的イデオロギーと政治的行為との関係」を明らかにすることこそ、スキナーの考える政治思想史研究のアイデンティティである。この目的のために彼は、J・オースティンに依りながら、政治思想史における作品とりわけ古典と呼ばれている作品を、理念史がするようにそれを産んだ状況とは無関係に理解さるべき抽象的、一般的真理の陳述の束としてではなく、むしろ一定の意図のもとになされた著者のす大望を抱いていたかに見える著者でも、実は「厳密に限定され明確に同定されうる読者に向けて書いていた」のであって、その意味であらゆる政治思想史上の作品はイデオロギー的行為としての性格を持っている。そして、作品の先行因としての著者の動機と、作品におけるその意図（発語内行為）とは区別されなければならず、政治的またはイデオロギー的行為としての作品を理解するためには後者を再現しなければならない。我々は『統治二論』でロックは何をしていたのか」と問わなければならないのである。この問いこそ「テクストの歴史的アイデンティティを再現する」道なのであり、しかも、理念史の言うようにテクストを「くり返しくり返し読む」だけではこの問いに答えることはおよそ不可能である(14)。

このようにスキナーにおいては、著者の発語内行為の再現が政治思想史研究における最重要課題とされ、次いで議論は、いかにしてその再現を方法化するかという方向に向かうことになる。方法化における中心問題は、一つには対象とする著者の信条選択の合理性または非合理性の識別であり、また一つにはそれと不可分に、著者を取り囲むさまざまのコンテクスト、とりわけ言語的慣習のコンテクストの（蓋然的）同定である。ただ、とくに初期論文では、その作業を進めていく上で殆ど不可欠の前提として、動機と意図の区別、発語行為と発語内行為の区別の必要が強調されていたが、こうした峻別は、最終論文では影を潜め、むしろそれぞれにおける二者の不可分という方向に軌道修正されている。これは本稿の最初に述べた、最終論文における微妙な再構成の一例と思われる点なので、もう少し詳しく触れておきたい。

問題は、それがテクスト解釈の基準としての著者の意図の権威を重視し、何よりもその再現を目指すべきだという初期の中心的主張の実質上の変更を意味するか否かである。さてスキナーによれば、主体（著者）が政治的行為としてイデオロギー的行為を遂行する（またはできる）のは、さまざまの言葉に含まれている標準的な言語行為能力（speech-act potential）を操作することによってである。言い換えれば、主体がテクストを通して特定の行動を正当化したり非難したりすることができるのは、彼または彼女にとって資源でもあり制約でもある言語上の慣習というコンテクストの中においてのみである。その意味では「いかなる革命家も後向きで戦い進んでいかなければならない」。ここから、最終論文でのスキナーは、一方で、政治思想を行為として見る限りは「著者というカテゴリー無しで済ませるわけには全くいかない」としながら、他方では、自分のアプローチは「テクストとコンテクストとのいかなる範疇的区別にも挑戦する」ものであるとし、さらに進んで、それは「著者というものの伝統的相貌から極度に生気を奪ってしまうことは明白である」とまで断言している。そして、結局「歴史家は、ポーコックが言説の〈諸言語〉(languages) と呼ぶものを第一義的に研究する」のであると言う(15)。

こうしたスキナーの主張は明らかに、一旦は彼が批判したポーコックへの再接近であって、その限りで初期の主張の変更であるかに見える。かつて彼はポーコックを名指しで批判して、思想史研究において言語の重要性の強調はそれ自身では方法論として扱われてはならず、より進んで、その思想家がその言語によって何をしたかをこそ問わねばならないとした。だが、最終論文では、後者のテーゼ自体は維持されているものの、このようにポーコックへの再接近が計られ、しかも、自分の立場は一貫して意図重視反対論であった、と宣言されている(16)。これは一見して分かりにくい主張であるが、彼の最終的立場は、「私が一貫して頼りにしてきた議論は、理論的には行動主義的で本質的にはヴィトゲンシュタイン的な議論である」(17)という言葉に最も簡潔に表現されていると思う。これらから窺われるのは、結局スキナーが制作しようとする政治思想史の世界は、広い意味での政治史と密接不可分だということであろう。もちろんそうは言っても私は、スキナーは政治思想史における古典の不滅の価値を貶下し、古典をおしなべて政治史のエピソードに矮小化するという、かつての轟々たる非難に同調するものでないことは言うまでもない。

こうしてスキナーは、テクストを、政治的行為としてコンテクストの中で読む(コンテクストを閉じる)ことによって、政治思想史研究のアイデンティティを確保しようとする。従来は、政治史との関連において読まれるのは言わばマイナーな著作であって、いわゆる古典は、たとえどれほど政治的な作品であろうと、同時代の政治とは切り離し、それ自身として「自律的」なものとして読まれるという二分法が暗黙の通念であった。そして、個々の作品についてそれが「自律的」なものか否かの決定規準は、それぞれの研究者の恣意に委ねられるか、または理念史の慣習に無自覚的に服従するか、いずれかであった。この通念を覆し、古典にも同じ規準を適用すべきだしまたそれは可能だ、としたのはスキナーの大きな功績であろう。そして、今やひとりスキナーに止まらず、言語上のコンテクストを重視し、「言説の空間」の中でテクストを読むという態度は、思想史研究における新しいオーソドクシーにすらなりつつあるかに見える。その意味でそれは、すでに間違いなく「もう一つの政治思想史」の方向性を示していると言えよう。

だが、はたしてこれはもう一つの政治思想史の唯一の道であろうか。私には、スキナーはそれを確保するために、やはりそれなりの対価を支払っているように思われてならない。同じことだが、あるいは、私が彼と意見を異にするのは支払う用意のある対価の質の差異だ、と言ってもよい。私から見れば政治思想史は、「政治」思想史であると同時に政治「思想」史でもなければならない。そして、やや誇張して言うならば、スキナーはこのことを意識的に捨象していると思われるのである。

さて、いやしくもたんなる時論家またはオポチュニストの域を越えた思想家ならば常に、狭義の政治的行為またはイデオロギー行為を遂行すると同時に、不可避的に、政治以外の人間文化のさまざまの局面について思考し、時には発言もするであろう。なぜならば、ダンの言葉を借りて言えばおよそ思想とは「自己の経験に対してより一貫した秩序を与える」ための「苦闘に満ちた人間的活動に他ならず」(18)、その人間的活動は決して狭義の政治には限定されえないからである。古典とは、その時々に利用可能な最大限の言葉によって、最大幅の人間的事象に、可能な限り最も一貫した秩序を与えた作品を言うはずである。もちろん、ここで、思想家が自己の体験に

「一貫した秩序を与える」と言う時、その言葉の意味については我々は慎重でなければならないであろう。とりわけ、思想家とは常に何らか既成の論理の体系に現実を当て嵌めてそこから現実を演繹的に説明しようとする種族である、ということを意味してはならない。確かにホッブズやJ・S・ミルのような型の思想家にはそうした傾向があったとしても、彼らにとってすら、表現し切れない剰余としての現実が、なお表現を待つ課題として残らざるをえなかった。また、アウグスティヌスやコールリッジのような型の思想家の場合には、一つの言明によって相異なる複数の次元の現実が表現されるのが常であり、しかもなお、それら諸次元の関連は論理の外の直観に委ねられているのである。

ところが、スキナーはこうした思想家の多面性を、政治思想史の叙述から、それもかなり意識的に、排除しているのではないかと思われる。例えば、彼がマキアヴェッリについて語る時、君主への技術論的勧告やマキアヴェッリ自身の自由の哲学については語るが、それらに共通な（と私には思われる）人間論的前提については、断片的に示唆されるだけであって、しばしばなされるようにマキアヴェッリの人間性論としては提示されない。その理由は明らかである。かつて彼は、マキアヴェッリは人間性論をそれとして定式化しそこから彼の政治理論を演繹するということはしていない、と私に語った。彼の考えからすれば、もし、それにもかかわらず我々が後者を前者の上に構築されたものとして説明するならば、その時我々は、マキアヴェッリに「一貫性の神話」を押し付けることになるのであろう。反対に、もしそうした押し付けとしてではなくて、実際マキアヴェッリが体系的人間性論を持っていて、その上に彼の政治理論を築いたと示しうるならば、その場合の人間性論は、認識論としてではなくまさに政治的イデオロギーの一部として扱われるべきなのである。同じような処理の仕方が、権威に対する抵抗の問題におけるルターの態度の変化についての議論にも見られる。ルターがおよそ政治的権威に対しては絶対服従を主張したことはよく知られている。ところが、スキナーによれば一五三〇年以降のルターは、メランヒトンなどとともに、真の信仰を抑圧する権威に対する抵抗を是認する方向に向かった。だが、スキナーはこうした変化を指摘はするものの、その変化がルター自身においてどのように正当化され意味付けられたかについては全く語ろうとしない。いやそれどころか彼は、(別の例を引けば) 初期のロックと後期のロックを一人の思想家として語ることを拒絶しさえするのである(19)。

だが、もしも我々が、思想家とは自己の経験に一貫した秩序を与えるべく努力する存在なりと前提し、その秩序の探索をもってモノグラフとしての政治思想史研究のアイデンティティと考えるならば、我々が問うべき問題と、したがってまたその問題に答えるものとしての我々の叙述は、スキナーが考えるのとはいささか異なってくるのではないだろうか。ここで問題は少なくとも二重である。一つは、政治思想家が不可避的に持たざるをえない同時的多面性をどう視野に入れるかの問題であり、いま一つは、時間の中でのその変化をどう解釈するのかの問題である (それらは時に思想家の全体像という言葉で論じられているが、私はここではその言葉は避けたい)。もちろん我々は、そのいずれもが結局はブラック・ボックスであることは認めなければならないであろう。だが、たとえそうだとしても、定義上思想家とは、たんに一般的な合理性の主体である以上に、すでに触れた、パトナムの言う「認識上の徳性」の主体でもあるとするならば、それらの多様性や変化をたんに指摘するだけでは、思想の歴史的理解としてやはり不十分ではないだろうか。我々はさらに進んで、それらの理由を尋ねなければならないのではないだろうか。

ところで、行為としての思想表現の理由を尋ねることは、アンスコムを借りて言えば、その意図を尋ねることである。あるいは、ウェーバーに従って言えば、主観的に思われた行為の意味すなわち動機を尋ねることである。この探索において意図と動機とをとくに区別する必要があるとは思われないが、それはともあれ、意図または動機の追究は、とりわけアレゴリーやアフォリズムの形式を取る政治思想の理解にとっては不可欠だと思う。なぜならば、それらはまさに行為として以外は理解不可能だからである。そして、意図や動機の理解は必然的に我々をして、著者を取り囲む言語の世界に注目させるであろう。なぜならば、意図や動機は読者に対してだけではなく、著者に対しても、言葉によって表現されるほかはないからである。そして、この点を強調することによって私は再びスキナーに接近することになるが、しかし、一つの点で相変わらず彼とは一致できない。具体的に言って、一致できないのは、そうした探索の過程で彼は、すでに述べたように政治的行為においてなされる意図の了解の公的性格という理由からして、著者についての伝記的要素を自覚的に排除するのに対して、私は私の考えるモノグラフにとってそれは決定的に重要な情報だと考える点である。ただし、私が伝記を重視するのは、ハーシュ流にテクストに対する著者の「決定意志」を重視するためではない。私はその情報が無意味だとは思わないが、一般にそのようなものは入手困難だと思う。私が伝記を重視するのは、もっぱら著者の多面性や変化を知りたいからである。私は結局一人のルター、一人のロックを知りたいのである（なお、理念史も伝記を排除する、ないしはそれに無関心である。だがその理由は当然のことながらスキナーとは同じでない）。

ロックやルターが政治的権威について主張を変更した時、その変更は彼らにとって何を意味したのであろうか。彼らが単純に過去を忘れた、または後悔したのでないとすれば、その理由と目的は何だったのであろうか。あるいは、ロックが宗教と政治を、コールリッジが愛情（個人倫理）と国家生活と信仰の三者を、それぞれ不可分の考察の対象としようとした時、彼らの精神の中ではいったいどのような人間的体験が起きていたのであろうか。変化の意図と動機は何であろうか。こう尋ねる時私は、テクストには現われてこない著者がどこかにいて、その著者の政治的目的の実現のための行為としてテクストが存在すると前提したくない。この前提は、政治思想をもっぱらイデオロギーとして見る時のものであろう。それはそれで分析の一つのレヴェルであり、また、バークのようにとくにそうした分析にふさわしい対象もあるであろう。だが、私が尋ねたいのは、一般にはテクストと著者との関連である。もちろん我々は、高い抽象のレヴェルでの分析を試みる場合を別とすれば、彼らが思ってもいなかった、しかし我々にとっては既知の、何らか理論的一貫性を安易に彼らに帰することは許されないであろう。

にもかかわらず我々は、そこに合理性の核心としての何らかの無矛盾性を要請せざるをえないことも事実なのではないだろうか。私は、結局この一貫性、一体性を見出す作業は、本節冒頭に述べた四つの作業を、対象とする思想家それぞれのミクロの精神世界について行なうことだと思う。そして、そうしたモノグラフの集積としての政治思想史と、その綜合としての通時的精神史とは、この意味でのパラレルの構造を持たなければならない。

以上、どこまで明晰になったかは疑問だが、私自身は右に述べてきた型のものを「もう一つの政治思想史」の可能性として考えている。だが、最後に言わなければならないのは、スキナーがせざるをえなかったように、私の考える政治思想史のアイデンティティもまた、一定の対価を支払うことによってのみ購われなければならないということである。それは必然的に政治思想と非政治思想の区別を曖昧にする。それをしも政治思想史と呼びうるのは、それが、著者の活動全体の中でも比較的に政治に関する言説に主要な焦点を合わせる、という理由によってのみである。おそらくスキナーならば、このように思想家個人に焦点を集中する思想史は、政治思想史と認めないであろう。しかし私は、この対価は少なくともヨーロッパ思想史に関する限り支払うに値すると思う。その理由は、たんに一人の思想家の内部における多面性という一般的事実があるからだけではない。より特殊に、キリスト教成立以来のヨーロッパ政治思想史全体が、人間社会における政治と非政治との緊張と対立、前者の後者に対する越権とそれへの非難をドラマの主題としてきて、まさにそこにこそ、それを非ヨーロッパ世界のそれから区別する特質があるのではないか、と私には見えるからである。今日のデモクラシーの世界は、政治理論に関する限りヨーロッパの子である。おそらくはこのために、我々はその問題を意識することすらなくなっているのであろう。だが、少なくとも外からヨーロッパ政治思想史を眺める時、例えば全体主義という概念一つですらヨーロッパでしか成立しなかった、という事実を無視するわけにはいかない。ポーコックの言うリパブリカニズムの伝統も、ウォリンの言う、私的に対する公的事柄の擁護としての政治的なるものも、このヨーロッパ政治思想史の文脈の外のものではない。だからこそ、ことヨーロッパに関する限り、政治思想を、たんにそれとして思想の他の分野から切り離して見るだけでなく、非政治との関連でも見るということの重要性を強調しなければならないと私は考えるのだが、この主題をそれ自身として展開することは自ずから別の課題であろう。

第四章　自由意志論思想史上のカント

I　なぜカントなのか

戦後六十年以上の間、我が国の多くのヨーロッパ思想史研究は、日本における近代の建設を目指すための精神の支えとして、普遍概念としての「近代」の理想とその近似的実現型をそこに求めてきた。ホッブズが、ロックが、ルソーが、「近代思想の源流」論大合唱の中心主題となった。この合唱を流れる主旋律は、ルネサンス・宗教改革を分界点として中世以前と「近代」との強い断絶を強調する、神話性濃厚なヘーゲル亜流近代史観であり、カント（1724-1804）もまたこの枠組みの中で「近代性」を称揚されてきた。この小論は、それとは若干異なる前提からカントを眺めてみようとする試みである。

過去半世紀の研究生活における私の持続的関心は、ヨーロッパにおけるあらゆる思想表現の基礎にあるはずの規範意識の特質を、所詮は仮説的でしかないにせよ、できる限り深い層で理解したいというところにあった。そして、その試みを通して私が思想家たちの中に見出してきたのは、一言で言えば、社会と宗教いずれについても横断的な、政治と非政治の絶えざる、鋭い緊張の意識であった。この緊張が、どこまで、アメリカも含めてヨーロッパにパローキアルな現象であるのか（あるいはあったのか）、思想史研究者として私は、ただ問い続ける以外の道はなかったし、今もない。私にとってこの問いを触発し、また手掛かりとなったのは、ヨーロッパ思想史における「自由」という言葉の、およそ頻繁で多様な使用であった。誰の目にも疑う余地なく明らかなのは、ヨーロッパ二千年の思想史を通じて人々は、「自由」という言葉に格段に重い倫理的価値を付与し、「人間の自由」を、声高く、溢れるように論じ続けてきたという〈事実〉である。なぜそうなのか。「自由」の観念の圧倒的重要性を示すこの〈事実〉は、他の歴史的諸社会には見られなかったものではないか。だが、それにもかかわらずすでに一世紀以上、ヨーロッパ発の「自由」の観念を「進歩」の徴《しるし》として受け入れ、自明の社会原理としてきたためか、この事実は我が国では殆ど意識されず、問われもしてこなかったようである。私にとって、これは驚きにも似た状況であった。当然、この驚きは私に、ヨーロッパで言われてきた「自由」と我が国のそれとの間に何らか懸隔のあることを予想させ、そこから、ヨーロッパにおける「自由」の概念とその歴史をより正確に把握する必要を痛感させたが、同時に、ヨーロッパにおける「自由」概念の核心をなしてきたと思われる規範性の根拠が、ヨーロッパ発の思想言語のグローバル化とともに、ヨーロッパ自体の中でも何らか変質してきているのではないか、という疑念をも浮上させることとなった。

この二つのうち前者はもっぱら歴史問題であるが、後者は、歴史問題であると同時にすぐれて現代的理論問題でもある。拙著『ヨーロッパ思想史における〈政治〉の位相』（二〇〇三年、岩波書店）、および『ヨーロッパ思想史のなかの自由』（二〇〇六年、創文社）で私は、これらの問題に私なりのアプローチを試みたが、それ以後、この二つの問題いずれについてもカントは最も重要な転換点をなしているのではないか、という仮説に辿り着いた。以下は、この仮説を何とか裏付けるべく、私の頭の中を整理し、順序立てるための覚書である。カントに関しては、およそ言われるべきことはすべて言われ尽くしたのかもしれないが、それでもなお私の頭上で旋回し続けているのが、一筋縄ではいかないその「自由」の概念、それと密接な関係にあって、一見契約説的ではあるが屈折の著しい政治理論、そしてこの二つそれぞれの歴史的性格の問題である。その複雑さは、カントが相異なるヴェクトルを持つ論理を伝統的な諸理論の中から拾い上げ、実践上の問題それぞれの要請に応じて改訂・使い分けしているためではないか、というのがここでの私の推理の出発点である。

II　前提——自由意志論とその歴史的射程

私の前提は、多くの「近代の源流」論におけるような、「近代」とそれ以前の思想との断絶ではなく、むしろ連続の重視である。その理由は、ヘレニズム世界の理論を大きく取り込んだ原始キリスト教の成立以来現在に至るまでのヨーロッパ思想史は、その基本的語彙においてほぼ完全に内発的発展をしてきた、というもう一つの〈事実〉にある。相互に密接な関係にある道徳思想・政治思想いずれにおいても、二千年以上にわたって中心的語彙が強い連続性を維持してきたのは、ヨーロッパ世界以外にはない。ヨーロッパ文化という外からの衝撃を受けて生じた明治維新や辛亥革命は、社会や政治の根幹に関わる言語の断絶と変化を経ずには済まなかったが、ヨーロッパにおいてはそうした断絶はなかった。もちろん、社会の変化はその新しい言語的把握を要求したけれども、昔も今もそれは、多く、古くからある理論言語の再編・再解釈として行なわれてきた。近代の最も重大な革命であるフランス革命においてすらそうである。「自由」に止まらず、人間、市民、社会、権利、平等、理性、友愛など、すべて中世以来、いやそれ以前からの語彙であり、それぞれに古来の意味を失っていない。そして、現在進行中のグローバル化は、それらヨーロッパ思想言語の世界化であり、その逆ではない。とするならば、現代政治理論にも、一見現代とは縁遠い、中世以来のヨーロッパ思想史の正確な認識は要請されるはずである。

カントに即して言えば、私には、カントにおいて道徳・政治理論上の革新を促したものは、社会的・政治的状況であるとともに、ニュートンのもたらした自然学上の革命的変化、という強い意識だったのではないかと感じられるが、その意識も、伝統的な道徳・政治理論の言葉に置き替えられ、そこで訴えられる概念の外延や強調点の微妙な変化として表現されている。このことは見逃されてはならない。その伝統理論のいわば中心山脈をなしているのが自由意志論、より正確にはそれと必然論との長い論争史である。

ここで私は、私のカント理解作業に入っていくため、自由意志論思想史を述べるのが本来の順序であろうが、それについては前記二著、とくに『ヨーロッパ思想史のなかの自由』にある程度詳細に論じたので、要点だけに止めたい。さて、「自由」という言葉に相当する表現は、ヒトやモノの何らかの「動き」に対する障害または拘束の欠如として、おそらく世界中のすべての言語に認められるであろう。すべての存在はこの意味での自由を求めるものであると想定する十分な経験上の理由がある。だが、ヨーロッパの道徳・政治思想史の上での「自由」は、同時にそれ以上のものであった。すなわち、それは人が〈他者の意志に隷属していない〉こと、すなわち、行為において自分以外の何者かの意志の支配から解放されている〈状態〉をまずは意味した。その原イメージは、奴隷に対する自由人であろう。自由人は、主人の意志という外的な必然性に隷従しない、行為の自己決定主体である。そこから、人間行為の道徳性を測る第一の基準は、その行為の端緒が自己の自由な決定意志の〈選択〉によるか否かであるとされた。もちろん、そこでなされた行為は、最終的には何らかの世界像に裏打ちされた目的論に叶うものでなければならなかった。このことは、ギリシア・ローマ時代以来、近代に至るまでの殆どの思想に妥当する。

少し立ち入って述べれば、この原理は、すでにアリストテレスに完全な姿を現わしているが、その後、キケロを経てオリゲネスやアウグスティヌスに及び、明確にキリスト教的自由意志説が形成される。その特質は、ヘレニズム時代、主として社会的・政治的意味で言われた自由が、キリスト信者、したがってまた理念的には全人類一人ひとりにおいてその内面を全人格的に支配すべき原理として、非政治の領域にまで拡大されたことである。

たとえ奴隷身分にあろうともキリスト信者は内面において自由人であり、自らの自由な意志において神と人を愛する、としたのはパウロであった。だが、キリスト信者の自由は、信仰によって内面的に解放された〈状態〉に止まるものではなかった。アウグスティヌスの自由意志説においては、「自由」とは、端的に、自己の意志に従って行為する内的な〈能力〉であるとされた。人には、恩寵に支えられた、理性と善なる意志（神の愛）、またはそれに叛く、情欲と悪なる意志（肉の愛）に従って、善悪いずれか正反対の選択をする両義的な可能性が常に開かれている。それが、原罪によって損なわれはしたがなお全く失われてはいない、人間における「神の似姿」である。理性的存在者として自由な〈状態〉にある人間は、その意志において自由な〈能力〉の主体であり、その能力の行使について、創造主に対する責任を負わねばならない。

このキリスト教的自由意志説史において、最も重大な断絶をもたらしたのは、プロテスタンティズム、とりわけカルヴィニズムの予定説であった。カルヴァンは、神の予定の絶対と人間の根源的罪性を非合理なまでに主張して、自由意志説を退ける。だが、教会と国家双方において新しい権力主体となったプロテスタンティズムは、その組織化のためには合理的人間論を必要とし、結局は予定説を放棄して、カトリック起源の理性主義と、古来の自由意志説に回帰せざるをえなかった。それぞれに慎重な言い回しをしながら、グロティウス、ロック、プーフェンドルフなど、リベラルなプロテスタントの思想家に明白なこの〈事実〉は、その重大性にもかかわらず、思想史研究においてはあまりにも安易に見過ごされてきた。だがそれは、ほかならぬカントが明晰に自覚していたことであった。「予定説は大きなプロテスタント教会によってもその信仰の内へ取り入れられたが、結果としてはその大部分によって再び放棄、あるいは可能な限り別に解釈されてしまった」とは『学部の争い』（一七九八年）におけるカント自身の言葉である。その理由は、予定説が理性と、したがってすべての道徳と相容れないからであった（理想社版『カント全集』第十三巻、三五一頁、以下巻数と頁のみ記す。訳文は変更した場合がある）。また、『人倫の形而上学の基礎付け』（一七八五年、以下『基礎付け』とする）第一章冒頭で、「この世界において、いやその外においてすら無条件に善なるものと見なされうると考えられるのは、ただよき意志のみである」とし、それを人間の感性的「傾向性」と対立させた時、カントは倫理説における自らの出発点が自由意志説にあると宣言したと見なければならない。もちろん、彼が最後まで、いやどこまでそれに従順であったか、別問題であり、それこそがこの小論の課題である。

ところで、いま述べたことは本来道徳・宗教思想史の事柄である。だが、自由意志説の支配は、その領域に止まるものではなかった。十三世紀、トマスにおいてそれは、アリストテレスを大きく取り込みながら、今度はそれ自身の社会・政治理論にまで発展する。それは正当にも共和主義と呼んでよい理論であり、社会契約説も含めてその射程は、十六世紀から十八世紀にまで及ぶ。カントの国家理論における「共和主義」も、〈プロテスタンティズムが継承した〉この伝統の中での一言説であったことは間違いない。したがってここでもまた問題は、カントがその道徳・政治理論の中でそれらの伝統的理論の何を承認または修正し、何を拒否したかに集約されるが、それは最終節の主題としたい。

III　疑問と仮説——先に進む前に

さて、私は政治思想史研究者である。哲学史を読むと、疑いもなくカントは「近代的自由の理念」の偉大な確立者とされ、そのことに楯突く余地は全くないかに見える。ところが、目を政治思想史に転ずると、高い倫理的理想主義の宣言と、対して「形式的保守主義」と形容されることもある紛れもない国王権力寄りの姿勢との落差を前にして、彼の政治理論に対する評価は不安定であり、その貧困、時にはその破綻すら言われる。カントの政治思想を救うテクストは、僅かに晩年の『永遠平和のために』（一七九五年）だけであるかのように、人々は、同じく政治を論じている『人倫の形而上学』（一七九七年）は傍らに押しやって、偉大な哲学者のこの小篇の再評価に忙しい。他方で同時代の伝記作者は、一八〇四年の死に先立つカント晩年の十年間における知的衰えは蔽うべくもなかったとする。だが、書簡でのカントの自己韜晦にもかかわらず（第十八巻、三四二頁）、『永遠平和のために』を、功成り名遂げた七十歳過ぎの老学究の「夢想」と見る人はいないであろう。この食い違い、混乱、哲学史と政治思想史との間の理解の落差の理由は何なのか。いや、実はこの混乱は、「近代の源流」論と軌を一にする、研究者たちの側でのプリズムのせいで生じたものではないか。こう考えていくうちに、疑問は仮説に成長する。

次節に述べるように、初期のカントは、道徳問題に関心を持ってはいたものの、何よりもまず自然学者であった。それは作品目録に明らかである。道徳や政治についての発言の増大は、一七八〇年代中葉、『純粋理性批判』（第一版一七八一年）の成功とケーニヒスベルク大学総長就任（一七八六年）という名声を獲得してからである。それ以後、『基礎付け』や『実践理性批判』（一七八八年）など、道徳問題への理論的考察は継続されたものの、すでに挙げた以外、『思考の方向を定めるとは何か』（一七八六年）、『たんなる理性の限界内における宗教』（一七九三年、以下『宗教論』とする）、『理論と実践に関する俗言』（同年、以下『俗言論』とする）、その他、歴史論・宗教論も含めて広い意味での政治的発言が時とともに多くなっていった。加齢と社会的地位の上昇が、カントの関心を、理論の細部の彫琢から、より現実に接近した発言へと移行させたのであろう。だが、それら多様な問題への発言において、自然学者カント、道徳形而上学者カント、政治・法理論家カント、さらに歴史哲学者カントは、すべて同一の人格であり続けたはずである。これは、仮説と言うにはあまりにも自明な事実である。とすれば問題は、そうした多面性をどう扱い、そのどこに横断的な構造・同一性を見出すかである。もちろん、それを単一中心の〈本質〉と考える必要はない。カントのように多面的な思想家においては、複数の焦点から成る複合的な、しかも柔構造を想定するのは当然である。

私は、この目的のためにも、カント晩年の作品を、老化として軽視すべきではないと思う。そう考える理由は、伝記の伝えるその交友、さらには彼自身の時々の言及や、『宗教論』への国王譴責などが示すように、晩年のカントは、学者であると同時にプロイセン国家権力の頂点近くに位置する重要人物であったという事実である。この事実は、その一面においてカントが、ルネサンス期以来の多くの知識人と依然同じ境遇にあり、その限りで、同じ思想的特質を持たざるをえなかったことを予想させる。具体的に言えば、ルネサンス期以来、彼らは、自らが貴族、またはフリードリヒ大王のように国王でない限り、パトロンたる権力者への奉仕者であり、その必要とする理論の供給者であった。当然、彼らの理論には、十九世紀以後の思想家からは拒否されるべき折衷性や、求められる役割と自己の内面との緊張が不可避であった。だがそれは、現代の思想家からは失われた、思想の豊かさを彼らに与えた条件でもあった。

もちろん、十六・七世紀とは異なり、すでに国家官僚の整備された同時代プロイセンにおける学者の役割は、かつてのような、パトロンの直接的・個人的な政策助言者ではなかったであろう。そして大学は、力を増大しつつある市民層を意識して、国王権力に知的権威の後光を供給するものだったのであろう。大学教授、いわんや総長の任命は、国王権力の発動であった。同時代のイングランドとは異なり、書物の出版は検閲のもとに置かれていた。当然、フリードリヒ大王は恩顧を与えたカントの名声を政治的資源としたことであろう。反対に、大王の死後執筆された『宗教論』に対して一七九四年に行なわれた、新王とその政策担当者による譴責は、あからさまな地位剝奪の威嚇であり、カントには、それに服従して宗教問題への発言の停止を言明する以外に選択肢はなかった。しかし、そうしながらもカントは、その背後にまさに同じ市民層の支持を感じていたのではないだろうか。『永遠平和について』にも窺えるが、明らかに彼は商業社会化に好意を寄せていた。また、伝記は、彼の著書はその難解さにもかかわらず多くの場合よい売れ行きを示し、彼の葬儀は文字どおりケーニヒスベルク市民挙げてのものであったとしている。

私は、カントのイデオロギー分析をしようとしているのではない。しかし、こうした事実は、すべて彼の理論と言説に反映されていると見なければならない。カントは、優れて理論家であった。彼は自らのすべての体験を一つの理論にまとめ上げようと苦闘するが、結果としてそれは誰にとってもと同じく、彼にも不可能であった。だが、国王筋に警戒感を抱かせるほどに、信仰を理性に従属させて実定キリスト教を相対化しようとしたカントにとって、折衷性に飽き足らない理論的一貫性への衝迫は、デカルトなど前世紀知識人の比ではなかったであろう。それは、理論の問題であると同時に、新しい読者層を背景に十八世紀末を生きる、思想家としての彼の実存の問題でもあったに違いない。本題に戻る。

IV 「自由」の概念

(i) 道徳法則としての

この小論では意は尽くせないが、ここでは、『基礎付け』を中心に『実践理性批判』その他も考慮しながら、自由意志論思想史と関連する解釈上の仮説とその根拠を挙げてみたい。私の関心は、カントが自由意志論の伝統の何を、どこまで受容し、何を、どのように改変したか、その意図は何だったのか、そして、その後の思想史を振り返って見た時、そこに何が含意されていたと見るべきか、などである。

具体的に言えば、カントは、アウグスティヌス以来の自由意志説を借りながら、その論理進行を、神から人間へ、ではなく人間から神へ、と逆転させたのではないか。しかも、アウグスティヌスと同じく、すべての悪は自由意志の所産であるとしながらなお、悪をもたらす人間の感性的「傾向性」を、よりマニ教的に、人間における一つの実体的性質にも近いものとしたのではないか。また、周知のとおりカントは、道徳法則としての「自由」

を、経験から自由な（解放された）、自律的な、精神世界におけるア・プリオリな原理としたが、そもそも事柄の性質からして、道徳上の原理を経験から切り離すのは不可能であり、そのことは彼自身認識していたはずである。にもかかわらず、彼がそうした言うなれば不合理をあえて主張したのは、その先に、教会論を含む宗教哲学を考えていたためではないか。とすれば、後期のテクストのうちでも、とくに『宗教論』を重視しなければならない。以上がさしあたりの仮説である。次に、カントの言葉によってその裏付けを試みたい。

最初に確認したいのは、カントの道徳論における持続的な意図の一つは、自然学者として彼がニュートンから学んだ自然の法則性と「根底において同じ方法」を、道徳の形而上学にも適用するところにあったことである。「形而上学においても……確かな内的体験、すなわち直接的な明白な意識によって、何らかのある一般的性質を持った概念の中に確かに存在するような徴を探索せよ」とは一七六四年の言葉である（第三巻、八九頁）。「理性的存在者の超感性的自然とは……純粋な実践的理性の自律のもとにおける自然にほかならない」とはその二十年後、『実践理性批判』の中の言葉であり（第七巻、一九六頁、強調はカント、以下同様）、また、最晩年の『人倫の形而上学』では彼は、実践的義務としての「友情」を論じながら、そこに見られる「愛」と「尊敬」を、力学における「引力」と「斥力」との類推で説明している。力学からの概念の借り入れはほかにも多い。間違いなく彼は、自然学に基礎を置き、オプティミズムと世界全体の合理性を主張する、生涯の自然学者であった。とすれば、自然学者の目で見ている限り、人間についても、行為の必然的原因は関心事であっても、「自由」や「自由意志」はとくに主張すべき問題ではなかったはずである。実際、最初の哲学論稿『形而上学的認識の第一原理の新解釈』（一七五五年）で彼は、「すべての自然現象および自由な行為は確実に決定されている」のであって、先行原因を要請しない「自由意志」はただ神にのみ属するとしている（第二巻、三六頁以下）。

ところが、その同じ論稿には、これと驚くべく対照的な、次の言明も見られる。「悪事は、人間の心の奥底に潜む情念によって自由意志的に行なわれた。……先行的根拠の秩序は……たんに誘いをかけたに過ぎない。神は彼らがその誘いに乗るであろうことを予想していたのは事実であるが、悪の原因は彼らが自らを決定しうる内部的原理の中に存するのであるから、悪の起源が悪を働いた者自身に帰せられるべきことはあまりにも明白である」（四四頁）。ユダの裏切りを強く連想させるこの一節で、そもそもカントが意識しているのか否か、不明ではあるが、これは、神の予定と人間の自由意志との関係を論じているアウグスティヌスの言葉としてもおかしくない。自然学者カントと、キリスト教的道徳形而上学者カントとの緊張は、この初期論稿にすでに明瞭に現われていると見るべきであろう。彼は困難な道を歩む。『基礎付け』について見よう。

カントが、アウグスティヌスにも似て、人間の内なる善意志の絶対性の宣言から『基礎付け』を始めていることはすでに見た。しかし、そこから直ちに自由論が展開されるのではない。続く部分で彼は、善意志に従う「自分の格率が普遍的法則となるべきことを意欲しうる」よう行為しなければならないという、すでに実質的には「定言命令」を予告し（第七巻、三四頁）、また、「ただ理性的存在者のみが……諸原理に従って行為する能力を、換言すれば意志を持つ。……意志とは、理性が傾向性から独立に、実践的に必然的なこととして、すなわち善いこととして認めるところのもののみを選択する能力である」とする（五〇頁）。この「意志」概念は、深いところでアウグスティヌスのとは違う。アウグスティヌスにおける自由意志は、肉においても霊においても、善・悪いずれをも選択しうる人間の能力であり、その意味で「中間の善」である。それはいかなる意味においても〈強制〉されえない。対してカントにおいては、感性的「傾向性」に支配される人間の「意志」は、客観的善すなわち義務の命令に対して常に従順であるとは限らず、したがって「強制」が必要とされる。この強制は、秩序に関わる外的行為については国法として、倫理的・内的には、法則の命令への服従すなわち良心への拘束として現われる。これら義務の命令の核心は、「汝の人格ならびにあらゆる他者の人格における人間性を常に同時に目的として使用し、決して単に手段としてのみ使用しない」ことであり（七五頁）、このために、とりわけ非難されるのが「虚言」と「自殺」である。義務の遂行を命ずるこの意志は、「感性の衝動から自由」であり（一一三頁）、「自分自身に対して法則」である（一〇一頁）。「意志とは、理性を持つ限りでの生命ある存在者に属する因果性の一種であり、自由とは、外的原因による決定からは独立に働きうるこの因果性の属性である」（一〇〇頁）。これは、自然学者カントの言葉であってもアウグスティヌスの言葉ではない。

善の選択こそ至高の義務であるという宣言は継続されるものの、彼はもはやアウグスティヌスからは遠く離脱している。アウグスティヌスにおいては神とその恩寵のもとにいる人間の自由があるのに対して、カントは、最終的には神の概念に回帰するとしても、恩寵論は「啓示」とともに「他律」として道徳哲学から追放しようとする。それはカントにとっては「自由」の根拠の説明不可能を意味した。しかし、カントはひるまない。彼は言う。人間は「いかにして自由が可能かということを決して理解できない」。にもかかわらず、「反省する人間」ならばすべての人が、自分の中に実践理性としての「自由」の観念を見出し、「意志を我がものとしている」。だから、「自由と必然はよく両立しうるだけでなく、一人の主体において必然的に合一している」（一〇九―一一八頁）。カントは、「反省する人間」という一句がすでに示すように、その論証を、まちがいなく経験に属する通常人の自己内省からの帰納に求めるものであった。晩年の言葉にも、人はすべて人倫の形而上学をその内に持っている、とあるが（第十一巻、三六頁）、内省への訴えは彼の道徳論のすべての頁に現われていると言っても過言ではない。

カントは逆説を承知の上で、意志における自由と命令とを一貫させようとしている。「自由」は、一方「傾向性」からの解放として、また理論的には論証不可能なものとして、「消極的」概念でしかないが、他方「定言命令」という人間における自己立法の理念として、「積極的」概念であり、実在する道徳性の根幹であるとされる。そしてカントは、「この道徳性の原理は、たんに人間のみに限られず、理性と意志とを持つすべての有限な存在者に関係し、さらには、最上の英知体としての無限の存在者をすら同時に含むものである」と高らかに宣言する（『実践理性批判』第七巻、一七九頁）。これは逆立ちした「神の似姿」論であり、どこかライプニッツを想起させる。

だが、カントの実践的意図が、ニュートンの自然体系論とキリスト教的目的論をともに維持し、同時に、実定キリスト教の相対化と教会論の理念的再構成を目指すことにあったと考えれば、この議論もそれなりに理解できなくはない。同じことは、『宗教論』にも読み取ることができる。

『宗教論』でのカントは、一方、贖罪論、予定論など具体的教義とは慎重に距離をおきながら、明らかに新約聖書を基礎とするキリスト教、つまりはプロテスタンティズムを核心にイメージさせ、他方、そこに読み取られる普遍人間的宗教性と道徳法則の表現を、本質的にはユダヤ教、イスラム教、ゾロアスター教やエジプト宗教にも見出そうとする。カントは、それらは「地上における神の国」、「倫理的世界国家」の基礎となるであろうと考える。その意味では彼は、最も広義のエキュメニズムを構想していたのかもしれない（『宗教論』第三篇）。彼はこの意味での「自然宗教」を「教義的キリスト教」と対置させている。ここには、熱狂的カルヴィニズムと、カトリックも含めて制度的宗教の聖職者支配とに鋭く対立する彼の現実批判もまた明らかである。

私は、カントにおける自由論と宗教論とは正確にパラレルである、と言うよりは、前者は後者の一部分にほかならない、と見るべきだと思う。「人間の自由について神は道徳法則を通じてその意志を我々に啓示はしたが、しかし自由な行為が地上で生じたり生じなかったりする原因は暗黒のうちに放置した」（『宗教論』第九巻、二〇〇頁）という、自由意志説の否定をすら含意しかねない言葉がすべてを語っている。この発想と論理は再び、彼のニュートン理解とも連動している。彼は言う。「世界の一切の物質の普遍的な重力の原因は我々に知られていない。……それにもかかわらず重力の法則は十分に認識されている。……ニュートンが重力をあたかも現象内における神の遍在であるかのように表象する場合、それは重力を説明する試みではないが……それでもなお一つの崇高な類比である。……〔同じように〕我々は、我々を〔倫理的国家における〕合一へと引き寄せる義務だけを認識するのである」（一九三頁）。

テクストによる仮説の検証はさしあたりこれだけにしたい。「自由」問題それ自体に戻れば、私には、「自由」

と「選択」を切り離そうとする『人倫の形而上学』での苦闘（第十一巻、四九頁）に至るまで、カントはその論理操作に成功したとは必ずしも思われないが、にもかかわらず、世俗化の進行する中、さまざまな理由から、同時代は彼の自由論を説得的と感じたのであろう。これは、最終節に述べる政治理論の問題でもある。なお、現代哲学との関連で仮説を一つ付け加えれば、カントの「自由」概念には、実定キリスト教の相対化がもたらした必然的帰結として、実質を欠く形式性が常に付きまとっていたが、まさにその形式性のゆえに、『哲学史講義』（二〇〇〇年）に語られているように、J・ロールズの『正義論』（一九七一年）に理論的基礎を与えることができたのではないか。とすれば、カントの「近代性」をこの点に見出してよいのかもしれない。冒頭に述べたように、カントの議論を、自由論思想史上の重要な転回点と見るゆえんである。もちろん、これはカント自身の問題であると同時に現代思想のそれでもあり、ここで詳しく展開することはできないが、ただ一つ、十九世紀初頭のイギリスでカントの道徳哲学を熱烈に受け入れたコールリッジが、同時にカント理論における人間の連帯性、とくに「愛」の概念の欠如を批判している事実だけは指摘しておきたい。

(ii) 宗教に関する思想・表現の自由

カントが「自由」を論ずるとき、前項に見たのとは若干異なるいま一つの、より政治的なレベルがあった。それは、一見現代的な、思想と言論およびその表現の自由、すなわち、社会において人が、思考し、またその思考を表現することに対して外的障害がない、〈状態〉としての自由の主張である。広い意味での政治論としては初期に属する、『啓蒙とは何かという問いへの答え』（一七八四年、以下『啓蒙とは何か』とする）について見よう。彼は言う。「啓蒙とは人間が自らに責めのある未熟状態から脱出することである」。「啓蒙のためには自由以外のものは何も必要でない」。「市民各人に、ことに〔啓蒙の〕聖職者には学者として……著作を通して……自分の意見を述べる自由を与えておかなければならない」（第十三巻、三九頁、四一頁、四四―四五頁）。彼は民衆の合理性の現状に対して必ずしも信頼感を抱いてはいなかったが、自由に発言する学者、とくに「哲学者」が先導していけば、彼らの理性能力は次第に向上するであろうという希望を抱いていた。啓蒙における「哲学者」の役割の強調は、ここだけの思い付きではなく、最晩年の『学部の争い』にも見えているし（四一七頁）、『永遠平和のために』には、哲学者たちの助言を聞け、という端的な主張もある（二五三頁）。

言論の自由の主張は、法への服従の主張と組み合わせられて、『俗言論』にも見えている（一七三頁）。だが、そこでの議論も含めて見逃してはならないのは、カントが言論の自由を主張する時、今日私たちが考えるように、「市民的自由」すなわち市民の一般的な私的行動の自由をまず前提し、その一環、または論理的帰結として、思想・言論の自由を主張しているのでは必ずしもないことである。彼は、そうした「市民的自由」はむしろ「国民の精神の自由」を損なうと言う（四八頁）。そうではなくて、ここで言う「自由」は、前項に見た、道徳法則としてのそれであろう。『啓蒙とは何か』で彼がとくに問題としたのは、「宗教に関する未熟状態」からの「脱出」であり（四七頁）、そのための「寛容」という広い意味での宗教政策論であった。寛容問題には、民衆あるいは宗派相互の関係と、国家対民衆（または宗派）との関係という、いわば縦横二つの次元がある。カントの主張する「自由」とは、そのいずれにおいても、人々と政府が寛容であることであった。「現代は啓蒙の時代であり、**フリードリヒの世紀である**」という言葉には（四六頁、強調はカント）、彼を登用したフリードリヒ大王への賛辞と政策的期待・牽制との二つの意図が窺える。

宗教問題との関連における、思想とその表現の自由の主張は、彼の終生のものであった。だが、同時に彼は、存在する権力に対する絶対服従を説くことも決して忘れなかった。『啓蒙とは何か』は、「欲するままに論議せよ、ただし服従せよ」という大王の言葉で結ばれている（四八頁）。では、「論議」と「服従」はどのような関係にあるのだろうか。「論議」は、じつは〈実質的〉な「形式的」保守主義を糊塗し、リベラルなファサードを取り繕うためのレトリックなのか、逆に「服従」は、リベラルな政策を期待したうえでの、これもレトリックなのか。

カントの言う思想・表現の「自由」は、字義自体は一義的であるが、発言の意図はこのように両義的に受け取れる。ただし、その「自由」を享受するのは「哲学者」だけであるとすれば、彼の「自由」発言は、ヘーゲルまで受け継がれる、プロイセンにおける大学教授の権威の誇示を意味することとなり、その限りでは曖昧さは多少減少するかもしれない。

私は、こうした宗教に関する自由の主張もまた、彼一流のエキュメニズムの教会論と深いところで連動していたのではないかと思う。一七七二年以来、九六年の引退まで四半世紀も講義し続けた『人間学』の末尾には、人々の道徳的素質は権力によって利用されやすいものであるから、「〔理性的な〕道徳が宗教に先行しないならば、宗教が道徳の支配者となり、国の規則に従った宗教が信仰上の専制者の下で国家権力の道具となるであろう」という言葉もある（第十四巻、三三三―三三四頁）。カントは、権力による内面の強制には終生強く警戒的であった。他方で『啓蒙とは何か』には、「魂の救済」をめぐって臣民たちが「互いに暴力を使って妨害しあわない」よう、君主は予防しなければならないという言葉もある（第十三巻、四五頁）。また、「権力および復讐欲の恐るべき表象と結び付いている、名誉欲および支配欲という性質に基づいた、我々になお残る神の意志の概念」という言葉は（『基礎付け』第七巻、九六頁）、彼が政治権力と宗教の結び付きの一つの理由を、プロテスタンティズムに色濃い主意主義的神概念に見ていたことを物語っている。彼が自由意志説にある程度接近したのも、それと無関係ではないであろう。とすれば、それを「啓蒙」する哲学者の役割は確かに重大と言わなければならない。

カントは、同時代の思想家と共通して、こと宗教問題に関して現在は過去一―二世紀よりも、いや教皇制は論外であるから、これまでのすべての歴史の中で、最も進歩した時代であると確信していた。それにもかかわらず、やはり他の同時代人と同じく、前世紀の宗教争乱、とりわけ正統カルヴィニズムの強権支配への恐怖は強烈だったのであろう。『宗教論』でも彼は、偏狭なプロテスタンティズムに対して強く批判的であった。彼は、「寛容」な体制のもとに、国家権力が、直接的な強権的支配をすることなく、しかし最終的には、「国家理性」の原則に従って宗教をコントロールすることを望んだと思われる。それは、エリザベス体制をモデルとしたと見られているグロティウス以来の、リベラルなプロテスタントに共通の立場であった。大王へのカントの信頼は心からのものだったのであろう。同じ啓蒙を標榜しながらカントは、モンテスキューなどとは異なって、その理性主義の立場から、宗教の多様性それ自体を必ずしもよしとしなかったが、それでも最晩年の『学部の争い』では、啓蒙されたカトリックとプロテスタントが混合しないにせよ相互に兄弟と見なし合い、真の信仰に近付くという希望を述べている（第十三巻、三六七頁）。ここにも、かつてのライプニッツの夢にも似たエキュメニズムが感じられるが、自己の立場をよく弁えた彼の政治的リアリズムが、その論題をそれ以上展開するのを阻止したのではないだろうか。

V　「共和主義者」カント

カントの政治論は、多く一七九〇年代の作品に散在している。その量は必ずしも少なくない。それらを通じて通常彼は、ルソーの影響下にある社会契約論者の最後の一人に数えられているが、同時にそのリベラルな側面と保守的側面との不整合が問われている。そのとおりかもしれないが、そこにも一つの構造があるのではないか。以下、焦点を、歴史的に自由意志論と関わりの深い「契約論」と「共和主義」に絞って考察し、この小論の結びとしたい。私の仮説は、カントの理論は、一方、政治社会の成立を力学的イメージで理解しながら、他方で、成立した国家に倫理的ア・プリオリを読み取ろうとする、その意味では強制性と内発性を結び付けた自由論と同じ構図の議論なのではないか、その背後には、再び教会論、そしてそれ以上に、微妙な彼の政治的立場が、決定的な規定要因としてあったのではないか、というものである。

「スコラ哲学的正確さ」を持つただ一つの「真の体系」、と「序文」で誇る『人倫の形而上学』第一部の法論に見ると、カント政治理論の出発点は、一見ホッブズ風の、自然状態＝戦争状態の概念である。すなわち、自然状態のもとでは、現在の国家間の関係と同じく、すべての個人、民衆は、相互の暴力の行使から安全ではない。ゆえに、各人はその状態を脱して「或る法的状態を結成するよう、各人は他者たちに対して強制的に促すことを許される」。「法とは、ある人の選択意志が他人のそれと、自由のある普遍的法則に従って統合されうるための諸条件の総体である」。カントは、「普遍的自由の原理のもとにおいて、各人の自由と必然的に一致する相互的強制の法則」というこの「法の概念」を、「いわば作用と反作用との相等性のもとにおける諸物体の自由な諸運動の可能性という類比」として説明する（第十一巻、一七五頁、五五頁、五八頁）。

ここにも、社会を力学的構造と考える自然学者カントの姿は鮮明である。この議論は、同じ契約論でも、契約参加者の自由意志を強調するスアレス＝ロック型のものでないことは明らかであるが、人々の自由意志性よりも、むしろ悲惨な自然状態からの脱出要求の必然性を強調したホッブズの議論とも、似てはいるが全く同じではない。ホッブズは、主権設立の手続きを詳細に論じ、自然社会の個人と、彼らの約束から成立する人工人間としての主権との人格的同一性を強調した。それは、主権の行為は「私」の行為である、と国民すべてに認めさせるための論理的装置である。だが、忠良なプロイセン臣民カントには、そうした論理操作の必要はない。カントは契約の手続き論には一切関心がない。また、歴史への訴えは、ルソーよりも遥かに徹底して拒否される。他者への強制をも含意する原始契約とは「理性のたんなる理念」であるが、しかし、「その理念は疑われない実践的実在性を持つ」と彼は言う（第十三巻、一六三頁）。

これもまた、自由の理念の不可思議とその絶対的実在性という、自由論とパラレルな議論である。自由意志論の伝統のもと、契約説論者たちは、自然状態における人間の自由の概念を、社会状態においても貫徹すべく、さまざまな理論的努力を重ねた。対して、カントが強調するのは、「無法」、あるいはたかだか「私法」状態にすぎない自然状態を人間が脱却して、「公法」状態に入ることであり、後者においてこそ、より真なる人倫の状態が実現される。こうした議論を、はたして「契約説」と理解してよいのか、トマス以来多くの論者が自然法の基本事項と考え、国家の成立に先行させた自己保存、種の保存、社会生活という三つの要請を、カントは人間における「動物性の素質」として道徳論から排除したことも考え併せると（第九巻、四四頁）、疑問ではある。そして、同じ疑問は、同じく一見契約説の前提に従っているかに見える国家論本体についても感じられる。

カントの国家論は、「共和主義」としてよく知られている。「国家とは法的諸規則のもとでの一群の人間たちの統合」であり（第十一巻、一七六頁）、そこで人々は、何らかの所有を持つ限り、自由、平等、独立に国政に参加する。国家には、立法、執行、司法の三権があり、おのおのは独立であるが、その中では立法権が最上位に立つ。立法権はただ人民の統合された意志にのみ帰属しうる（一七七頁）。支配の形式は、独裁（王政）的、貴族政的、民主政的のいずれかであるが（カントは混合政体を認めない）、個々の場合、そのいずれが「存続しうるか」を決定するのは、「古く長い習慣」による是認のみである（二一六頁）。権力行使の形態は、執行権が立法権から分離されているか否かにより、共和的または専制的であるが、このうち前者のみが「人間の権利に完全に適合している体制」である。共和主義を可能にするのはただ代議制のみであり、「統治様式が法の概念に適合すべきならば、それには代議制が必要である」（第十三巻、二四八頁、二二九頁）。だが、たとえそのように組織された諸国家でも、人間の自然の「傾向性」によって相互の戦争は不可避であろう。しかし、地球が無際限の平面ではなくてそれ自身完結した球面である以上、人間は、国家を形成したのと同様、いずれ自然に強制されて相互協調に向かわざるをえないであろう。そのためにも、国家は哲学者の助言を受け、「実践理性の国とその正義を求めなければならない」（二五三頁、二六六頁）。ここにも、自然学者カントの目がある。若いフィヒテなどとは異なって、カントは現実の政治問題に直接言及することは稀であったが、これらの言葉は、アメリカ・フランス両革命を同時代に体験したリベラルとしてのものであろう。

しかし、最後に一言しなければならないのは、テクストに明らかであるが、これはデモクラシー擁護でも革命礼賛でも全くないことである。デモクラシーについて言えば、カントが立てたのは、代議制または共和主義の「原理」であり、「精神」であった。そして彼は、君主政にも貴族政にも、不十分ながらそれを実現する一定の可能性があるとし、現にその実例をフリードリヒ大王の治世に見ようとしているが、デモクラシーにおいては「万人が主人であろうと欲する」がゆえに、それは不可能であるとする（二二九頁）。革命について言えば、革命はあってはならない。そもそも原始契約は、「理念」ではあっても歴史的事実ではないのだから、何人も暴政を理由に自然状態への復帰を主張することはできず、最高権力の耐え難い濫用でも耐えなければならない（第十一巻、一八七頁）。立法権に対する反抗は、いかなる理由によるにせよ「厳しい刑罰に値する最高犯罪である」（第十三巻、一六六頁）。改革は、執行権の手で漸進的に行なわなければならず、人民には、自由な批判または、カント自身がしたように、他国の革命への共感の表明ですら許されなければならないが（四一二頁）、それを行動に移すことは絶対に許されない。ましてや、国王処刑など「国家が自ら行なう自殺として、いかなる贖罪もなされえない犯罪である」（第十一巻、一八九頁）。しかし、もし革命が成功し、新しい国家体制が成立したならば、臣民は新権力に誠実に服従しなければならない（一九〇頁）。これは、厳しい実効《デ・ファクト》支配権力正当性論である。

私はここで、自殺を人間における最も重大な道徳義務違反としたカントと、新カント派の純粋法学との二つを思い出さざるをえない。自由論における同様、国家論においても、カントは自由意志説から出発しながら、そことは遠い地点に着地してしまったかのようである。あるいはカントは、『判断力批判』（一七九〇年）序論第一節にあるように、これらはすべて「政治術」、すなわち統治の技術論の問題であって、原理問題ではないと言うのであろうか。いずれにせよ、こうしたカントの政治理論は、プロイセン国家とその歴史に対する最高の価値付けとなったのであろう。伝記は、カントは愛国者であったと伝えている。のちにヘーゲルもまた、しかし異なった方法で、同じ道を歩くことになる。

第五章　キリスト教思想家トクヴィル
――摂理・自由意志・デモクラシー

I　〈キリスト教思想家トクヴィル〉の仮説

アレクシス・ド・トクヴィル（Alexis de Tocqueville, 1805–59）は、その『アメリカのデモクラシー』（第一巻一八三五年、第二巻一八四〇年）によって広く知られている。そこで彼は、九ヵ月にわたるアメリカ視察旅行の体験を素材にしながら（しかし、実は大革命以来の祖国フランスを第一に念頭に置きながら）、普遍的なデモクラシー社会成立の歴史的必然性を論じ、将来におけるその問題を予測した。無名の一青年貴族だったトクヴィルは、第一巻の刊行によって国内外での名声を博し、一八三九年、それを手掛かりに、ひそかに自己の天職と思い定めていた政界入りを果たす。彼は、ナポレオン三世のクー・デタで逮捕され、意に反して引退する一八五一年末まで、政治家としての生涯を送った。だが、下院におけるその活動は、政治家として何か大事を成し遂げたいという希求にもかかわらず、一八四九年、僅か五ヵ月の間外務大臣を務めたほかは、殆どの時期を野党、しかもその少数派にあって、必ずしも華々しいものではなかった。これに対して今日ではトクヴィルは、『アメリカのデモクラシー』二巻、および政界引退後に執筆、一八五六年に刊行した『旧制度と大革命』を通して私たちに語りかける、文字どおり大政治思想家である。とりわけ、弱冠三十歳にして著した前者における洞察の天才的鋭さによって彼は、二十世紀後半以降、デモクラシー社会一般の――ということは近代社会一般の――内的可能性と矛盾のさながら預言者と見られている。もちろん、一八三〇年代での彼の将来予測には、神ならぬ身の判断として当然のことながら、当たらなかった部分もある。実際、トクヴィル自身、預言者の役割を担おうとした訳ではない。それにもかかわらず、『アメリカのデモクラシー』は古今のデモクラシー論史上最高の傑作であり古典である、とする評価は今後とも不変であろう。私自身もこの評価を共有する一人である。

さて、本章は、トクヴィル思想の全体像はもとより、『アメリカのデモクラシー』だけについても、その全面的分析を意図するものではない。以下の小論は、この作品を中心に、トクヴィルを、近代ヨーロッパの一人のキリスト教思想家として見る視点を提出しようとする試みである。彼のデモクラシー論を、真空の中から突然出現した現代政治理論としてではなく、キリスト教思想史の文脈で眺めてみたいというのがここでの意図である。実際この作品でトクヴィルは、「序文」から始まり多くの場所で、中世以来の一貫した歴史の方向性として、社会的な平等の進展とデモクラシー化を強調し、それを「摂理」と表現した。「序文」の開始間もなくの一節と全二巻の最終文に、それぞれ次のように書かれている。五年の歳月を隔てた、問題提起と結語の鮮やかな対応である。

境遇の平等の漸次的進展は摂理の事実である。……今日の人々が、長期の観察と真剣な思索によって、平等の漸次的段階的進展こそ人類の過去であり、未来であるという認識に至るならば、それだけで、この進展は至高の主の意志にふさわしい神聖さを帯びることになろう。そのとき、デモクラシーを阻止しようと望むのは神への挑戦と見えるであろう。そして、諸国民に許されるのは、摂理によって与えられた社会状態に適応することだけであろう。

摂理は人間を完全に独立した存在にも、全く奴隷的なものにも創らなかった。確かに神は人間一人一人の周りに、脱出不可能な決定的な枠を建て給うた。しかし、その広大な限界の中では、人は強力であり、自由である。諸国民も同じである。今日の諸国民は、その内部で境遇を不平等にすることはできないであろう。だが境遇の平等が諸国民を隷属に導くか自由に導くか、文明に導くか野蛮に導くか、繁栄に導くか困窮に導くか、彼ら次第である。(1)

従来、多くの研究者は、「摂理」や神、さらに一般に宗教へのトクヴィルのこうした言及を、デモクラシー化の歴史的必然性を読者に説得するためのレトリック、またはそのもたらす個人主義や唯物主義を知性において抑制する、「健全な神話」と受け取ってきた。これに対して私は、そこには実は、たんなるレトリックまたは手段以上の、彼自身の実存にも関わる、実質的なキリスト教的、それもカトリック的意味が込められていたのではないか、また、そのことにおいて彼のデモクラシー論は、中世以来の自由意志説の、十九世紀における最も正統な継承者であり、また、彼の自由論が継承された限り、二十世紀以降の政治思想へのその伝達者なのではないか、という仮説を立て、それを裏付けしてみたい。「摂理」という言葉は本来、神学用語として、神の意志、それも主意説的な意志だけではなく、客観的法則性としての神の意志を表現する言葉である。したがって、それは「正しさ」とも言い換えられる。そこには、さまざまな偶然の外見にもかかわらず、最終的には神の善なる意志としての調和と秩序が全被造物を支配するであろう、そして人間は、自らの自由意志の正しい行使を通して神のこの意志に服従しなければならない、という信仰が含意されている。トクヴィルは、普遍的なデモクラシー化の歴史の中に、この「摂理」すなわち「正しさ」を読み、人間は、必然への機械的服従としてではなく、右の後半の引用がすでに示唆するように、自由意志による正しい選択を通してそれに応えるべきであり、また、理性の啓蒙を通じてそうすることができるはずである、と考えたのではないか。

私は、トクヴィル研究の〈専門家〉ではない私のこの仮説が、トクヴィル研究者の常識にある程度反することは承知しているつもりである。今日の多くの政治思想史研究では、トクヴィルは、何よりもまず、多数者利益の尊重、為政者と被治者との利益対立の克服、政治的権利の観念の普遍化、平和に向かう人々の一般的心性など、民衆自治としてのデモクラシーの擁護者であり、同時にまた、市民の個人主義化と原子化、多数専制、国家行政の異常肥大など、その病理の診断者、かつは、民衆教育、地方自治、政党その他自発的結社など、それに対する処方箋の指示者である。そして、『アメリカのデモクラシー』のテクストに頻繁に現われるキリスト教的言辞は、モンテスキュー『法の精神』の「序文」および第一編全三章にも似て、たかだか議論のファサードに過ぎず、それを真剣に云々する必要はないと考えられているかのようである（因みに私は、『法の精神』のこうした解釈には賛成できず、モンテスキューにおいてもキリスト教性は実質的意味を持っていたと考える。それについては拙著『ヨーロッパ思想史のなかの自由』（創文社、二〇〇六年）第四章第三節に述べた）。

もちろん、すべてのトクヴィル研究者が、それほど粗雑な実用主義的デモクラシー観から彼を見ているのではない。実際、トクヴィルに内在してその宗教性を検討しようとする研究者は多い。しかし、若き日の懐疑以後も生涯を通じて継続された、彼の真摯な宗教的希求を認めようとする研究者でも、結局その宗教性は、デモクラシーに基づく人間の社会的連帯や秩序の維持を念頭に置いた、その意味で政治思想の従たる一部分だったのではないか、という結論に落ち着くようである。あるいはまた、先の第二の引用にも現われている、トクヴィルによる歴史的決定論＝必然論批判と絡ませて、彼の歴史理解方法における精神的要因の強調の一環と見る研究者もある。しかし、私には、こうした結論はいずれも、彼のキリスト教性への踏み込みがいま一歩足りないのではないか、という疑問がある。確かに、トクヴィルの思考には、ヘーゲル、コールリッジ、ミルなど十九世紀の思想家に共通する特徴でもあるが、最終的性格付けをなかなか許さない、多重な、相互に矛盾しさえする要因が自己主張し合い、絡み合っている。その構造に踏み込む困難は、モンテスキューやヒュームやカント、いやルソーも含めて十八世紀の思想家については必ずしも見られなかった性質のものである。この小論の意図は、それを意識した上で、そこに一歩を踏み込むための、せめて手掛かりでも見出そうとするところにある。

ところで、トクヴィルをキリスト教思想との強い関連で読んで行こうとする時、当然のことながら、その背景にある近代のキリスト教思想史をどう読むかという問題が連動して生じてくる。もちろん、この小論はそうした大問題を一般的に論ずることを目指すものではないが、トクヴィルに即して言えば、具体的には次のような問題がある。すなわち、トクヴィルが宗教と言う時、それはキリスト教であり、キリスト教と言う時、その自然な連想はカトリックであった。彼は、自分の信仰はカトリックであると宣言している（第一巻（下）二二六頁）。書簡などに照らしても、アメリカで彼がより大きな共感を示したのは、そのカトリックに対してであったことは明らかである。だが、それにもかかわらず彼は、とくに宗教の必要に言及する際には、多くの場合、おそらくは意図的に「キリスト教」という一般化した言い方をしている。「キリスト教徒の間にデモクラシーを組織し確立することは、現代の重大な政治課題である」という言葉はその一例である（第一巻（下）二五五頁）。次のような一節もある。

> 合衆国には数えきれないほどたくさんの宗派がある。創造者に捧げる礼拝はみな異なるが、人間相互の義務に関しては、すべての宗派は一致している。すなわち各宗派はそれぞれの仕方で神を敬うが、神の名において同じ道徳を説く。……合衆国のあらゆる宗派はキリスト教としての大きな一体性の中にあり、キリスト教道徳はどこでも同じである。（第一巻（下）二一七頁）

こうした言い方には、あるいは、彼なりの戦略もあったのかもしれない。と言うのもトクヴィルは、「摂理」としてのデモクラシーが最終的に明確に人間に示されたのは、アングロ・サクソンのプロテスタントによって築かれたアメリカ社会においてだったという事実を、大革命以来依然としてデモクラシーとカトリックが戦い合っている、ほかならぬフランスの読者――その多くはカトリックである――に説得しなければならなかったからである。だが、はたしてこれは、彼の戦略的レトリックだけだったであろうか。トクヴィルにおいては、「摂理」の概念が実質的意味を持っていたとするならば、「キリスト教」という一般化した表現にも、実質的な意味があったと考えるべきではないだろうか。

ここで私のいま一つの仮説を言えば、トクヴィルは宗教対立の彼方に、かつてのグロティウスやライプニッツの夢などとはまた異なった意味で、理念的にある種純粋化された、言うなればエキュメニカルなキリスト教像を持っていたのではないか、と私は想定する。もちろん、神学者でも神秘思想家でもない彼は、救いの問題に直接言及することはなかった。第III節にあらためて述べるが、彼は、人間は宗教的存在であり、同時に社会的・政治的存在であると考えている。そして、同じように考えたモンテスキューが、『法の精神』において、自分は「神学者ではなく政治論の著述家である」と宣言したように（第二十四編第一章）、トクヴィルもまた、人間がその〈双方にまたがる〉存在であることを前提に、自らの役割を政治に定位したのではないか。私は、彼が人間をこの〈双方にまたがる〉存在と見ていたことを重視したい。それはまた、彼にとっては政治的行為が、究極的には人間の神に対する義務にかかわる倫理的行為である、と認識されていたことを意味する。とすれば、明確なキリスト教像は不可欠の前提だったはずである。最終節に述べるが、『アメリカのデモクラシー』の「序文」に示されているデモクラシー社会の理念像も、そこに基礎があるのではないだろうか。

だが、もしもそうであるとして、カトリック、プロテスタント、いずれとも読める一般的な「キリスト教」、また時には「宗教」を主張するということが、彼および彼に続く時代にどのような意味を持ちえたのであろうか。もちろん、「キリスト教」という表現それ自体は普遍的に存在してきたけれども、宗教改革以来、ルソーやカントの場合のように最終的に実定的キリスト教から離脱しようとするのでない限り、その意味は、多くカトリックまたはプロテスタント、いずれかの自己主張にほかならなかった。例えばロックにおけるその意味は、間違いなく「プロテスタント」であった。その点でロックとトクヴィルを並列することはできない。もしも歴史の中にトクヴィルの先例を強いて求めるとすれば、それはむしろ、エラスムスの「キリストの哲学」に近いのではないかと思う。しかし、宗教改革という「卵を産んだ」エラスムスは、その嵐の中でもカトリックの側に立つことを選択した。啓蒙期以後の人であるトクヴィルに、そうした宗教的戦闘性はない。では、そのトクヴィルの宗教性とはどのようなものか。まさにその問題こそ、この小論の中心課題であるが、それは詳しくは次節以下に譲り、それに先立ってここでは、トクヴィルに窺われるようなエキュメニカルなキリスト教の観念は、同時代においてはきわめて例外的なものであった、という事実だけを指摘しておきたい。

知られるとおりカトリック教会は、トクヴィルの死後五年、一八六四年に「誤謬表」を宣言して教会をその言葉どおり「戒厳令下」に置いたピウス九世以降、レオ十三世時代、社会理論への取り組みはあったものの、基本的には第二ヴァティカン公会議に至るまで、世界の中で自己のみが真理の維持者であることを主張して、「デモクラシー」と「近代」に対する強い対決姿勢を取り続けた。一般的な「キリスト教」など論外であった。だが、諸思想の厳しい対立の時代、同じことは、多くの場合カルヴィニズムを基礎とする、プロテスタンティズムからの思想史叙述についても言えるであろう。もちろん、エルンスト・トレルチ『キリスト教会およびキリスト教諸集団の社会教説』（一九一二年）や、ハンス・フォン・シューベルト『教会史綱要』（一九〇四年）のように、客観性を目指したキリスト教思想史が存在しなかったわけではないが、そこでもなお、ハルナック『キリスト教の本質』（一九〇〇年）に見られるように、プロテスタンティズムの立場は自明のものとされた。

トクヴィルに目を戻せば、彼は、下院に入ってからはプロテスタントたるギゾー首相と対立することが多かったにもかかわらず、かつての若き日、その『ヨーロッパ文明史』の講義に深い感銘を受けたこともあった。政治家トクヴィルはカトリック保守派からは排斥されていた。彼は、国家と教会の分離、教育と出版の自由、選挙改革、奴隷制廃止など政策原理からしても、ラムネ、モンタランベールなど、リベラルなカトリックの立場に近く、また、彼らとある程度近い人間関係を維持していた。トクヴィルの死の床に駆けつけたのは、彼と親交があり、彼らもまた最も頼りにしていた聖職者たるオルレアン司教デュパンルーであった。しかし、下院時代の彼は、ラマルティーヌとの微妙な関係も含めて、結局自らの孤立を守り、どの党派にも積極的に加担することはなかった(2)。おそらく若い彼は、一八三一年、「神と自由の巡礼」としてローマへの直訴を試みたラムネやモンタランベールが、教皇グレゴリウス十六世に抱いていた幻想には、冷たい視線を注いでいたことであろう。二十年後の言葉ではあるが、彼はラムネを「夢想家でしかない」としている。他方で、外務大臣としてローマ問題の処理に当たった時の彼は、失敗に終わったとは言え、回復されるはずの教皇領に立憲体制を取らせるため、ピウス九世との厳しい取引を試みている(3)。そのようなトクヴィルに、「戒厳令」がまさに宣言されようとしていた当時のカトリック思想界において、存在の場がなかったのは当然のことだったのかもしれない。それどころか、リベラルなカトリックの中においてさえ、トクヴィルの影は薄かった。それは、彼の政治的行動のためでもあったかもしれないが、そこには、そうした行動を支えた独自のキリスト教観があったのではないだろうか。この小論は、ささやかながら、それを救い出す試みである。

II　カトリック貴族トクヴィル

一般に思想史を論ずる上で、思想家の家族的背景は必ずしも一義的な問題ではない。しかし、トクヴィルの場合この原則は当てはまらないようである。と言うのも、キリスト教思想家トクヴィルを考える上では、決して頑迷ではなかったにせよブルボン正統派の、したがってまたカトリック信仰の雰囲気の濃厚な、しかも大革命の深い傷跡を残す貴族の家庭の人であったという事実は、到底無視できない重みを持つと思われるからである。アレクシスの父エルヴェ伯爵は、ノルマンディー地方に所領を持つ貴族であり、母は、ルイ十六世との関係を問われて大革命の中で処刑されたリベラルな貴族マルゼルブの孫娘であった。大革命の争乱の中で、妻とともに数ヵ月間投獄されていた父エルヴェは、恐怖政治の突然の終焉という偶然に助けられて処刑の運命を免れ、王政復古後は、保守的な王党派貴族としてフランス各県の知事を歴任した。幼少のトクヴィルは父に連れられて任地を移動することとなる。トクヴィル家の家庭教師ルスィウールは、革命政権による臣従宣誓を拒否したジャンセニスト司祭であった。父の書斎には、アウグスティヌスのほか、パスカルなどジャンセニズム関係の文献や、時代からして当然のことであろうが、フランス・モラリストの著作、啓蒙思想書などがあったという。ジャルダン『トクヴィル伝』によれば、トクヴィル家の家族的結束は固く、しかもアレクシスは、エルヴェの三人の息子の末子であったから、それぞれ軍歴を持つ兄たちの影響も無視できないという。七月革命によって成立したオルレアン王朝に対して忠誠を誓ったのは、家族のうちアレクシスただ一人であった。彼のアメリカ行きは、そうした父や兄に対する反逆の引き起こした緊張から身を遠ざけるためでもあった、とジャルダンは見ている。生涯の二人の親友ギュスターヴ・ド・ボーモンとルイ・ド・ケルゴルレもまた貴族であり、後者はアレクシスの遠縁でもあった。アレクシスと異なって彼は、七月革命後、新政権への忠誠を拒否したが、にもかかわらず二人の精神的信頼関係は不変であった。

アレクシスは、特定の親密な間柄の人物には自己の心情を比較的正直に語る人であった。その一人に、とくに彼の宗教意識を考える上で重要な人物として、スヴェチン夫人がある。彼女へのトクヴィルの晩年の手紙に、青年期の懐疑が自分には時々回帰してくる、と打ち明けているところがある(4)。夫人はパリでサロンを開いている敬虔なロシア人であり、カトリックへの改宗者であった。なお、トクヴィルは一八三五年、貴族の出ではない、少なくとも六歳年上のイギリス人女性メアリー・モトリーと結婚した。二人の間に子供はできなかった。妻メアリーもカトリックへの改宗者であり、ともすれば懐疑的な夫が正統信仰を維持するよう最大限の努力をしたようであるが、それに関する限り、生涯の最後の日まで、必ずしも夫を説得できなかったのではないかとも見られている。はるかに年長のスヴェチン夫人に自分の信仰の支えを求めるトクヴィルの態度は、妻の嫉妬を買ったのではないか、とすらジャルダンは暗示している(5)。

トクヴィルは、こうした親族や友人に対しては、その本来の貴族的な心情をしばしば無防備に示した。友人に宛てた手紙の中での彼は、「デモクラティックな暴力」とか、「チッポケでブルジョア的でデモクラティックなスープ鍋には飽きあきした」など、時にデモクラシーに対するあからさまな嫌悪感を示すこともあった(6)。また、彼には子供がいなかったので、次兄エドゥアールの息子を可愛がったが、晩年、トクヴィルの館からその甥ユベールに宛てた手紙の中には、およそ次のような趣旨の一節がある。「この館の文書室で記録を見、また四百年近くもの間、祖先の書き残した記録を見ている。彼らはいつもトクヴィルにいて、周囲の人々と交わっていた。それを見るのは嬉しい。教区の洗礼と結婚の記録は部分的には十六世紀のものもある。三百年もの間、我々は多くの人々の代父となってきた。上層と下層の人々との間に、優しい、親子的な関係がかつてはあったのだ。その関係は今では、多くの所で嫉妬、疑い、憎悪に取って代わられてしまった、云々」(7)。かつては異なる身分の人々の間にも本当の人間的愛情が成立していたとするこの手紙は、二十年前の『アメリカのデモクラシー』「序文」での次の回顧的な一節のリフレインとも読める。これもまた、レトリック以上のものであろう。

貴族は遠く隔たったところにありながらも、民衆に対して、羊飼いが羊の群れに対して持つ慈愛に似た思いやりに満ちた穏やかな関心を抱いていた。貧しい人を自分と対等には見ないが、その運命をあたかも摂理が我が手に託した預かりもののように見守っていた。(第一巻(上)一八頁)

関連して言うと、『アメリカのデモクラシー』第一巻を出版直後、英訳者ヘンリー・リーヴ宛の手紙の中に、トクヴィル研究でしばしば言及される次の一節がある。「私の人生が始まった時、アリストクラシーはすでに死んでいましたが、デモクラシーは未だ存在していませんでした。ですから、私の本能はそのどちらにも盲目的に私を連れていくことはできませんでした」(8)。私は、この言葉は明らかにリーヴへの配慮を意識したものであって、多少割り引いて聴く必要があるのではないかと思う。これに対して、生涯のどの時期の言明かは不明であるが彼は、自らを「本能の貴族、頭で考えた民主主義者」と規定したという(9)。私にはこちらの方が、自己認識としてより正確だと思われる。『回想録』が語っているように、彼に大革命を強く連想させた一八四八年の二月革命、とりわけ同じ年の六月蜂起に際してその制圧を目指す彼の決然たる態度は、まさに伝統的自由を守る統治者としての貴族の姿そのものであった。彼が、共和政のもと、普通選挙の候補者として打って出て当選を果たしたのは、そのようなトクヴィルを選挙民が受け入れたからであろう。

読者は、民主主義者トクヴィルのキリスト教思想を主題にしているはずのこの小論にはいささかアンバランスに、私が、彼の家族・友人環境とその貴族性を強調し過ぎたと思われるかもしれない。私がそうした理由の一つは、トクヴィルにおいては、こうした貴族性とそのカトリック性とが不可分ではないかと考えるからである。私には、彼がその臨終に当たってカトリックの正統信仰に復帰したのか、あるいは若い頃からの懐疑を抱いたまま逝ったのか、という研究者の論争に加わる資格も意図もない。だが、それに関わりなく彼は、同時代カトリックの問題を自らのものとして生き続けたのではないか、と私は思う。だからこそ彼は、若き日のアメリカ体験に支えられたデモクラシーの理念と併せて、生涯にわたって、理念的に純粋化されたキリスト教を考え続け、またそうすることができたのではないか。カトリック貴族の家族と友人こそ、そうした彼の思想の培養基だったのではないか。彼は、ヴォルテールのような冷笑でもルソーのような最終的拒絶でもなく、教会をなおその内側から考えている。彼のキリスト教論の外見的な概念的抽象性の背後には、実は、強い生のリアリティの意識があったのではないか。私にはこのように見える。

デモクラシー論との関連で最終節に触れるが、トクヴィルは、自らもその一員である貴族制を、神が平等に創造したはずの人間相互の間に、非対称的な関係を人為的に設定するものとして、奴隷制にも似て、原理的に自然法違反と判断していたのではないかと思われる。しかし彼の実存は、貴族制を否定しながら貴族であり続けなければならず、カトリック教会の現実を批判しながらカトリックであり続けなければならなかった。それは彼の「心の習慣」だったのであろう。もちろん、人の実存を外側から分析し尽くすことは不可能である。にもかかわらず私には、そうした彼のデモクラシー論およびその陰にある貴族制論と、キリスト教論およびその背後にあるカトリック教会論とが、それぞれ内部緊張と相互豊穣化を孕みつつパラレルな位置を占め、深く連動しているのではないかと感じられる。

III　宗教意識と教会論

ここまで私は、トクヴィルの政治的経歴や家族・友人関係などを背景に、彼のキリスト教性について、いくつかの仮説を設定しながら考察してきた。だが私には、こちら側の勝手な解釈の積み重ねで、彼自身の意図とは異なるトクヴィル像を作り出すことは許されない。そうならないためにも、本節では一歩立ち止まって、新しい仮説を設定するよりはむしろ、彼の実際の言明に即してその具体的な宗教意識を尋ね、これまで述べてきた仮説の検証を試みたい。焦点は、殆ど不可分であるがあえて分ければ、一つには創造の秩序の観想であり、いま一つにはそれが求める人間義務論である。トクヴィル研究では、「毎日少しだけ一緒に生活している三人がいます。それはパスカル、モンテスキュー、ルソーです」という、ケルゴルレ宛一八三六年十一月の手紙の言葉がよく引かれるが、創造の秩序の観想と人間義務論は、まさにモンテスキュー『法の精神』全篇の問題でもあった、ということをここで想い出すのも無意味ではないであろう。続いて本節後半では、それらと対応する彼の教会論を見ておきたい。

(i)　宗教意識――創造の秩序の観想と人間義務論

最初に示したいのは、必ずしも数多くはないが、神と、神が創造した秩序の観想の喜びを示す言葉である。『アメリカのデモクラシー』第二巻から二箇所引用する。前半はアメリカの工芸を、後半はアメリカにおけるキリスト教のありようを論じている一節である。

> ダヴィッドとその弟子たちは、……眼前のモデルを実に見事に再現したが、それを超えて何かを想い描くことは滅多になかった。ラファエロが自然以上のものを探求したのに対し、彼らは正確に自然に従った。彼らは我々に、人間の精確な肖像を残したが、ラファエロはその作品において、神の存在を垣間見せてくれる。
>
> （第二巻（上）九六頁）

> たしかにキリスト教は、天国に入るためには己を捨てて他者を選べ、と私たちに教える。だがキリスト教はまた、人は神の愛によって隣人に善をなすべし、とも教えている。崇高な言葉ではないか。人はその知性によって神の御旨に分け入り、神の目的が秩序にあると知って、この偉大な計画に自由に参与する。そして、万物のこの感嘆すべき秩序のために個人の利益を犠牲にしながら、その秩序の観想以外に、いかなる報いも求めない。
>
> （第二巻（上）二一九頁）

この他にも、同じく『アメリカのデモクラシー』「序文」には、大革命以来のデモクラシーをめぐるフランスの混乱を叙述しているところで、「いつの時代にも見られた人間の感情と思想との一致が失われたかに見え、精神の類比の法則はすべて廃されたがごとくである」という一節もある（第一巻（上）二三頁）。ここでは、人間性の本質的卓越を示す「存在の類比」というスコラ哲学以来の観念が、そのまま直観的に使われていると見ることができる。同じ「序文」でトクヴィルが、「何を期待すべきか、何を恐れるべきかを知るために」アメリカにおけるデモクラシーを「知りたい」という意欲を強調しているのも、たんなる予測への欲求ではなくて、アメリカでは、フランスとは異なって、「不可抗と見える」デモクラシーの社会革命が「最も完全、最も平和裡に進展した」と見えたからにほかならなかった（第一巻（上）二七―二八頁）。アメリカは彼に、まさに摂理の秩序を観想する最大の機会を提供したのである。私は、『法の精神』もまた同じ精神で書かれていると思う。トクヴィルはそれに倣ったのかもしれない。

トクヴィルにおける神の観想を窺わせるいま一つの例は、スヴェチン夫人宛晩年の手紙である。次の引用の前半は夫人がトクヴィルに送った、「詩篇」第十六章を思わせるボシュエの言葉（出典不詳）、後半はそれに対するトクヴィルの返答である。

> 主よ。私は、あなたが私とともにあって幸福であるのかどうか、存じません。いや、そうではない多くの理由があると私は認識しさえします。しかし、あなたの栄光のために告白しますが、私はあなたと共に在って幸福であり、完全にそうなのです。私が在ってもなくても、それはあなたにとってはいささかも問題ではありません。しかし、これこそ、私があなたに捧げることができる、最も光栄ある証言です。なぜならば、あなたと共に在って私は幸福であると申すことは、取りも直さず、あなたは我が主であると申すことにほかならないからです。唯一の神だけが私を幸福にできるのです。

これほど美しい言葉はありません。……この僅か一節に私は、人間を高め、しかも同時にその位置に置き留めるすべてを見出します。それは、我々の偉大さの感情と、神の偉大さの感情をともに表わしています。(10)

「我々の偉大」と「神の偉大」を言う最後の一文には、ここでも彼の中にある「存在の類比」の思考を読み取ってよいであろう。スヴェチン夫人の引くボシュエの言葉は、カルヴィニズム、あるいはジャンセニズムの気味を感じさせ、それは、トクヴィル家のジャンセニスト的雰囲気と適合的だったのではないか、という推測も可能であろう。そう考えながら、続いて第二の焦点である人間義務論に接近していきたい。若い友人ゴビノーへの一八四三年十月の手紙に次の一節がある。

私は信仰者ではありません(私は決して自慢してこう言っているのではありません)。しかし、全くの不信仰者ではありますが、私は、福音書を読むとき深い感情を覚えざるをえません。そこに含まれる最重要ないくつかの教義は、絶対的に新しいものとして私を打ちます。そして、とくに全体は、それまで人間社会を律してきた哲学的諸観念や道徳律群と全く異なった何ものかをなしています。(11)

この手紙では、トクヴィルはさらに筆を継いで、キリスト教に批判的なゴビノーに対して、キリスト教を批判しようとする時、それがこの世に現われたのは、「深い無知、粗野、社会的不平等、政治的抑圧」の世紀においてであったことに留意しなければならない、キリスト教の中で正当にも非難されなければならないのは、その殆どが、そのような歴史状況に迫られた二次的な原因から来る堕落についてである、としている。そして、そうした非難に対してキリスト教を擁護して、その「第一の掟は、心を尽くして神を愛せよ、隣人をおのれ自身のごとく愛せよ、という単純な格率にあるのです」と言う(12)。私は、この言葉が、前出一九九頁末の引用にある、「キリスト教はまた……いかなる報いも求めない」の言葉と正確に対応していることに注目したい。私はここでも、エラスムスが最終的に単純化して提示した「愛の掟」という言葉を想い出さざるをえない。

これも研究者には膾炙した言葉であるが、トクヴィルは一八二四年九月、十九歳の折、家庭教師ルスィウールに宛てた手紙の中で、「私は信じています。しかし、行なえません」と訴えていた。それから約二十年、彼は、政治権力と一体化してきたカトリック教会と距離を置きながら、理念的に純化されたキリスト教とその社会的あり方を考え続けている。実に、生涯にわたる主題と思考の持続性こそ、思想家トクヴィルの最大の特質であった。彼は、ガリカニスムにも、教育を支配しようとするイエズス会にも批判的である。その彼を支えているのは、内的には、信仰への希望とともに心の奥深くにある、人間の平等と自由意志の信念であり、外的には、アメリカでのカトリック教会のありようについての知見であった。そして、ここで重要なのは、孤独な立場を自覚しながらも明らかにトクヴィルは、神と神の創造した秩序への賛美はたんに彼個人の私的・内的な観想の営みに止まってはならないと考えていることである。彼においては、神の観想の喜びは同時に、公的な世界で、その命ずる義務に服従すべき外的行動への強い意志と結び付いていたのであろう。デモクラシー論も、教会論も、はたまた政治家としての活動も、すべて義務への意志の発露であった。一八三五年、ダブリンからケルゴルレに宛てた手紙には、人生とは「人が自らの義務を果たし、他者に仕え、その中での自らの役割を引き受ける時にのみ、価値あるものとなる」とある（*SL*, p. 103）。その二十年後、ボシュエに言及したスヴェチン夫人宛前出二〇一頁の手紙には、また次のようにも書かれている。単純な言葉ではあるが、その奥に不変の深い判断がある。

道徳には二つの部分があり、そのいずれもが神の目には等しく重要であるにもかかわらず、今日では、聖職者たちは両者をはなはだ不均等に教えている、と私には見えます。一つは私的生活に関わります。それは父、子、妻、夫としての人の義務に関わる義務です。……いま一つは公的生活に関わります。それは、すべての市民が、自らの属する国と人間社会に対する義務です。現代の聖職者は、この道徳の第一の部分に著しく気を取られ、後者にはごく僅かしか心を配っていない、と私には見えるのですが、間違っているでしょうか。（*SL*, p. 338）

私的モラルと公的モラルの区別、双方の必要性という同じ議論は、その一年後、一八五七年八月のケルゴルレ宛の手紙にも見えている。そこでトクヴィルは、カトリックの国で人々は、宗教について全く考えない大多数と、宗教しか考えない少数者とに分裂しているが、たとえ宗教についてであっても、それに排他的に固執してはならない、その意味で『『イミタチオ・クリスティ』のような本は、修道院生活のため以外の教えとされるならば、最高に不道徳である』、「そのような本を読むと必ずや、私的徳を獲得しながら、他方で公的徳を構成するものすべてを失ってしまうだろう」とすら述べている（*SL*, p. 357）。

すでに第Ⅰ節で触れたところであるが、トクヴィルにとって人間は、社会的・政治的存在であり、同時に宗教的存在でもあった。言い換えれば、人間は同胞に対して義務を負う存在であるが、その基礎には、人間が神に対して負う義務がある。トクヴィルにおいては、マキアヴェッリ、ある意味におけるホッブズ、ルソー、あるいは新しくはウェーバーなどにおけるように、政治と宗教の鋭い二元対立は想定されていない。なぜならば、そのいずれもが本質的に人間の共同体活動であり、創造の秩序に属するものだからである。このように、両者を対立の相のもとにではなく、連続または相互補完の相のもとに見ることにおいてトクヴィルは、明らかにトマス、エラスムス、スアレス、モンテスキューという、カトリック政治思想の伝統の中にいる。彼のデモクラシー論が、擬似プロテスタンティズムではないのと同じく、宗教性を装った世俗的な政治理論でもないことを確認するためにも、いささか問題を元に戻すようではあるが、先に進む前に、人間の政治性の従属的部分ではない、その本質的宗教性を強調している一節を、検証として引用しておきたい。『アメリカのデモクラシー』第一巻で、政治と宗教の関係を論じているところに、パスカルを連想させる次の一節がある。

人生六十年という短い時間の中に、人間の想像力がすべて包み込まれることは決してない。現世の不完全な喜びは、決して人の心を満足させないであろう。生きとし生けるものの中で独り人間だけが、生存への生まれながらの嫌悪を示し、同時に、限りなく生存に執着する。生を軽蔑し、しかも無を恐れるのだ。こういった矛盾する本能が、不断に人の魂を来世の瞑想に向かわせる。その道案内となるのは宗教である。宗教は、だから希望の、ある特殊な形式にすぎず、希望そのものと同じように、人の心に自然なものである。人間が宗教的信仰から離れるのは、一種の知性の短絡を通してであり、人間の固有の本性にある種の精神的暴力を加えた上でのことである。ある打ち克ちがたい傾向によって、人は信仰に引き戻される。不信仰は偶然であり、信仰だけが人間の恒久的な状態である。

（第一巻（下）二二八頁）(13)

(ii) 教会論

こうして、トクヴィルにおける信仰者、政治家、思想家は一つである。デモクラシー論もその基礎の上に成立している。だが、デモクラシー論の検討は第Ⅳ節に残し、本節では以下、人間義務論の一環として、とくに『アメリカのデモクラシー』のテクストに明らかな教会論を見ておきたい。ただし、ここで「教会論」という言葉は、トクヴィルが何らか教会組織論のようなものを構想していたという意味ではない。アメリカについての記述に託してはいるが、トクヴィルにとっての問題は、現実に存在する教会のどのようなあり方が、またどのような教会と国家との関係が、人間の相互的な、また神に対する義務を遂行する上で望ましいか、ということである。この問題についての彼の言明はきわめて明瞭であり、あえて仮説を立てて説明する必要もない。前項の最後に引用した文章を間に挟んで（〔13〕と表示する）、次のような叙述がある。

私は宗教の精神と自由の精神とが、我々にあっては常に反対方向に進むのを見てきた。ここアメリカでは両者は親しく結び付いていた。……この現象の原因を……知るために、私はあらゆる宗派の信徒に意見を聞いた。とりわけ聖職者との交際を求めた。……私自身の信仰から、カトリックの聖職者にはとくに近付き、その中の何人かとはやがて親しい間柄になった。……誰もが、この国における宗教の平穏な支配の主要な原因を、宗教と国家との完全な分離に帰した。……〔13〕……宗教が現世の統治と密接に結び付き、人の魂を恐怖と信仰の両方で支配する例はこれまでにも見られた。だが宗教がこのような交わりを結ぶとき、恐れずに言うが、宗教の働きは一人の人間でもできるようなものになっている。……宗教がその力を、万人の心を等しく捉える不滅への希求の上にのみ基礎付けようとするとき、それは普遍性を目指しうる。だが、宗教が一つの政府と一体化してしまえば、特定の国民にしか適用できない教えを採用しなければならない。こうして宗教は、一つの政治権力と結ぶことで、ある人々に対する力を増大させ、万人を支配する望みを失う。……だから宗教は種々の政治権力と手を結んでも、厄介な同盟関係に入るだけである。宗教が生きるために政治権力の助けは要らず、政治権力に仕えれば、宗教は死ぬかもしれない。……アメリカの聖職者は他の誰よりも前にこの真理を認識し、行動をこれに一致させた。彼らは、政治的権力を得ようと思うならば、宗教的影響力を放棄しなければならぬことを理解し、政治の有為転変を共にするよりは、その支持を失う方を選んだのである。……今日、宗教に関して人間の自然な状態〔強調はトクヴィル〕とはどうあるべきかを、まず注意深く検討する必要があると私には思われる。……私は、ヨーロッパのキリスト教に若き日の活力を取り戻すべく、何をなすべきかは知らない。神のみぞこれを知ろう。だが少なくとも、信仰がなお持つ力をすべて発揮させられるかどうか、それは人間次第である。（第一巻（下）二二六―二三六頁）

私はここで、十頁にわたる叙述の中から、最も重要と思われる文章を抜粋してみたが、このように再構成してみると、ここには、人間の本質的宗教性の確認から自由意志論まで含めて、トクヴィルが考えたあるべきキリスト教会の姿が余すところなく描かれていると読むことができる。もちろんトクヴィルは、アメリカ社会がその出発点においてカルヴィニストによって組織され、一種の神政政治と非寛容の厳しい体制が採られたという歴史的事実を無視しない（第一巻（上）六三頁参照）。しかし彼は、それにもかかわらずアメリカでは、その歴史のイギリス的起源にも助けられて、「宗教の精神と自由の精神」（第一巻（上）七〇頁）が見事に結び付けられていると見る。そこで重要なのは、住民自治を基礎にするタウンから連邦に至る政治的秩序の自立性、および、教会が社会の外または上に立つ権力として政治に関与することはない、という原則と事実であった。彼はそれを、たんなる制度である以上に、年月とともにアメリカの中で育ってきた「習俗」＝「心の習慣」であると考える。『アメリカのデモクラシー』を書くに当たってトクヴィルは、その一語たりともフランスを考えずに書くことはなかった、と「序文」や手紙で述べていることは有名であるが、彼がアメリカの教会と対比して、教会があまりにも政治に関与しすぎたフランスのカトリックを考えていることは明らかである。次の一節はさらに具体的である。

およそ五十年前、アイルランドから合衆国にカトリック人口が流入し始めた。他方、アメリカのカトリシズムも改宗者を増やした。今日では、ローマ教会の真理に帰依するキリスト教徒が連邦に百万人以上いる。これらのカトリック教徒はたいへん忠実に彼らの礼拝形式を守り、信仰への熱意に溢れている。にもかかわらず、彼らは合衆国では最も共和的で、民主的な階級をなしている。この事実には一見驚くが、考えてみればその隠れた理由はたやすくわかる。……私には、キリスト教のさまざまな教えの中でも、カトリシズムは境遇の平等に最も好意的なものの一つであるように思われる。カトリック教徒の場合、宗教的社会は聖職者と民衆という二つの要素だけで構成される。信徒の上に立つのは聖職者だけで、彼の下では万人は平等である。

教義に関しては、カトリシズムはあらゆる知性を同等に扱う。……いかなる人間とも妥協せず、各人に同一の基準を適用して、社会の全階級を祭壇の前で一つにすることを好む。神の前に階級の違いは消えて一つになるからである。……カトリックの聖職者が聖域を出て社会の一権力となり、社会の階層秩序の中に位置を占めたことが往々にしてあった。この場合、聖職者が宗教的影響力を行使して、自らもその一部である政治秩序の持続を確かにしようとすることも、ときにあった。カトリック教徒が宗教的精神から貴族制を支持することもまた見られた。だが、合衆国におけるように、一度聖職者が政治から遠ざけられ、あるいは自らそれから遠ざかるときには、カトリック教徒ほど政治の世界に境遇の平等の観念を持ち込むのに適した信仰を持つ者はいない。……アメリカのカトリック聖職者は精神世界を二つに区分し、一方には聖書に啓示された教義をそのままに置いて、議論の余地なくこれに服するが、政治の真理はもう一つの世界にあるとし、ここでは神はこれを人間の自由な探求に委ねたと考える。こうして、合衆国のカトリック教徒は最も従順な信者であると同時に、最も独立不羈の市民である。

（第一巻（下）二一二―二一五頁）

アメリカのカトリック教会では、一七八九年に最初の司教ジョン・キャロルが司祭たちの中より選出されてから半世紀近く経ち、すでに多くの教区や修道会があり、しかも、発足以来そこでは厳格な政教分離の原則が守られてきた(14)。その歴史をトクヴィルは文献によって事前に知悉していたに違いない。それらの知識と彼自身の体験を踏まえながらトクヴィルは、俗人ではあったが、カトリック教会本来のあり方について思いをめぐらせている。前出二〇五頁の「恐れずに言うが」という一句は無意味に挿入されたのではないであろう。しかし、彼が同じ強さの関心を、アメリカでは圧倒的多数を占めているはずのプロテスタント教会に寄せたかと言えば、少なくとも、個人的な手紙の中からはそうとは見られない。

第I節に見たように、確かに彼は、「合衆国のあらゆる宗派はキリスト教としての大きな一体性の中にあり、キリスト教道徳はどこでも同じである」と書いてはいる。しかし、アメリカ旅行中の手紙の中では彼は、アメリカのプロテスタント教会での経験として、道徳は説かれ、他の宗派の悪口は控えられ、「いわゆる寛容」が言われるが、教義の問題は避けられている、それは途方もない無関心と自分には見える、アメリカでは宗教は人々の心を動かしていない、セクトは無限に分化し、キリスト教は殆ど理神論に近くなっている、などと述べている。これは、同じ時期、イングランドにおけるオクスフォード運動の出発点となったJ・キーブルの説教、「国民的背教」における国教会の批判的状況描写と酷似した言葉である。同じ手紙には、こうしたプロテスタンティズムに一般的な、ある種脱宗教化に対して、アメリカには熱烈なカトリックがおり、彼らは孤立し、一般的には貧しいが、その司祭たちは、「宗教ビジネスマン」と化しているプロテスタント牧師たちとは異なり、自らの信じる犠牲の宗教に完全に献身している、だからこそ、カトリックへの改宗者の大多数は労働者階級から来ているのだ、という記述もある(15)。彼は、『アメリカのデモクラシー』の中でも、遥かな西部奥地でメソジスト巡回牧師が人々を訪問した際に引き起こされる間歇的な宗教的情熱を、「狂信的で、殆ど野蛮な霊性至上主義」であり、不健全な状態でしかないとしている（第二巻第二部第十二章）。

他方でトクヴィルは、『アメリカのデモクラシー』出版の半年後、同じ一八三五年に試みたアイルランド旅行のノートの中で、アイルランド・カトリック民衆の深い宗教感情とともに、迫害の中での殆ど飢餓線上の絶望的貧困、そこでの聖職者たちの奮闘振り、民衆と聖職者の一体感、餓死から貧しい民衆を救うのはほかならぬ同じ貧しい民衆であること、貧困の中にありながらなお、人々は教会の国家権力からの独立に誇りを抱き、国家による聖職者への俸給支給は一致して拒否していることなどを、多くの聞き取りの中から書き残している。そこには、カトリック民衆への彼の深い共感を読むことができる。彼は、その二年前、キーブルの「国民的背教」とまさに同年の一八三三年、第一回のイギリス旅行を試みた時、イギリス国教会の宗教的退廃を見て取っていた。国教徒貴族地主たちの過酷なアイルランド支配は、トクヴィルのカトリック的感性には許し難かったに違いない。もちろん、トクヴィルは決して〈夢見る人〉ではなかったから、『アイルランド紀行』の中でも、同時にアイルランド民衆の中にある排他性、偏狭さ、冷酷さを見落とすことはなかった。彼はすでに生まれつつあるカトリック富裕層が、国教徒地主同様の行動を取る可能性すら見ている(16)。

これらすべては、アメリカやアイルランドにおける民衆の宗教性の現実の有様の記述である。そこに彼のカトリック的感性が素朴に現われていても不思議ではないし、さりとて、それが記述の客観性を損なっているわけでもない。だが、ここで私が注目したいのは、トクヴィルの考えるあるべき教会の姿である。そして、ここまで見てくれば、それはすでに明らかであろう。すなわち、尊敬される献身的聖職者の指導のもと、信徒個々人が、一方「独立不羈の市民」として公共の徳を大切にしながら、他方（エラスムス流に言えば）「愛の掟」を実践し、各人は己のように人を愛すること（トクヴィルはそれを、「正しく理解された自己利益の原則を宗教の領域に適用すること」という、やや屈折した形で表現している）、教会と国家については、宗教と政治の分離の原則を貫徹し、それぞれが自律性を保つこと、各教派は相互に寛容であるべきこと、彼の考えはこのように要約できるであろう。第I節一九一頁に引いた「合衆国のあらゆる宗派はキリスト教としての大きな一体性の中にあり、キリスト教道徳はどこでも同じである」という言葉の前には、「人間相互の義務に関しては、すべての宗派は一致している。すなわち各宗派はそれぞれの仕方で神を敬うが、神の名において同じ道徳を説く」という一節がある。トクヴィルは、かつてのグロティウスにも似て、しかし、その実質は些か異なった意味で、いつの日にかすべての宗派対立が克服され、キリスト教道徳が純化されて自然法規範と一致した状態を望み見ていたのかもしれない。彼の最終作品たる『旧体制と大革命』の中の次の言葉は、キリスト教についての彼の変わらぬ信念の、最も簡潔な要約と見てよいであろう。

宗教の主要な目的は、社会形態と関わりなく、神と人間との一般的関係と、人間相互の一般的権利・義務とを規定することである。宗教の教える行動規範は、特定の国や時代の人間と言うよりも、息子、父、召使い、主人に適用される。これは、その基礎を人間性そのものの上に置いているからこそ、万人に等しく受け入れられ、世界に遍く

適用されうるのである。（小山勉訳、ちくま学芸文庫、一一三頁）

このように、トクヴィルにおける宗教論、それゆえにまた教会論は、普遍的な人間義務論と不可分であった。しかし、一つ留保しておかなければならないのは、さりとて彼は、アメリカのプロテスタント教会のように、あらゆる点で自由化されたキリスト教は考えていないことである。『アメリカのデモクラシー』第二巻に次のような宣言がある。

私は形式の必要性を固く信じている。また、それは人間の精神を抽象的真理の観想に繋げ、その獲得を助けて熱烈に受容させるとも信じている。私は、外形的な勤めなしに宗教を維持できるとは決して思わない。だが、他方で、我々が迎えつつある社会では、それら外的事柄を極度に多くすることはとくに危険だと思う。むしろそれらは、教義それ自身の永続に絶対必要な限りに止めるべきであろう。教義こそ宗教の本体であり、礼拝はその形式に過ぎない。……一つの信仰の基幹をなし、神学者たちが信仰箇条と呼ぶものと、それに結びついた付帯的事柄とは注意深く区別されなければならない。（第二巻（上）五三頁）

この一節にトクヴィルはとくに註を付して、これはカトリックを念頭に置いた言明であることを明らかにしている。では、まさに「摂理」によってヨーロッパと地理的に切断され、それゆえにあるべき姿により接近することができたアメリカのカトリック教会とは異なる、ヨーロッパとりわけフランスの教会の将来の可能性について彼はどのように考えていただろうか。それについては、アメリカ・カトリック論も、アイルランドについての記述も手掛かりを与えてはくれるものの、いずれにしてもトクヴィルは、それほど多くを語ってはいない。「私は教会の中の司祭は尊敬するが、私が影響力を持つことができるなら彼らは政府から追い出したい」などという断片的発言も手紙の中には見えているが（SL, p. 132）、こうした問題についても、トクヴィルの考えは時間とともに変化したとは考え難いとすれば、これも『アメリカのデモクラシー』の二十年後の言葉ではあるが、同じく『旧体制と大革命』で述べられているところは示唆するものが多い。そこでトクヴィルは、革命に先立つ十八世紀、哲学者たちが教会を激しく攻撃したことに触れて、「キリスト教がこのように人々の激しい憎悪をかきたてたのは、宗教的教義としてよりむしろ政治的制度としてであった。それは、聖職者が来世の事柄を決定しようとするからではなく、彼らが……そのとき粉砕すべき古い社会において最も特権的で強力な地位を占めていたからである」としている（小山訳、一〇五頁）。

トクヴィルは、真のキリスト教の中核たるべき、フランスのカトリシズムへの希望を失っていない。彼は『アメリカのデモクラシー』以来の原理を再確認するかのように、「キリスト教にも、カトリシズムにおいてさえも、デモクラティックな社会の精神に反するものは何もない」と言う（同上、一〇六頁）。そして、旧体制時代の聖職者についても、「一部の聖職者の目を覆わんばかりの悪徳」や、その「団体固有の権利への本能的でときに盲目的な執着」があったにもかかわらず、「大革命が突如起こったとき、世界中でフランスのカトリック聖職者たちほどすぐれた者はいなかった。彼らは豊かな見識を誇り、愛国的で、たんなる私徳に閉じこもることなく、公徳と信徳を持っていた。……旧体制の研究を始めたとき、私は聖職者に多くの偏見を抱いていたが、研究を終えた現在では、多大の尊敬を抱くにいたった」とさえ述べている（同上、二七〇―二七一頁）。これは、晩年のトクヴィルにおける教会への愛と希望の言葉ではないだろうか。教皇制について、彼が立憲主義的改革を考えていたこともここで想起しておきたい。彼にとってそのすべてが「摂理」としてのデモクラシーの観念と結び付いていたことは間違いない。彼は、教皇ピウス九世の凄まじいウルトラモンタニズムと反近代主義の全貌を見ることなく世を去った。もしも、彼が生きて「誤謬表」とそれ以後のピウスの政策を目にしたならば、どのような反応を示したことであろうか。彼の臨終を訪れたデュパンルー司教は、「誤謬表」の衝撃を和らげるべく努力し、かつ教皇不可謬宣言には批判的な人であった(17)(なお同司教は、第一ヴァティカン公会議に際してニューマンに助言を求めたが、ニューマンは老齢を理由に丁重に断ったとされる)。

IV　摂理としてのデモクラシー——そのキリスト教性

ここまで、トクヴィル個人の宗教意識も含めてそのキリスト教論、教会論を見てきた。最後にデモクラシー論を見ておきたい。だが、冒頭に述べたように、彼のデモクラシー論については、政治思想史研究の世界ではすでに多くの議論がなされ、共通理解の蓄積も多い。したがってここでは、それらトクヴィル研究で既知に属する事柄については、『アメリカのデモクラシー』第一巻と第二巻に感じられる、明から暗へのトーンの変化の印象まで含めて他に譲り、考察の焦点を、またしても相互に深く関連する二点だけに絞って述べてみたい。この二点は、トクヴィルのスタイルの常として、一つの言明の中に重層的に述べられることも多く、ここでも分節化は困難ではあるが、あえて分ければ、問題のその一は、「摂理としてのデモクラシー」の具体的な歴史性であり、その二は、彼がデモクラシーの核心と考えている、「自由」・「平等」概念の自然法論的・規範的性格である。後者は専制批判論でもあるが、関連してそこには、政体も含めて政治的実践の領域での「慎慮」を重視する共和主義の要素も含まれる。

トクヴィルにおいて、摂理としてのデモクラシーに通底する原理は、言うまでもなく人間の平等であるが、それに加えて重要なのは、一つには、すでに度々述べてきたように、人間一人ひとりは自由意志を持つものとして創られ、したがって、歴史過程に現出する個々の行為とその結果はすべて、所与の条件のもとでそれぞれの行為者のなす、自由意志による選択と考えられていることである。重要な点のいま一つは、人間存在における宗教性と政治性・社会性の二次元性からして、政治の世界の相対的自律性が自明とされていることである。二〇七頁に示した引用をいま一度引用すればトクヴィルは、アメリカ・カトリック聖職者の態度として、聖書に啓示された教義の世界はそのままに、「政治の真理はもう一つの世界にあるとし、ここでは神はこれを人間の自由な探求に委ねたと考える」としていると見る。因みにこの二元論は、次章に見るJ・H・ニューマンの教会観、国家観と酷似しているが、同時代であっても両者はそれぞれ独自に相似た見解を持ったのであろう。

これを前提として、まず〈摂理としてのデモクラシー〉の具体的歴史性についてのトクヴィルの言明を聞いてみよう。『アメリカのデモクラシー』の「序文」は、実力と土地所有のみが権力の源泉であった中世に、全く新たに「聖職者の政治権力が確立し、たちまち拡大する。聖職者の地位は、貧者にも富者にも、平民にも貴族にも等しく、万人に開かれ」、「平等は教会を通して政治の世界に浸透を開始した」という叙述で始まる（第一巻（上）一〇頁）。トクヴィルは、その後のヨーロッパの歴史は一貫して人々の「境遇（conditions）の平等」の大行進であった、聖職者に始まり、法律家、金融業者、宗教家、学者、技術者、文人が、相次いで貴族身分の地位と特権を侵食し続けた、宗教改革も国王権力の伸張も、すべて平等の進展に貢献した、と言う。こうした議論は一見、ある種の近代化理論のように見える。しかし彼は、実は「序文」でのこうした言明どおりに、「境遇の平等」は漸く中世になって生まれた考えである、とは見ていない。第二巻第一部第三章と第五章に、それぞれ次の一節がある。

「ローマとギリシアのもっとも深遠で広大な才能の持ち主が、人は誰でも同じであり、生まれながらに自由に対して等しい権利を持つという、非常に一般的な、しかしまたごく単純な観念に行き着くことは決してなかった。だからこそ、彼らは、奴隷制は自然に根ざし、永久に続くであろうという証明に努めたのである。……古代のすべての大作家は奴隷の主人という貴族団体に属し……ていた。彼らの精神は多くの方向に広がったが、この点を越えることはなく、人類を構成するすべての人に生まれながらの違いはなく、人間は皆平等であるという事実を理解させるには、イエス・キリストが地上に降り来たる必要があった。（第二巻（上）三七頁）

キリスト教が地上に現れた時、神の摂理はおそらく世界をその到来に備えるべく、予め人類の大部分をその王笏の下に一個の巨大な群れとして統合していた。この群集を構成する人々は互いに大いに異なっていたが、にもかかわらず、誰もが同じ法律に服するという共通点を持っていた。そして誰もが王者の大きさに比べればあまりにも弱く小さかったから、王者と比較する時には、誰もが皆平等に見えた。人類のこの新しい特殊な状態が、人々をしてキリスト教の教える一般的真理を受けさせる気にさせたに違いない。（第二巻（上）五一頁）

ここでトクヴィルは、人類にデモクラシーの基本的観念を与えたのはキリスト教であったと宣言している。トクヴィル流に言えば、新約聖書は、人間の、普遍的な私的道徳だけでなく、公的道徳をも与えたのである。同じ第五章には、「福音書は人間と神との、また人間相互の一般的関係しか語っていない。その範囲を超えるところでは福音書は何事も教示せず、何を信ぜよとも命じない」という言葉もある（第二巻（上）四九頁）。「すべての新しい社会には新しい政治学が必要である」という、『アメリカのデモクラシー』「序文」でのトクヴィルの高らかな宣言はあまりにも有名であるが、その言葉どおり彼は、デモクラシーを論じながら、その言葉にそれまでとは異なった意味を与えている。伝統に従えば、デモクラシーとは政体の一つであり、評価を抜きにしたその意味は、多数者支配といういわば純技術的概念である。その古典的な例が古代のアテナイとされてきた。この伝統的なデモクラシー概念は今なお通用性を全くは失っていない。しかし、トクヴィルは明確にそうした語法を否定する。第二巻第一部第十五章と第三部第十五章にそれぞれ次の言葉がある。いずれも論旨は明快である。

アテナイではすべての市民が公共の事務に関与していたが、三十五万人を超える住民に対して二万の市民しかいなかった。他のすべては奴隷であって、彼らが今日の人民の役割、あるいは中産階級の役目をさえ果たしていた。それゆえ、アテナイは普通選挙制であっても、結局のところ、すべての貴族が等しい参政権を有する貴族的共和制にすぎなかった。……実際、誰もが貴族制に愛着を覚え、その精神を持っていた。(第二巻(上)一一二頁)

市民が薔薇の冠をかぶって公共の広場に集まり、踊りと芝居にほとんどの時間を費やしたという古代の小さなデモクラシーの話がある。私はプラトンの共和国と同様にこのような共和国の存在を信じない。あるいは、もし本当にこの話の通りであったとすれば、怖れずに言うが、デモクラシーを称するこれらの国家は今日のデモクラシーとはまるで違った要素でできており、名前の他に共通なものは何もない。(第二巻(下)一〇八頁)

こうして、アテナイのデモクラシーにその資格を否定した時、明らかにトクヴィルは、デモクラシーについての伝統的概念を転覆させることとなった。彼が、この転覆こそ、まさにキリスト教のもたらしたヨーロッパ思想における〈価値の根本的転換〉であったと見ていることは間違いない。キリスト教の信念に従って彼は、デモクラシーを、たんなる技術的概念ではなく、何よりもまず倫理的・規範的概念と見る。彼にとって、技術論的な政体概念は殆ど無意味であった。彼は「混合政体と呼ばれるものを、私は常に一つの幻想と思ってきた。実際、混合政体というものは……存在しない。どんな社会にも、他のすべてを支配する一つの行動原理が結局のところ見出されるからである」とも述べている(第一巻(下)一四八頁)。

政治家トクヴィルから見れば(政治家バークも見たように)、すべての社会にはそのどこかに最終的権力が常に存在しなければならない。思想家トクヴィルから見て問題は、その権力が真の意味でデモクラシーであるか、あるいは反対に専制であるか、すなわち摂理＝正義に適ったものであるか否かである。専制とは、権力の側からの自由意志の抑圧、民衆の側からのその自己放棄、いずれによっても成立する、言うなれば〈反摂理＝反正義〉である。これに対して、「特定の国民における多数に止まらず、すべての人間の多数が定め、少なくとも採用した不変の法が存在する。それは正義の法である」と彼は言う（第一巻（下）一四七頁）。彼の最大の関心は「正義」であった。彼はマキアヴェッリを、権力の技巧にのみ関心を持ち、正義にも不正義にも無関心な人物として非難する（SL, p. 111）。とすれば、人間の平等を前提するデモクラシー問題は、キリスト教問題であり、同時に自然法問題でもある。他方で彼は、個々の政体が具体的にどのようなものであるかについてプラグマティックであったかに見える。「序文」の終わり近く、次の一節がある。

アメリカ人がデモクラシーの取りうる唯一の政治形態を発見したとは、到底信じられない。……アメリカに見られるような政治形態一般を推奨することは私の目的ではなかった。法制に絶対の善が体現されることはまずありえないと信ずる立場をとるからである。（第一巻（上）二七頁）

政体論についてトクヴィルは、おそらく、彼が理念的に想定するカトリック教会のように、デモクラシーの基礎の上に立つ王政か、またはアメリカのような共和政的デモクラシーかのいずれかを考えていたのであろう。政治家としても彼は、七月王政時代の王朝左派の立場から、二月革命以後は共和主義者へという歩みを残した。拙著『ヨーロッパ思想史のなかの自由』で論じたから重複は避けるが、私には、トクヴィルのこうした考えは、トマス以来の共和主義における「慎慮」の発想の延長線上にあるものと見える。とは言え、混合政体はすでに否定されているし、大革命以後の人として貴族制も、その遺産への愛惜の念にもかかわらず、彼は原理的には肯定し難かった。この点は後に述べる。

このように、トクヴィルにおいてはそのデモクラシー論はキリスト教的信念と一体の規範論であり、その要請するところであった。トクヴィルにとって、人のなしうる選択は、自由意志という人間の本源的能力とその平等を前提にした、それゆえに人間の尊厳を保持するデモクラシーか、それを否定する専制か、そのいずれかであった。しかも彼は、政体としてのデモクラシーもまた、多数者意志または行政権による専制の危険を免れないことを強調する。これは『アメリカのデモクラシー』を読むすべての者が気付くところであり、ここであらためて云々する必要はないであろう。くり返して言えば、個人が罪へと堕落する可能性と同じくあらゆる政体にとって専制への堕落の可能性は開かれているのであって、その点では教会もまた例外ではないはずである。デモクラシーの道行きは困難に満ちている。「序文」に示されているとおり、トクヴィルの見るところ、キリスト教の創設以来、平等観念が確固たる歩みを見せ始める中世まで支配した強固な身分制は、キリスト教が長い歴史の重みと戦い、かつそれに耐えなければならなかったことを物語っている。そして、大革命以来のフランスは、依然として残存する貴族制とデモクラシーとの緊張によって、激しい痙攣と「十五年ごとの革命」(SL, p. 316) に苦しんでいる。しかし、それにもかかわらず〈摂理としてのデモクラシー〉は、すでにその姿がアメリカ史の中に啓示されている。「神はヨーロッパの諸社会に、より安定した静かな未来を用意されたのだ。神の計画は知りうべくもないが、これを見通せないからといって、私はこの信念を捨てるものではない」と、トクヴィルは希望に溢れて述べる（第一巻（上）二六頁）。彼はまた言う。

私は次のような社会を想い描く。誰もが法を自分たちの作ったものと見て愛し、これに服するのを少しも苦痛としない。政府の権威は、必要なものとして尊敬されるが、神聖視はされず、国家の首長に向けられる敬愛は情熱ではなく、理性的で穏やかな感情となる。誰もが権利を有し、その維持を保障されているので、すべての階級の間に男らしい信頼が生じ、高慢とも卑屈とも遠いある種の謙譲の精神をもって相対するようになる。民衆は自己の真の利益を知って、社会の恩恵に浴するためには義務を負わねばならないことを理解するであろう。そのとき、貴族個々の権力に代わって市民の自由な結社が現われ、国家は圧政と放縦から保護されるであろう。

（第一巻（上）一九―二〇頁）

これは、人々が「デモクラシーの提供しうるすべての善」を享受する、正義の社会の想像図である。それは、偉大さには欠けるとしても、人々が理性的で平穏な社会である。人々の自発的で自由な協同と理性の啓蒙がそれを可能にするであろう。しかし、これは歴史の必然的な最終到達点としてのユートピアではない。トクヴィルは〈夢見る人〉ではない。彼が描いているのは、多数専制への可能性も秘めたデモクラシーにおける諸個人の、あるべき行為の動機であり、そこで求められる精神状態である。そして、彼はあらゆる作品、多くの手紙で、「自由」すなわち、善なる目的に向かって、自らの意志に従った選択をなす可能性が開かれていることこそ、「人間の尊厳」の理由であり条件であることを強調して止まなかった。一八三六年の手紙は「私の唯一の情念は自由と人間の尊厳である」と語っている。殆ど同じ言葉は一八五〇年の手紙にも見出される（*SL*, p. 115, p. 257）。平等へのより強いドライヴはかかっているが、私はここにもカトリック思想史の強い伝統を見る思いがする。

さて、ここまで来れば、本節の最初に述べた問題のその二、すなわち「自由」と「平等」の概念の自然法的・規範的性格についてはあらためて多言を要しないであろう。以下、それについてのトクヴィルの言葉の中で最も重要と思われるものを紹介だけしておきたい。それは、ただ平等のみが、その自然法的性格のゆえに、人間の間に真の共感をもたらすとする言葉である。もっとも、この点で『アメリカのデモクラシー』は一見矛盾した印象を与えるかもしれない。と言うのは、第二巻第二部第二章では、自由への情熱を失い、もっぱら平等を至上目的とするデモクラシーのもたらす、人々の個人主義化、異世代・同世代双方にわたる連帯感の喪失、愛情の弛緩と相互疎隔等が強調され、読者はそれによって彼の悲観的なデモクラシー診断を印象付けられるからである。しかし、そうしたデモクラシーにおける負の可能性への警告は、自由意志によって善悪いずれをも選択しうる人間性という、カトリック思想の伝統が彼のデモクラシー論に発現した、言うなればそのオプティミズムとは一体のものと見るべきであって、カトリック思想に基礎付けられた人間の平等への信念に対して彼が些かなりとも懐疑的であったとする理由にはならないであろう。

この私の判断の一つの裏付けとして、最後に、奴隷制に関わる彼の自然法論を見ておきたい。重要なのは、第三部第一章に至り、彼は次のような正面切った言明をしていることである。そこで彼は、人間の連帯感情は確かに貴族社会にもあるが、そもそも貴族社会でのそれは、人為的な「政治の法」に発するものであり、「自然の法」からではないとした上で、次のように述べる。

封建的諸制度は特定の人々の不幸に対する感受性を鋭敏にしたが、人類の悲惨に敏感にさせることはなかった。それは……偉大な献身に誘うことはあっても、真の共感は生まなかった。なぜなら、本当の共感は同類の仲間にしかないからであり、貴族的な世紀には、同じ身分の成員の中にしか自分の仲間は見出せない。（第二巻（下）一五頁）

新世界のヨーロッパ植民地の中で、黒人の物理的境遇が合衆国ほど過酷でないところはおそらくないであろう。それにもかかわらず、奴隷はそこでも依然として恐ろしく悲惨な目に会い、始終むごたらしい仕打ちを受けている。たやすく分かることだが、この不幸な人々の運命は彼らの主人たちに少しの憐れみの情をも催させない。彼らは自分たちの利益になる事実だけを見るのでなく、害悪であっても、自分たちには関わりのないものと見做している。すなわち、同胞が自分と平等な地位にある時はこれに対して人間性に満ちた対応をするその同じ人間が、ひとたび平等が消えると、同胞の苦痛に無感覚になるのである。（第二巻（下）二〇―二一頁）

ここで貴族制と奴隷制を同じ章で連続して論じているトクヴィルは、両者を原理的に同じレヴェルで自然法違反と断じている、と考えなければならないであろう。当然のことながら彼は、貴族制と比べて奴隷制にはとりわけ厳しい。「アメリカ南部に起こっている事態は、私には、奴隷制の最も恐ろしく、かつ最も自然な帰結であると思われる。そこに私は自然の秩序の転倒を見、法の抑圧の下で人間性が空しく叫び、言い争うのを聞く」とは第一巻での言葉である（第一巻（下）三三五頁）。詳述する余裕はないが、彼は、黒人奴隷に対してだけでなく、同じように、祖先の土地を追われる先住民に対しても涙する人であった。しかし、その彼が、他方ではフランス帝国の偉大を願い、そのアルジェリア支配を支持しただけでなく、イギリスのインド支配と中国進出にも諸手を挙げて賛成したのも、また一つの事実である。それは自然法論との関連でどのように理解すべきであろうか、今のところ私は答えを持たないが、一八五七年、彼がゴビノーに宛ててその人種論を批判した手紙を、最晩年の言葉として引用しておきたい。

人類は一つであること、すべての人間は同じ一人に発していることにも増して、創世記に明確でないことがあるだろうか。キリスト教の精神について言えば、ユダヤの宗教が存続を許し続けてきたすべての種族の差別の廃棄を望んだこと、人類を一つの種にし、そのすべての成員が等しく自己を完成して同じになることができるようにしたこと、これこそ、キリスト教の特徴なのではないか。自然で人々の良識にも適うこの教義が、いったいどうして、僅かでも理解と判断と行為における人種間の明確な不平等を生み出す歴史論と調和的でありうるだろうか。この理論によれば、その不平等は何らか原初的配置の結果なのであって、ある人々は不可抗的に完成を限界付けられているというのだ。……君の理論を承認し、引用し、論評するのは誰だと思うか。それは奴隷所有者だろう。彼らは、人種の根本的な差異を根拠に、奴隷の永遠の隷属のためにそうするのだ。（*SL*, pp. 342–344）

V　結びに代えて——自然法認識の隘路

以上、トクヴィルのキリスト教的デモクラシー論を自然法論として見てきた。言うまでもなく、自然法とは、人間が自らの理性によって認識する普遍的規範である。とするならば、価値の歴史的多様性の事実を前にして、すべての自然法論者において、人はいかにしてその規範を認識する（またはできる）のか、自然法の実在はいかにして論証されるのかという、その認識問題への取り組みが要請される。キリスト教思想もまた、この点で例外ではありえない。では、トクヴィルはこの問題にどう立ち向かったのであろうか。最後にこの点について一言して結びに代えたい。それは理論問題であると同時に、彼の内面の問題でもあったはずである。そして、ここで本章での私の最後の仮説を言えば、確かに彼は、自然法一般について理論的考察を重ねはしなかった。演繹的な体系化は彼の領域ではない。彼は政治家であり、「自分には形而上学への趣味は殆どない」と自覚もしていた（SL, p. 320）。にもかかわらず私には、彼は問題を直観的に認識し、直観的に必要な答えを出していたのではないかと思われる。

この点を考える上で、私はここで、研究者にも一般的には必ずしも意識されていない、自然法の認識問題におけるカトリックとプロテスタントの差異に注目したい。簡潔に思想史を振り返れば、トマス以来カトリシズム（そのすべてではないが）においては、自然と恩寵が連続的に捉えられ、人間理性に内在的な規範認識能力が前提されていた。この伝統は、懐疑と論争の十七世紀を越えて、世俗化の進行した十八世紀にも受け継がれて、モンテスキューの思想を育むことになる。トクヴィルがある面でその影の中にいたことは、彼自身の言明のとおりである。これに対して、理性へのペシミズムの濃厚なプロテスタンティズムにおいては、問題は遥かに困難であった。そこでは、グロティウスのように、それは歴史の中で多くの権威によって論証済みとするか、ホッブズのように、問題をおそらくは意図的に無視して、自然法の存在は自明の真理として議論を組み立てるか、あるいはロックのように、最終的には理性とは異次元の啓示と見るか、さまざまな試みがなされた。

トクヴィルに目を戻して、では、カトリックとして彼は、自然法問題を適切に処理できたであろうか。私は、彼がモンテスキューの、ある種社会学的方法の影響のもとにいた限り、ある程度はそう言えるとしても、後者の百年後、大革命以後の世代の思想家として、理性へのオプティミズムの端的な表明には、なお些かの躊躇を感じていたのではないか、と推測する。その状況証拠は、トクヴィルが自然法の実在性の最大の根拠を、「摂理」として、アメリカの〈歴史〉に求めなければならなかったことである。もちろんそれは、かつてトマスがしたように、慣習法の中に自然法を読み取るといった楽観的なものではありえなかった。そうした楽観はすでにモンテスキューにおいて退けられている。それでもトクヴィルは、奴隷制の現実も含めて将来の事態への両義的判断は留保しつつもなお、アメリカの〈歴史〉の中に顕現した「摂理」を読み取ろうとする。なぜならば、「平等」の進展は、キリスト来臨を通じて啓示された歴史過程の本質だからである。

だが、こうした歴史への態度は、キリスト教思想家トクヴィルにとって、危険な一歩を踏み出すことにもならなかったであろうか。それは、あたかもヘーゲルが、「精神」(という擬人化された抽象概念)の歴史的歩みを認識する「哲学」によって、摂理は人間にとって既知のものとなった、神はもはや「隠れた神」ではない、と宣言したのにも似て、神の意志を、ヘーゲルにおけるプロイセン同様、アメリカという国の歴史(の実は一つの解釈)に従属させ、そのキリスト教論と自然法論を、政治的レトリックのレヴェルに自ら貶めることにはならないであろうか。トクヴィルがヘーゲルを読んでいたか否か、私は知らない。だが、『アメリカのデモクラシー』第二巻第一部第十六章では次のようにも述べられている。曰く、デモクラシー時代の著作者の普遍的傾向として、簡潔さへの愛好のため「抽象語が指す対象を擬人化する」傾向がある、その良い例は自分の「平等」概念である、自分は「平等はこれこれのことをした」といった表現をしたが、ルイ十四世時代の著作家なら決してそういう言い方はしなかっただろう（第二巻（上）一二五頁）。一般化し、また自己分析に託してはいるが、これはどこか、ヘーゲルの方法を見透かして批判しているかのような言葉ではないだろうか。もちろん彼は、ルソーの「一般意志」や「共通の自我」も考えているのであろう。自然法論者としてトクヴィルはアメリカ史の中にのみ「摂理」を読み込み過ぎる危険を直感していたのではないだろうか。では、答えはどこに求められるであろうか。直接的な答えとは言えないかもしれないが、第二巻第二部第九章に次の言葉がある。

「キリスト教を正しいと信じて誤りだったとしても失うものは大きくないが、それを間違いと信じて誤りだったとすればなんと不幸なことだろう」とパスカルは言っている。（第二巻（上）二二〇頁）

これは、あまりにも有名な『パンセ』断章二三三における「賭け」の議論の、トクヴィル流要約であろう。パスカルに従ってトクヴィルは、「隠れた神」を信ずる意志を表明している。思うに、彼が「毎日一緒に生活している」三人の一人パスカルは、彼の思考の中で最も中心の位置にいたのであろう。ただしパスカルは、「隠れた神」は信じても自然法は信じなかった。そこは違う。私は、ここでの両者の違いをもっと深く考えなければならないが、今は、トクヴィルはヘーゲル『歴史哲学』を読んだとしてもそれを拒否したであろう、と言う以上は叶わない。パスカルを借りてもう一度言えば、トクヴィルもまた「賭けなければならない」。それは任意的なものではない。もう船に乗り込んでしまっている」のである。明示されてはいないが、こうしたパスカルへの言及を思わせるところは、他に『アメリカのデモクラシー』第一巻第二部第三章にも、友人ストーフェルに宛てた一八三一年十月二十二日の手紙にもある。トクヴィルにとっては、キリスト教信仰もデモクラシーも、いずれもなすべき「賭け」であり、実際、彼は自らの意志において「賭けた」のであろう、ここにもニューマンとの近似性を認めてよいのではないか、と思いつつ、稿を閉じることとしよう。

第六章　思想家ニューマン研究序説
——その人間・世界像

I　日本におけるニューマン——歴史的状況の概観

ジョン・ヘンリー・ニューマン（John Henry Newman, 1801–90）は、教会に対する知的貢献の大きさによって人生の最晩年（一八七九年）、即位後間もない教皇レオ十三世によって枢機卿に任叙され、また今世紀に入り二〇一〇年、その優れた霊性によって福者に上げられた、令名高きカトリック聖職者である。彼はアングリカンからカトリックへの改宗者であった。自ら指導したオクスフォード運動の挫折の末に彼が辿り着いた改宗は、人生のまさに半ば、四十四歳のことである。だが同時に彼は、生涯を通して人間とその社会のリアリティを飽かず鋭く観察し、その認識を踏まえて現実世界と厳しく相対し続けた論争の思想家であった。彼はまた、三十歳代以降、古代教会史研究に情熱を注ぎ、すべての時代の教会の歴史性を強調して、「教会史家の名に値するイングランド唯一の著者は不信仰者ギボンのみ」という有名な言葉を残した、豊かな歴史意識の人でもあった。第二ヴァティカン公会議以降のその名声は、世界中で多くの人々の知るところである。

対して我が国におけるニューマンは、明治期、訳詩「みめぐみあるひかりよ」（Lead, Kindly Light）が讃美歌に収録されて以来、坪内逍遙始め英文学界では知られていたが、それ以外は吉満義彦を別として、正面から論じられること稀な、不遇な存在に長く留まってきた。そうした中で独り光彩を放つのが、アウグスティヌス、ルソーそれぞれの『告白』と並んで、古今の自伝文学中の白眉とされる *Apologia pro Vita Sua, being A History of his Religious Opinions*, 1864 の巽豊彦訳『アポロギア――我が宗教的見解の歴史』である。詳細な註と訳者解説を含んで上下二巻（上巻昭和二十三年、下巻同三十三年）より成るこの訳書は、戦後のなお困難な時代のもと、難解なニューマンの文章に深く迫り、その理解を読者に伝えようとする気迫において感動的である。だがこの名訳を別とすれば、我が国で〈思想家ニューマン〉と全面的に取り組んだ研究の貧困状態は、第二ヴァティカン公会議以後に至るまで継続した。その中にあって、カトリック外の著者による卓越した労作として、塚田理『イングランドの宗教――アングリカニズムの歴史とその特質』（二〇〇六年）がある。この大作で塚田は「第十章　ニューマンとオクスフォード運動」、「付録二　カトリック教徒ニューマン」と合わせて八十頁近くをニューマンに充てている。塚田はニューマンを、カトリックへの改宗以後も生涯にわたってアングリカンとしての本質を持ち続けたと見ており、その解釈には全面的に同意するか否かは別として強い説得力がある。しかし、その塚田にしてなお、生涯を貫通するニューマンの人間・世界像に迫るのは困難だったのであろう。本章の目的は、その困難に立ち向かうべく、ささやかながら一石を投じてみようとするところにある(1)。

この不遇の理由を考えてみるに、最も一般的には、カトリック思想に対する日本での無関心が挙げられるであろう。日本においては現在でもなお、近代のキリスト教即プロテスタンティズムとするのが殆ど自明の共通諒解である。その背後には、トリエント公会議における近代カトリック教会体制の確立を、総体としての近代に対するカトリシズムの総反動の出発点に見立て、以後のカトリックの動きをすべてその光のもとで見る、という歴史観があった。とすれば、現在では近代における最高のキリスト教思想家の一人と目されるニューマンといえども、思想史の中での独自の積極的地位を与えるなど、我が国では研究者の想像力の外にあったとしても不思議ではない。だがそれでも、この問題を日本のヨーロッパ思想史観におけるプロテスタンティズム支配の文脈でのみ見るのは皮相であろう。私たちに馴染みの深いアウグスティヌスもパスカルもカトリックであった。近代政治思想史上の重要人物であるモンテスキューもトクヴィルも、見過ごされがちであるがカトリックであり、それを自らの思想的立場として明確に表現していた。とすれば、ニューマンの場合も含めて問題の少なくとも一部は、あるいは特殊に十九世紀後半以来二十世紀半ばまでのヨーロッパにおけるカトリック教会の状況にもあった、とは考えられないだろうか。と言うのも、その状況が当時どの程度我が国に伝えられていたか定かではないが、たとえ知られたとしても、それはひとりニューマンに止まらず、我が国カトリック思想一般の不遇状態を改善するどころか、むしろ促進すらしたのではないか、と推量してもおかしくはないと思われるからである。その事態の払拭には、今より僅か半世紀前、第二ヴァティカン公会議を待たなければならなかった。

歴史的経過の概略を追えば、イタリア統一戦争による教皇宮殿破壊などのため、一八四八年十一月、教皇ピウス九世はナポリ北方のガエータに避難、五〇年、フランス軍の保護下にローマに帰還したが、普仏戦争開始とともに七〇年、フランス軍の撤退とイタリア軍のローマ占領によって教皇領が最終的に消滅、教皇の世俗君主としての地位は事実上失われた。打ち続く窮境にあって教皇ピウスは六四年、「誤謬表」(禁書目録)を発布して教会内部の引き締めを図ったが、さらに六九年、公会議(第一ヴァティカン公会議)を招集、高名な教会史家J・デリンガーに率いられたドイツの司教団を中心とする強い反対にもかかわらず、妥協を求める多数司教の支持を得て「教皇不可謬性の定義」を宣言し、自らの霊的権威の一層の確立を目指した。この「定義」のおよその内容は、〈教皇はその教導座から(ex cathedra)、全教会を拘束する信仰または道徳に関する特定の教説の決定を下す時、聖ペトロに約束された神の助力によって不可謬性を享受する〉というものである。すなわちそれは、重大な教義問題に関わる教皇の公的宣言にのみ、不可謬性の適用範囲を限定したものであって、教皇の行為すべてを不可謬としたものではない。フランス慎重派の重鎮デュパンルー（かつてトクヴィルの死の床に駆け付けたオルレアン司教）や、公会議に招かれながら出席を拒否したニューマン自身も含めて、「定義」を「時宜不適切」と見た論者たちの多くが最終的にそれを承認したのも、その意味と効果の限定性に期待したからであった。

だが、この「定義」の宣言は、その言葉上の慎重さとは裏腹に、政治的にはきわめて巨大な、その影響が一九五八年のピウス十二世死去まで続く効果を生むこととなった。ヴァティカンに立て籠って世界の全教会を「戒厳令下」に置いたピウス九世は、「誤謬表」以来のあからさまな反近代思想・文明政策と、それを推進する強力な教皇庁中央集権を推進したからである。今や絶対君主化した教皇支配のもと、世界の全カトリック教会とりわけ神学生は、外部世界から隔絶された、いわば精神的ゲットーに囲い込まれ、そこであらゆる反近代主義を注入された。それを支えたのは、熱烈な教皇至上主義を奉ずるいわゆるウルトラモンタン主義者、およびイエズス会である。ただしここで言うウルトラモンタン主義者とは、かつて教会を近代化すべく教皇グレゴリウス十六世やピウス九世に空しい希望を抱いて挫折した、ラムネなど一世代前のウルトラモンタンとは異なり、教皇個人の絶対的権威と、その行動の不可謬性を強調する守旧派イタリア人中心の司教・枢機卿団である。そこには、ニューマンに遅れること五年、アングリカンより改宗し、その後急速に教皇庁に接近したウェストミンスター大司教（のちに枢機卿）マニングも加わっていた。労働組合擁護者として知られるマニングは他面、きわめて権威主義的人物であり、事あるごとにニューマンの行動に反対し、その枢機卿指名に当たっても妨害工作をした、と伝記作者たちに信じられている。対して、信仰における良心の決定的重要性、教義の歴史的発展、教会における一般信徒の役割などを強調し、さらにはキリスト教以前の東方諸宗教の中にも神は真理を開示しているとする司祭ニューマンは、マニングらウルトラモンタンから見れば、「イングランドで最も危険な人物」に他ならなかった。

目を日本に戻せば、当然、日本の教会もこの全教会的ウルトラモンタン体制のもとに置かれることとなった。それが具体的にはどのような事態であったのか、資料に即して検証可能な事柄ではなく印象に止まらざるを得ないが、それでも一言すれば、明治以降、二十世紀中葉に至るまでカトリックの新布教地域であった我が国では、多くの教区の運営がヨーロッパ系修道会の手に委ねられてきた事情が多くを説明するのではないだろうか。こうして、教皇庁の意向が強く支配した日本の教会では、人々の心に深く根付いてきた仏教が無神論として批判され、従順な信徒大衆の、教皇礼賛の声が響きわたった。

しかし、それはそれとして、この時期の日本、いやカトリック世界全体について、ウルトラモンタニズムの支配だけを強調するのは、やはり歴史の過度の単純化との誹りを免れない。再びヨーロッパのカトリシズムを眺めると、ニューマンの死後、各国に少数ながらロアジー（フランス）、ティレル（イギリス）、フォン・ヒューゲル（同）など、活発に活動するリベラルなカトリックの神学者、哲学者たちがいた。彼らはいずれも孤高のニューマンを精神的師とし、教皇の権威主義的統治方法批判、神学における歴史的方法の導入、カトリシズムの近代文化受容などを主張して教会当局から疎外されていたが、最終的には一九〇七年、時の教皇ピウス十世の二つの教書によって、教会に歯向かう「近代主義」として、禁書目録への指定、さらには破門（ロアジー、ティレル）など苛酷な弾圧に曝された。だが、それにもかかわらず、二十世紀前半、教皇庁政治のウルトラモンタン化に与せず、現代世界におけるカトリシズムの積極的役割を模索する動きは、次世代に脈々と受け継がれた。マリタン、プシュワラ、ド・リュバック、シャルダンなど、その精神が教皇ヨハネス二十三世による第二ヴァティカン公会議招集（一九六二年）の背景を形成したことは今なお記憶に新しい。この会議には、歴史上最大規模と言われた第一ヴァティカン公会議の七百人をはるかに上回る、二千四百人の司教たちが全世界から参集した。教皇庁のウルトラモンタニズムはなお抵抗したが、もはや大勢を支配することは不可能であった。

カトリシズムの世界は広大かつ複雑である。そこでは、今述べたように、著しく相対立する組織や原理が同時に併存し、なお全体として一つの教会を形成している。その中で、一つ述べておきたいのは、圧倒的なウルトラモンタン体制教会のもとにもかかわらず、右に挙げたリベラル・カトリックの一人フォン・ヒューゲルを通じてニューマンが、我が国近代カトリシズムの思想的定礎者であった岩下壮一にきわめて強い影響を及ぼし、それが吉満義彦に引き継がれたのではないか、という推定が有力に成立すると思われることである。岩下は一九一九年からローマで司祭に叙品された二五年までのヨーロッパ滞在中、ロンドンのセント・エドモンド神学校でヒューゲルに師事した。司祭となって帰国後、神学者岩下は、優れて理性の時代である現代において信仰と理性の認識とはどのように関連し合うべきか、神与のものであると同時に人間的組織でもある教会とその権威とは何か、その歴史をどのように理解するのか、歴史の中でキリスト者はいかに国家とその政治的義務に向かい合うべきかなどを生涯追究し続けた。これらはそのまま、イングランドにおけるニューマンの課題であった。また、愛と祈りの人ニューマンは、同時に国家の現実政治への強烈な関心の持ち主であり、教会内政治の冷徹な分析者であった。それは十九世紀イングランドと状況こそ異なれ、日本における愛と祈りの人岩下における関心と分析でもあった。岩下の最も著名な著作は『信仰の遺産』であるが、この言葉自体、『アポロギア』第五章におけるニューマンのものである。また、常に実存的信仰を追究した彼は、ニューマンにも似てトマスの体系的理論には親しめなかった。それだけではない。司祭としての岩下は、一教区を司牧するという通常の生き方ではなくて、自己の所有する出版社を駆使して言論によって社会に働きかけるという、独立不羈の道を選んだ。これも、後に述べるオラトリオ会に依った改宗後のニューマンを彷彿させる生き方ではないだろうか。ニューマンと同様岩下も、教会の上長に対しては忠誠な司祭であったが、その思想と実践にウルトラモンタニズムの影はいささかも認められない。対して、司祭ではなく哲学教授であった吉満義彦には岩下のような問題領域への発言は少ないが、その最初の著書（昭和九年）は『カトリシズム・トーマス・ニューマン』と題され、ニューマンに近代カトリシズムの代表を見出そうとする吉満の鋭い直感がそこに見られる。大学論を除き彼が主として依拠したのは、前記プシュワラのニューマン論だったようであるが、そこでのニューマンとアウグスティヌスとの連想は印象的である(2)。

第二ヴァティカン公会議はニューマンの公会議であるとしばしば言われた。ウルトラモンタニズムのもとにおいては布教の全く受動的な客体とされた信徒大衆の、教会活動における積極的役割を再認識する信徒使途職の教令、「勝利の教会」としてカトリック教会のみを真理の排他的維持者なりとする主張を止め、「旅する教会」として現代世界の他の宗教との対話を求める宣言、明らかにプロテスタンティズムに遅れをとった聖書と教義の歴史的研究への意欲などにおいて、ニューマンにはいわば預言者的位置が与えられ、その研究は世界中で爆発的に増加した。日本においても、オクスフォード大学出版局刊 Past Masters シリーズの一冊、ニューマン研究の泰斗O・チャドウィック著『ニューマン』川中なほ子訳（教文館、一九九五年、原書は一九八三年）、『心が心に語りかける――ニューマン説教選』日本ニューマン協会訳（中央出版社、一九九一年）、I・カー著『キリストを生きる――ニューマンの神学と霊性』川中なほ子・橋本美智子訳（教友社、二〇〇六年、原書は一九九〇年）などの訳書の他、岡村祥子・川中なほ子編『J・H・ニューマンの現代性を探る』（南窓社、二〇〇五年）、長詩「ゲロンシアスの夢」の邦訳を含む長倉禮子『ジョン・ヘンリ・ニューマンの文学と思想』（知泉書館、二〇一一年）などがある。なお、川中には大部の『J・H・ニューマン研究』（教友社、二〇一五年）もある。これらは概ねニューマンの霊性を主題とし、主たる読者としてカトリック信徒を想定していると思われるが、いずれ劣らぬ労作である。今後求められるのは、思想家ニューマンを同時代全体の中に見て、ヨーロッパ近代思想史の中でのその位置を探ることであろう。本章がその一助になれば幸いである。

II 生涯と作品

(i) 人間・世界像の確立——『大学説教集』前半

本題に入るのに先立って、資料について若干の前置きをしたい。ニューマン研究には特異とも言える量・質双方にわたる資料上の困難がある。何よりも、彼の残した著書、論文、説教、書簡(二万点と言われる)の量は膨大である。それらの内、説教は『教区平明説教集』全八巻、『大学説教集』、ニューマンが設立し後半生を過ごしたバーミンガム・オラトリオ会編集の『書簡および日記』全三十二巻(一九六一―二〇〇八年)その他に纏められているが、『成義論』、『教会の預言的任務』、『キリスト教教義発展論』、『大学の理念』、『アポロギア』、『同意の文法』などを始め、数多い著書、論文は、ニューマン自身の校訂による「統一版」四十一巻のストックが第二次世界大戦の空襲によって版元で失われて以来、全体としての統一的整理は欠いたままである。また、ニューマンのテクストに特殊の問題として、彼はカトリックへの改宗後もアングリカン時代の作品の多くに手を入れ、刊行し続けた。その際、削除または改稿部分を彼自身認めている作品もあるが、そうでない大部分の作品については、実態はなお明らかでない。ただ、全体的に見て何を主要作品群とするかについては、ニューマン自身の言明の他、彼の同時代人やその後の研究者たちの間におよその合意があり、今後ともそれが根本的に覆される可能性は低いであろう。それでも、その最終的全体像、とくにテクストの信頼性についてはなお不分明感が残る。

だが、ニューマン研究の困難は資料の問題だけではない。それは、より本質的には、彼の思想とその表現形式による困難であり、その多くは、説教と論争の生涯を送った神学者ニューマンの論じた主題の多様さ、その処理のために彼自身が駆使したレトリックの複雑さに由来する。確かに彼は神学者であったが、多くの研究者が一致して認めているようにその神学は、説教はもとより、歴史論であれ教会論であれ、書斎に籠って抽象的、体系的な理論を紡ぎ出す哲学者のものとは程遠い。ニューマンの神学は、聖職者・信仰者として、また人間としての日々の実践の中から生み出された内省が、日々の祈りとともに厳しく鍛えられ、原理的思考にまで昇華したものであった。その根源には、世界の歴史の中で生起するすべての事柄は摂理のもとにあり、そこには無意味なものは何もない、という体験確信がある。したがって、ニューマンの描く世界は、構築的なものでも論理的完結性を誇示するものでもなく、彼自身も含めて多くの矛盾を内包したままの、混沌ですらある世界とならざるをえず、研究者はそれと真正面から相対しなければならない。彼／彼女には、ニューマンの論じた多様な問題それぞれについての具体的知識だけでなく、何よりも、見事なレトリックの中に巧みに織り込まれている思想の真実を剔出する努力が求められるであろう。勢い、点描法的叙述は不可避であるが、同時に、異なる情景に統一性を与えるための仮説の導入もまた不可避であろう。以下、限られた能力で私のなし得ることは、些かでもニューマンの人間・世界像を知るために、困難な状況下で彼の精神活動が最も活発であったと思われる、一八三〇年代から四〇年代前半までの作品を中心に、私なりの紹介と分析を試みることに尽きる。

本題に入る。私の作業は、ニューマンは公的世界に登場するに当たってどのような心性と精神世界を持ち、そこからどのような行動と言説が生まれてきたのかを理解する試みから始まる。当然、この目的のためには、概略的にせよ、ニューマンの伝記が念頭になければならない。ニューマンには、ヴィクトリア時代文人の共通願望以上に、生涯のそれぞれの状況で、公人として置かれた自らの立場の特異性の強い意識のためか、死後に書かれるであろう自己の伝記に対する強い関心があった。晩年に至るまで彼が、過去の著作の多くに手を入れ続けたのは、そのためであったと考えられている。彼は、自分について書く作者は、物語の芸術性にこだわるbiographerではなく、記録を淡々と述べるeditorであって欲しいと願った、と『自伝草稿』に記されている。以下、主要な伝記に依拠しながら、まずは、最初の重要作品である『大学説教集』までの彼の生涯を概観してみよう(3)。

ジョン・ヘンリー・ニューマンは一八〇一年、銀行家ジョン・ニューマンの長子としてロンドンに生まれた。母親はユグノーの家系の出であった。弟妹は五人。家庭は宗教的には真摯な、しかし過度に禁欲的ではない平均的イングランド国教徒に属するそれであったと言われる。それはジョン・ヘンリーの少なくとも幼少時代、厳格な父親と愛情豊かな母親のもと、親密な、暖かい家族であったと考えて間違いないであろう。彼はこの家庭の記憶を生涯慈しんだと思われる。もちろん、異なる個性を持った子供たちの成長とともに、彼らの間の紐帯の弛緩、相互の意見対立の進行は不可避であったが、それにもかかわらず、ナポレオン戦後の不況による父の銀行の破綻がもたらした一家の経済的困窮の時代、さらには一八二六年の父の死後も、長男ジョン・ヘンリー（以下、ニューマンと記す）は母親や、すでに疎遠になっている弟たちも含めて、家族の全生活を担い続けた。それは彼の全生涯にわたって継続することとなる。常にニューマンの居所の近くに住むことを願った母親とはとりわけ精神的に親密であった。数多い母親宛の書簡はいずれも驚くほどの長文である。

年譜に戻れば、ニューマンは一八〇八年、イーリングにある、パブリック・スクールではない私立寄宿学校に入学、一七年、オクスフォード大学トリニティ・カレッジに進学したが、二〇年の卒業試験で上位成績獲得に失敗、発奮して二二年、当時オクスフォード大学では最も知的水準の高かったとされるオリエル・カレッジのフェローの採用試験に応募し、ラテン語に優れていた彼は、連続三日間にわたるラテン語エッセイ作成を克服して見事に合格、次いで二五年、イングランド国教会司祭に叙階、聖職者としての生涯を踏み出した。母親はニューマンがいずれ結婚することを希望していたが、この時代、聖職者の結婚はカレッジの外に出なければならないことを意味しており、いかに母親思いであっても、すでに生涯をカレッジに棲む独身の聖職者として過ごす決心を固めていた彼は、これには応じられなかった。二八年、弱冠二十七歳にしてオクスフォード大学付属聖マリア教会司祭就任、この間オリエル・カレッジの宗教的雰囲気、とりわけ志を同じくするJ・キーブル、E・ピュージー、

H・フルードなどとの交流の中で、とくにニカイア公会議（三二五年）以前のキリスト教史への関心を深め、生涯にわたる教父研究の基礎を築いた。しかし、同じ二八年、カレッジのチューターとして、学生指導の方針、さらにはカリキュラム編成権を巡って同僚のフェローとともに学寮長ホーキンズと衝突、チューターを解任されるという事件を引き起こす。両者の対立の根本には、学生の個人的宗教指導を重要視するニューマンたちと、それは学生層を二分するとして反対する管理者ホーキンズとの意見の相違があった。これは一カレッジ内の紛糾ではあったが、すでにそこに、全国教会問題としてのオクスフォード運動に対するニューマンの立ち位置の萌芽を見るのは不自然ではない。

ニューマンが一人の神学者・思想家として歴史の中にはっきりと姿を現わすのは、七ヵ月にわたる南欧旅行からの帰国直後、一八三三年九月、オクスフォード運動の開始宣言とされる『時局論叢』（*Tracts for the Times*, 以下「トラクト」と表示）第一号の執筆者としてであろう。通常、ニューマンの生涯はその宗教的立場の推移に従って、いくつかの時期に分類されるが、ここではそれと関わりなく、およそ一八三〇年代初期にはその思想の根幹は確立していたと見て議論を進めたい。その時すでに彼は、後に一八四三年、一書として公刊される『大学説教集』全十五篇の内九篇の執筆を終えていた。また、教区でなされる多くの日常の説教と合わせて、聖マリア教会司祭としての毎週日曜日午後の説教は、彼の中で以後精神の習慣となる説教者としての明確な使命感を培い、その真摯さによって大きな人気を博しつつあった。伝記作者I・カーが強い印象を受けたと言うニューマンの言葉がある（Ker 1988, p. 42）。曰く「最も役に立つ人間とは最も高位に昇った人ではない。かつてのフッカーやハモンドは一人の平司祭であった」（*LD*, II, p. 255）。教会の良き教師たることは、ニューマンの全生涯を貫く基本姿勢となった。

ところで、ここで暫時立ち止まって、ニューマンの遺した大量の説教の、本章での取り扱いについて一言しておきたい。聖職者の生涯において説教が大きな比重を占めるのは当然である。ニューマンの場合、一八二八年から十五年間のアングリカン時代になされたおよそ六百篇の大部分が教区説教であり、またその半数以上は一八三二年以前という、若い数年間のものであった。以て教会の良き教師たらんとする情熱を窺わせるに足るであろう。

説教は、特定の時と場所における、特定の聴衆に対する、特定の問題についての説教者の内的体験の〈語りかけ〉である。もちろんその語りかけに対しては、時と所において遥かに隔たり、言語を異にする日本の読者である私も、私なりの条件のもとで応答することができる。しかし、さりとてその応答は、それをもって私が彼の思想原理を抽出・再構成することを直ちに許すものではないであろう。ニューマンの説教群は、それ自体として独立の扱いを要求する作品群である。この観点から本章では、改めて述べる『大学説教集』を別として、彼の説教全般に関する分析作業は断念せざるをえないが、ただ一つ、聴衆を魅了した彼の説教の音楽的効果と、その背景にあると思われる音楽体験についてだけは短く述べておきたい。それはニューマンの精神の一つの特質と、その形成を物語るからである。

さて、ニューマンの説教の魅力については、それに惹かれて聖マリア教会に足繁く通ったM・アーノルド晩年(一八八三年)の有名な回想がある。曰く「午後の淡い光の中、聖マリア教会の側廊をすべるように進み、説教壇に登るや、他に比べようもない魅惑的な声で静けさを破り、宗教的な音楽そのものである霊妙、甘美、哀愁の言葉と思考で思いを語り始める、その霊的な姿の魅力に、いったい誰が抵抗できただろうか」(日本ニューマン協会訳『心が心に語りかける』二頁。一部訳文を変更した)。この一節の引用に加えてカーは、特徴的なのは「低くて柔らか、しかし人を鋭く刺すと同時に高揚もさせる音楽的な声の甘美さ」であるという一節も引き、ここでの唯一の修辞上の加工は長い休止(符)のみであり、ニューマンは身振りもなく、ひたすらテクストに目を注いでいたと述べている(Ker 1988, pp. 90–91)。

私には、アーノルドの、陶酔とすら見えるこうした反応は、カーも見ているように、決して表面的な説教技術または演技によるものではなく、ニューマン自身の体験に培われた内的音楽性によるものではないかと思われる。ニューマンには、十歳の頃に父親から与えられた「クレモナ」（製ヴァイオリン）の練習に始まり、生涯続く深い音楽体験と情熱があった。彼はヴァイオリンを気に入って熱心に練習し、かなりの技術水準に達したと思われるが、そうした音楽への集中は、パブリック・スクールのように厳格な教育体制のもとではおそらく不可能だったであろうと言われる。『自伝草稿』には、他の伝記に散見されるよりはずっと多くの音楽にまつわる記事が見られるが、その一つに、トリニティでの新入学生時代、楽器の演奏行為に対する学生たちの軽蔑の視線を感じて著しく不快に思い、酒席で求められた演奏を強く拒絶したという書き込みがある。オクスフォードに送られてきたイングランド上流階級の子弟たちの感覚からすれば、ヴァイオリンの演奏は必ずしも自分たちの仲間に相応しい、尊敬すべき行為ではないと感じられたのであろう。後になって、『大学の理念』講義に次の一節がある（*The Idea of a University*, 1852, sec. 5）。曰く「音楽はある種の現代人の目には卑しむべきものかもしれない。だが、アリストテレスとプラトンは最高の地位を与えている」。ニューマンは演奏だけではなく作曲もしたようであるが、曲として何が創られたかは分からない。それらは、彼が設立し、愛したオクスフォード郊外にあるリトルモア教会での礼拝用だったのかもしれない。彼の好みはもっぱらドイツ古典派であったが、中でもベートーヴェンに強く惹かれていた。書簡には、晩年（一八六七年）、訪れた妹のピアノで、悲愴感漂うイ短調ヴァイオリンソナタ（第四番）第一楽章を私的に演奏した際の感動を述べた一節もある（*LD*, XXIII, p. 255）。

年譜に戻る。くり返し述べてきたように本章は、思想家ニューマンの生涯にわたる人間・世界像をその一端でも知るための試みである。私は、この目的のためには、ニューマンの伝記に一般に見られる、その信条の変化を目安とする時期区分は必ずしも有意ではないと考える。理由は、資料を読み進めるうち私の中に、ニューマン思想について次のような仮説が形成されてきたためである。

私の仮説は、彼の生涯のすべての論議を貫通して、ニューマンの自己認識の深層には、きわめて堅固かつ不変で、しかしその中には矛盾をも包摂する動的構造を持つ、一言では言い表わせない、しかも人間にとって普遍的である〈何ものか〉が存在し、それが彼を動かす、という意識があったのではないか、とすれば、改宗という劇的行為にもかかわらず、彼は歴史上あらゆる思想家の中でも実は最も変わり難い精神の持ち主であり、改宗も、カトリシズムがその〈何ものか〉の指示に最も親和的と思えたからこそなされたのではないか、というものである。ニューマンの精神は、例えばカントのように、出発点に何らかの抽象的概念を置き、そこからの論理的演繹によって認識の体系を構築するのではなく、反対に、論理的一貫性を誇る演繹を、静的で「非現実的」(unreal)――ニューマンがしばしば使う言葉――として嫌い、むしろ自己の体験確信を拠りどころに、現実へその〈何ものか〉の認識を反復適用することを通して、自らの時々の行動を決定していったのではないだろうか。別の言い方をすれば、一見彼の思想と行動における変化と見え、ニューマン自身もそう認識していた(かもしれない)ことも、実は、その時々の状況の変化がもたらした困難体験の位相の変化だったのであって、その底には、彼が大切にした、変わりない世界認識があり続けたのではないだろうか。晩年の彼は、自分は何も変わっていない、と漏らすこともあった。イ短調ソナタの与える衝撃は分析しがたいという言葉も、音楽における彼の固い体験確信の表明と考えられないであろうか。論者によっては、ニューマンの議論には論理的発展が欠けている、あるいは行論の中に不要な反復が多いなど批判する向きもあるが、殊更にそれをあげつらうのは、ニューマンの精神特性への無理解ではないかと思う。

では、この仮説が妥当だとして、次の仮説に進めば、ニューマンの中にあるその〈何ものか〉を、観察者(研究者)が著しくは誤らずに認識できるのは、彼の生涯のいつ頃のことであろうか。当然、それは内的経験の蓄積の外的現われである以上、その形成を特定の時点に求めるのは不可能ではあるが、私は、すでに述べたように、オクスフォード運動の開始直前、一八三〇年代初期にはそれが明確に、しかも純粋な形で姿を現わしているのではないかと想定する。テクスト上のその主たる根拠は、『オクスフォード大学においてなされた十五の大学説教』(*Fifteen Sermons Preached before the University of Oxford*, 1845) である (以下 *US* と表示)。この説教集は、大学の構成員を対象として、前半の九篇が一八二六年から三二年にかけて執筆された。第十説教以下六篇は、オクスフォード運動、教父研究、さらには本節第iii項で述べる「中道」教会理論などへの精力傾注のためか、七年の中断を隔て、一八三九年以降の執筆であり、最終篇、第十五説教のそれは、すでに運動の終息した四三年である。そして、その年に全十五篇が一書として公刊された。彼は一八四七年、この説教集とくにその後半の六篇を、それまでの自分の著作の中で「最も完璧ではないかもしれないが最善」の作品と自己評価し (Ker 1988, p. 257)、その後も何度か版を重ねた。現在私の手元にあるのは、一八七二年の第三版のファクシミリである。

以下、この『大学説教集』の中のいくつかを選択し、立ち入って考察したい。理由はもちろん、ニューマン自身がそれを重要視した右の言葉であるが、その意味を私なりに解釈すれば、この説教集全体を通して、個々の説教の理論的完成度はすべてが必ずしも高くはないにもかかわらず、取り上げられている主題の多くが重大である。ここで論じられたキリスト教と科学、信仰と理性、前世紀シャフツベリー伯のいわゆる道徳感覚論批判、教会と聖書、キリスト教教義の歴史的発展など、その多くをニューマンは改宗後も晩年に至るまで真剣に論じ続けた。前半に限って見ても、とくに一八三〇年に書かれた第二説教には、一世代前のコールリッジを想起させるほどの良心の絶対性の主張、関連して、神への人格的愛とそこから発する人間への愛の問題をめぐる、ニューマンのすでに成熟した内的対話が展開され、短いながら圧巻である。チャドウィック『ニューマン』第四節「信仰」の中で示唆されているように、おそらくは幼年の頃から、ニューマンにとって神は明らかに具体的人格性を持った存在であり、生きたその声が、良心を通して語りかけてくる統治者、裁き手であった。後年の『アポロギア』第四章における有名な言葉、「人間とその神との間においては一切の事柄が面と向かい合った対決であり、「独り、独りなる神とともに」なのである」(巽訳、下、五五頁) は、少年の日以来ニューマンの体験確信だったのであろう。

だが、すでに成熟した思想家である彼は、神との関係における各人のこの本質的孤独、さらにはこの世の虚しさ、その本質的幻影性を前提にしながら、なおかつその確信の上に、人間相互の関係性の原理として〈心と心の交わり〉を構想し始めている。「心が心に語る」（cor ad cor loquitur）とは、遥か晩年、枢機卿ニューマンが紋章としたモットーであった。私はここに、常に彼岸此岸双方を眺め、世界をその全体性において見ようとする、生涯にわたる彼の姿勢を感ずる。他方で彼は、すべてのキリスト教徒と同じく、人生行路のあらゆる時点において、いかに行為すれば自分は救われるであろうかという、本質的に個人的で、同時に普遍的な宗教的実践の問題に取り組んでいる。若きニューマンはすでにオクスフォード運動以前、説教者として高い評価を得ていただけではなく、大著『四世紀のアレイオス主義者』（*The Arians of the Fourth Century*, 1833）の他、キケロ論などいくつかの論考を公にしていた。しかしこの時期の彼は、さまざまな具体的状況に制約された以後の時期とは異なって、未だいかなる公的論争にも巻き込まれていない。彼は人々の心に働きかける教師たることを天職とする一人の若き司祭として、ひたすら自己の内面に映る人間とその歴史を見つめている。それは本質的に非政治的精神であり、彼はその精神を生涯生き続けるであろう。だが、同時に、説教が回を重ねるにつれて、彼の中にある論争的かつ政治的精神も目を覚ましていった。間違いなく、大学説教は論争家ニューマン誕生の機縁でもあった。

テクスト各篇の分析に入る。第一説教は「哲学的気質は最初福音によって命じられた」と題されている。この説教は、大学総長指名による三篇の内最初の、しかもこれだけが一八二六年（二十五歳）という早い時期のものであるだけに、行論にはニューマンらしさが未だ十分に発揮されていないという印象もあるが、全体の趣旨は明晰である。彼は、キリスト教は科学に敵対的であり文明の進歩を妨げている、という通俗的批判に立ち向かい、キリスト教は本来学問と親和的な宗教であったと主張する。彼は言う。科学と啓示宗教すなわちキリスト教は、万物は定まった法則のもとにあるとする点において、深いところで一致する。だからこそ、近代の最も優れた哲学者たち（ベイコンとニュートンか？——半澤註）も自らの理性を福音に服従させているではないか。実際、キリスト教こそ科学の精神の生みの親であった。聖書の書かれた時代、聖書とその流れを汲む以外のすべての宗教が、世界をバラバラな独立要因の相互妨害行動のもたらす混沌としてしか見られなかったのに対し、独り聖書の筆者たちのみが、奇跡すらも一貫した神の意志の発動と見ることができた。確立した法則の体系を前提する哲学の精神は、啓示宗教のそれでもある。だからこそ我々は、国境を越えた科学者たちの結び付き、兄弟精神を称揚しているではないか。それは、およそ古代には存在しなかったものである。キリスト教が愛（charity）の精神でそれをもたらした。ニューマンはこのように論じながら、他方、科学的発見で優れた人物が、宗教によって命じられる行為には乗り気でないといった、近代における宗教と科学の乖離も指摘し、両者の適切な関係の回復を求めて講義を結んでいる。ここには、『大学の理念』で詳しく展開されるカトリックの立場からする学問論の萌芽と同時に、啓蒙の〈学問の共和国〉論の影もまた認められ、今後彼が展開していく歴史に対する視点の複合性を示している。青年ニューマンの関心は、すべて宗教問題に集中していたのではなく、ヒューム、ギボン、ヴォルテールからさらにはペインまで、広く啓蒙思想を蔽っていた。近代に対するニューマンの両義的な、しかし、その「リベラリズム」批判にもかかわらず基本的には肯定的な態度には、イングランドで形成された養分を十分に吸収した精神の、深い根があったと見るべきであろう。

第二説教「自然宗教および啓示宗教それぞれの影響」は、一八三〇年の執筆である。ここでは〈良心〉という心の現象の本質が直接かつ明快に論じられており、『大学説教集』前半の白眉である。ニューマンは自然宗教における良心と、キリスト教的良心観念との対比を論じて次のように言う。良心は、あらゆる自然宗教において本源的原理であり、根拠である。すべての人間は世界外の力の存在と、世界へのその交渉を知っている。自然宗教は、魂とその外にある至高の存在との関係を含み、来るべき生、褒賞と罰の予感を与える。だから異教の国においても、伝統的な迷信の中で、正邪を正確に識別することができた。しかし、キリスト教における良心の観念を成り立たせた神の人格性の観念、すなわち、統治者、裁き手としての神の観念は自然宗教には無い。裁き手について自然宗教は何も言わない。アリストテレスが有徳な人間の極致を描こうとしてできなかったのは、〈受肉した神の子〉を知らなかったためである。こう論ずるニューマンが第二説教の結びとした次の言葉は、すでに見たように、ニューマンにおいては内なる「良心」の声が即ち、受肉し、真の人間性をも持つ神の与える生きた声であり指示であると理解されていたことを、雄弁に物語っているのではないだろうか。曰く「我々は神の子の姿を不断に目の前にし、彼が、その面貌、その声、その身振りでもって我々の私的な考えや、世界との関わりを是認しているか、否認しているかを、恰《あたか》も彼が感覚的にも現前するかのように行為しつつ学ばなければなりません」(*US*, p. 36)。

ニューマンのすべての言説と行為は、以後、生涯にわたり、人間行為における生きた神の声としての「良心」の現実性と最枢要性、というこの体験確信の上に築かれることとなる。この点はどれほど強調しても、し過ぎることはない。それは、彼の宗教哲学上の主著とされる晩年の『同意の文法』(*A Grammar of Assent*, 1870) においても、良心論がその最重要軸の一つの位置を占めているところからも明らかである。なお、同じことを物語る具体的事例として、同じく晩年の有名な次の一件もここで挙げておくに値するであろう。一八七四年、グラッドストンは第一ヴァティカン公会議における教皇不可謬宣言を批判して、「市民としての忠誠に関わるヴァティカン教令について——政治的諫言」と題するパンフレットを発表した。彼は、この「新教義」の要求する、カトリック信徒に対する教皇への絶対服従義務は、イングランド市民の思想の自由を奪い、彼らの政治的服従義務の順守を教皇の意思次第とするものであり、到底受け入れられないと主張した。ただ、グラッドストンのこの主張は、イングランドでは決して新しいものではなく、すでに十七世紀から唱えられていたことは、ロックの寛容論にも明らかである。ロックはキリスト教諸派には広範な寛容を主張したが、カトリック教会だけは、他国の君主の保護下にその君主に奉仕する教会であるとして、無神論とともに寛容の対象から排除した。このカトリック・イメージは十九世紀においてもなお不変であった。

これに対してニューマンは、最有力のカトリック貴族『ノーフォーク公爵への書簡』（*A Letter Addressed to His Grace the Duke of Norfolk*, 1875）と題する長文の反論を著して、イングランドにおけるカトリック教徒の実際の行動からしても、グラッドストンの批判は当たらないと論じた上で、さらにこの「書簡」を構成する「教皇の教会」、「忠誠分裂」などの節と並んで置かれた、「良心」の節で積極的な良心論を展開した。そこでニューマンは、「良心とは実践的判断または理性の指示である。それによって人は、今ここで何を善としてなすべきか、何を悪として避けるべきかを判断する」というトマスの言葉を引き（*ibid.*, p. 134）、良心と自然法とは同義であることを明らかにした上で、強い調子で、人はその指示には絶対服従しなければならないと論ずる。ニューマンは言う。各人の個々の行為に関わる良心と、一般的命題のみを語る教皇不可謬権に基づく教令とが直接的に衝突することは本来ありえない。しかし、教皇のその他の行為は当然に可謬であるからには、きわめて稀なことであろうが、教皇の言葉と自分の良心とがどうしても相容れない極限の場合はありうる。その時には人は自己の良心に従って教皇の命を拒否しなければならない、何となれば良心は最も根源的な「キリストの代理者」だからである。多くの神学者の議論に訴えながらこう論じた後でニューマンは、その後彼の言葉として引かれることの最も多い次の一句で、「良心」の節を結んでいる。曰く「もし私が食後の乾杯に宗教的な何かを言わなければならないとしたら、お好みならば教皇に乾杯しよう。ただし、「良心に」を最初に、その後で「教皇に」」（*ibid.*, p. 138）。もちろん、ニューマンのこうした定言的言明の背後には、良心の可謬性、いや、それ以上に、自由意志による良心への反逆可能性の認識もまた厳としてあった。ニューマンの良心観念は、言うなればきわめて明晰で透明な心の作用である。対して、それが働く現実の世界は不透明で矛盾に満ちた所与であることを彼は十分に認識していた。それが、彼の生涯の行動を貫くある種ダイナミズムの根源だったのではないだろうか。

良心を以て「キリストの代理者」とする、ニューマンにおける良心の観念のこうした、言わば強い人格性は、アウグスティヌスを想起すればすぐ了解できるように、カトリックにとってはある意味で当然である。しかし、近代ヨーロッパ思想史の文脈で見れば、もはやそれは決して自明ではなかった。ニューマンより一世紀前のルソーを考えてみよう。知られるとおり、ルソーは『エミール』の中の「サヴォア助祭の信仰告白」で、良心を集中的に論じている。彼によれば、良心は自由な存在者たる人間の真の案内者である。良心の導きに従って各人は、偏狭な自己利益を離れて、宇宙の秩序について瞑想し、賛美し、そこに感じられる賢明な創造者を崇拝することができる。これこそ自然宗教そのものであり、人間はそれ以外の宗教を必要としない。特定の教理を持ち出すことは、偉大な存在者についての明白な観念を明らかにするどころか混乱させ、不条理な神秘によって地上に戦いをもたらすだけだ。

ルソーの議論の目指すところは明白である。彼はアリストテレス以後、キリスト教もまた受け継いできた目的論的世界像と自由意志説の人間像は継承しながら、同時に、良心の根拠として、「自然」という非人格的・抽象的観念に訴えることにより、彼の主張からキリスト教との連想を払拭しようと意図している。この議論は、キリスト教思想の歴史的・実定的部分を感性的として排除するカントに引き継がれて、より明確な理論性が賦与され、近代思想を支配することとなった。だが、カントにおいてキリスト教思想から最終的に離脱した、とりわけ二十世紀の自由論は、たとえカントの末裔たることを意識してはいても、その実質は、ロールズに代表されるように、目的論も自由意志説も良心論もすべて放棄または否定して、個的利益の相互妥協の理論と化した。一九二七年、ハイデガーが『存在と時間』で良心を論じながら、そこから一切の超越性と行為指示性を剝ぎ取り、個人の内側で理想的自己の在り方を仄めかす密かな声としたのは、思想史からの良心退場劇の象徴的場面ではなかったろうか。そのハイデガーは唯々としてナチスに走った。

第三説教「福音的聖性は自然的徳の完成」は、一八三一年三月に講じられている。この題名は、自然宗教に対するキリスト教の優位を説いた第二説教の延長であるかのような印象を与え、実際そのとおりであるが、実は同時に第一説教の敷衍でもあり、近代文明とその洗練に対する一定の承認を前提にしながら、他方ではそれに対する決然たる批判表明である。曰く

「社会が一層進歩した時代にあっては、行為の正直さと振る舞いの礼儀正しさにおいて、より大きな純真さが広まる、というのは真実です。しかも時にこれらは、特殊にキリスト教的性格の証左であると説明されています。しかし、両者に必然的関係はないのが事実であって……徳への国民的愛はたんなる知的文化以上のものではありません。それは感受性ありよく指導された良心を立証しません。このことは歴史に明らかです。……〔世の中では多くの原理が語られていますが〕それらはこの世のものです。彼らはこの世について語り、この世は彼らに耳を傾けます。世界の真の光は、人々を魅するよりは機嫌を悪くするのです。……キリスト教は我々を来世に向けて準備させようとしていることを忘れてはなりません。……思想の自由、啓蒙された公正さと優しさ、これらは文明の落とし子ではあっても、キリスト教精神の形式と感情における敬虔とは全く異なる、ということは証明の必要もないのです」（*US*, pp. 40–42）。

ここでニューマンが、人間的徳とキリスト教的徳との対比を通じて、キリスト教の本質的彼岸性を強調していることは見間違いようがない。第三説教の結び近くに置かれた次の一節は、とくにアングリカン教会の担い手たる聖職者、フェロー、およびその予備軍としてのオクスフォードの学生たちに対する、いや増す世俗化に抗して宗教的覚醒を求めるニューマンの悲痛な呼びかけと読める。曰く

「我々は、使徒が創設し、以来とりわけ聖霊とともにある身体（body＝団体――半澤註）の構成員であることを、正当にも誇ることができます。我々は聖書の十全な光で祝福され、すべての教会の内で最も正しい信条を持っているのです。……ところが、このキリスト教国の現実の状態は、人々が明らかに彼らの上に圧《の》し掛かっている悲哀を免れようと願っているとは見えません。彼らは自然的卓越と霊的卓越の違いの何たるかを認識しているとは見えず、異教では推奨されてもキリスト教の救済には役立たずの、改悛なき人々の道徳性以上に高いところに登

ることを目的にしているとも見えません」（*US*, p. 51）。

こうした言葉は、立場の表明としては明快そのものである。しかし、その読解には注意が必要であると思う。ニューマンの言説においては、すべての事柄について、批判には受容が、受容には批判がそれぞれ含意されている、とはしばしば指摘されることであるが、第三説教でも、自然的卓越についての彼の描写には、批判の中にも慎重さが認められる。ニューマンは、批判の対象については注意深く記述し、そうすることによって、自己の主張が全称命題化するのを回避することに常に努めた人であった。当然それによって彼は、とりわけその改宗期に、アングリカン、カトリック双方から、それぞれ偽装カトリック、偽装アングリカンとの嫌疑に晒され、困惑させられることとなった。しかし、こうしたニューマンの議論のいわば双方向性は、前出二三七—二三八頁に仮説的に述べた心性の顕れであろうか、例えば良心の絶対性と権威への服従、強い彼岸志向と音楽も含む感覚の喜びの承認、強い非政治主義と鋭い政治性など、彼の議論の多くについて認められ、彼の思考の一つの特質をなしていると考えるべきであろう。それは、本節冒頭第二パラグラフに述べたように、ニューマンにとっては世界に生起する事柄に無意味なものは何もなく、混沌の世界で人は、良心と自由意志に従って生きなければならないという、アウグスティヌス的体験確信の現われだったのではないだろうか。なお、ここでの人間的徳対キリスト教的徳の主題は、その後もくり返され、改宗後も、とくに一八五二年の『大学の理念』の中ではいわゆるモラル・センス学派批判として展開されることとなる。

続く第四説教は「理性の越権」と簡潔な題名で表現され、第三説教と同じ一八三一年の年末に講じられた。主題も論調も、明らかに第三のそれの敷衍である。ガリレオ問題を想起させるためであろうか、ニューマンは次のように言う。聖書は知的卓越については沈黙している。誰も知性の卓越やその名誉を否定しないが、問題は、その及ぶ範囲が本来のところを超え、独立の権威として、道徳や宗教の分野を侵さないかということである。かつては、宗教目的を持つ聖書の中のあれこれの言葉を、物理的問題の決定に適用しようと考える人々がいた。だがそれが誤りであることは、現代においては思考する人ならば誰もが完全に分かっている。それは、かつては神学が侵した越権であったが、現在では理性が侵略者となり、道徳感覚という、人間本性の別の部分に属する真理について判定を下そうとしている。「奇跡論」の中でヒュームは言っている。「人間理性の原理でキリストの宗教を擁護しようとする人は、危険な友人、または偽装した敵である。我々の最も神聖な宗教は信仰に基礎付けられているのであって、理性にではない」。ニューマンは、ヒュームのこの言葉はアイロニーで言われているが、啓示のすべての重要な点に関する限りそれは真である、と結論付ける（*US*, p. 60）。

ところで、ニューマンの議論にしばしば見られることで、レトリックの一つであろうか、彼は一つの重要な観念の周囲に、それとは一見遠い事柄についての議論を配置し、それらの綜合的理解を、説明無しで読者に任せることがある。第一説教でのキリスト教と科学的精神の並列はその一例であるが、第四説教でもその終結近くニューマンは突如、宗教改革について言及して独自の論理を展開している。曰く

「理性の越権は宗教改革に始まると言ってよいでしょう。その時、専制と合わせて教会の正統的権威が、またある場所においては、その究極の基礎たる道徳感覚もまた、多かれ少なかれ転覆させられました。一派は教会に反抗し、他の一派はそれより進んで良心の法の至高権威を拒否しました。こうして、啓示宗教はその証明の大部分を失ってしまったのです。なぜならば、教会の存在はその外的証拠であり、道徳感覚は内的それだったからです。今や理性は自ら廃棄したものを手直しし、教会と自然法とは無縁に、キリスト教の証明を作り出そうとしています」（*US*, p. 69）。ニューマンは、ここでおそらくはルター主義と反律法主義を批判しているのであろうが、彼は両者の主張を反権威として一括し、それをヒュームの揶揄《からか》う「人間理性の原理」と強引に結び付けようとしている。

本題からは若干逸脱の虞《おそれ》があるにもかかわらず、ここで右の一節を引用したのは、こうした宗教改革と理性の越権との強引とも見える結び付けの背後には、後の改宗まで続くニューマンのアングリカニズム理解と、その裏

にあるプロテスタンティズム批判の特徴が微妙に透けて見えるからである。彼は、バークに代表されるように、全イングランドで自明とされてきた、アングリカニズム即プロテスタンティズムという理解を最初から承認せず、アングリカニズムとは、〈理念としての普遍的かつ可視のカトリック教会〉（Church Catholic）をイングランドにおいて担う、いわばその地域的一セクターであると考える。対してプロテスタンティズムは、可視の教会を否定する、歴史意識なき個人主義の集団とイメージされている。この問題についてニューマンは、後に見る『教会の預言的任務』の中で詳細に論じているが、こうしたプロテスタンティズム批判こそ、彼のカトリック改宗の、重要な伏線だったのではないだろうか。

ニューマンがこの考えを抱き始めたのはいつ頃であったのか、という論議にはここでは立ち入らないが、早くも一八二五年の『自伝草稿』には次の記述がある。「私は今でも、洗礼という行為にはいつでも聖霊が伴うなどとは思わない。人を恩寵の王国の内に連れていくのは、ただ秘跡のみである」（*AW*, p. 206）。これは洗礼における赦しの恩寵体験を重要視するプロテスタンティズム、とりわけ福音主義に対する正面切っての反論と読める。また、少なくともニューマンの時代のアングリカン教会は、秘跡を否定はしないが、その実践については消極的だったことも考えれば、この言葉はカトリックのそれと受け取られてもおかしくない。さらに別の事例を挙げれば、一八三二年ニューマンは、計画されていた〈神学叢書〉の一冊として『四世紀のアレイオス主義者』を執筆したが、叢書の編集者の一人から、「ニューマン氏の伝統概念は、我が教会のプロテスタント筆者たちの主張とは正反対と私には見える。……〔また〕ニューマン氏の見解は、ローマ主義の著者たちに好意的と見える」（*LD*, III, p. 105）という批判を受け、結局、それは該叢書の一冊としては採用されず、独立の書物として翌三三年に刊行された。この事実は、ニューマン自身の意識とは別に、彼の作品が読者に与えた印象を例証するものと見るべきであろう。

結局、ニューマンの立ち位置は、一八四五年になされた改宗の遥か二十年も以前から、カトリックに近かったのではないだろうか。夭折したオリエル・カレッジでの親友H・フルードの中世カトリックへの傾倒が強い影響を及ぼしたと通常見られているが、そこにはそれを受容するニューマンの精神が予めあったと見るべきであろう。もちろんそれは、一八三〇年代初期、彼が密かに教皇の教会を支持する〈偽装アングリカン〉であったなどということを全く意味しない。彼はアングリカンの多くの人々とともに、聖マリア崇敬や聖人崇敬を押し付けるローマ・カトリックは、堕落した「反キリスト」の教会である、と真剣に批判していた。だが、そうしたローマ批判にもかかわらず、アングリカン・ニューマンの、言うなれば〈プロテスタンティズム嫌い〉はすでにこの時期には明らかであり、彼のキリスト教史理解の不可欠の一部となっていたのではないだろうか。

一八三二年に執筆された第五説教は、「真理宣布の手段としての個人の影響」と題されている。それまでとはかなりの主題転換と言えよう。ニューマンは、世から貶められていた使徒以下の信徒たちがなぜ最終的には成功を収めたのか、なぜ、多くの立場が混交し雑多だった教会という集団が、その後何世紀にもわたり、最初の原理を守り続け、世俗権力の支持を獲得できたのかと問い、その答えを、最初の三世紀に生きた、卓越した教父たちの個人的努力と影響力の中に見出す。それは彼の地道な教父研究から引き出された教訓であり、一方では後の『キリスト教教義発展論』の骨格ともなる認識であったと同時に、他方では、翌年から始まったオクスフォード運動における、彼自身のきわめて個人的な行動の基本的スタンスともなった。だが、第五説教で彼が延々と語る個々の歴史的事例を記述するのは、その精神の中心的軌跡を追う本章の趣旨ではない。第六説教から第九説教にかけて展開される人間の本質的罪性の強調、同時代ソッツィーニ主義と神人愛主義（theophilanthropism）のオプティミスティックな人間観に対する批判も、彼の人間認識におけるリアリズム志向を示すものであり無視しえないけれども、遺憾ながらここでは割愛せざるをえない。

(ii)「トラクト」運動家ニューマン

年譜を続ける。一八三二年十二月、大学説教第九回を終えたニューマンはその翌日、病後の保養のため大陸旅行に出かけるフルード父子と同道して南欧に向け出発、諸所を巡り、ローマでは後の一八五〇年、イングランドにおけるカトリック教会位階制復活によって初代ウェストミンスター司教となるニコラス・ワイズマンと面会する。ただしこの面会は、五〇年以降の、同じカトリックでありながらすでにそれぞれ変化した立場にあった両者の接触とは異なり、形式的なものに止まった。翌一八三三年四月、フルード父子帰国。ニューマンは独り残ってシシリアを再訪、そこで熱病に罹り、三日間は死を意識したが、自分にはイングランドでなすべき多くの仕事があるという一念で病を克服し、七月初旬に帰国した。シシリアはその美しい風景と純朴な人々によってニューマンの心を慰めたが、ローマについてのニューマンの印象は、「脇目も振らず一本気な宗教心と、あらゆるこの世的楽しみ」、「使徒や聖人たちの殉教・墓と、心底から信じられている迷信、さらには贖宥状販売で建てられた豪華な諸教会」、といった恐るべき対照を持つ「残酷な場所」、「あらゆる種類の最高の卓越」の都市という複雑な感情であった(Ker 1988, p. 63)。

ニューマンがオクスフォードに戻ったのは七月九日、その数日後、十四日の日曜日にはJ・キーブルが大学教会で「国民的背教」と題した巡回裁判説教を行ない、聴衆に大きな感銘を与えた。キーブルは次のように訴える。かつてはキリスト教的国家を自任してきた政府と人民が、今や多くの点でそのキリスト教的制約を捨てようとしている。人々は他者の宗教感情に無関心となり、信仰の違いが相互の信頼度に影響することもなくなった。愛と寛容の名目で人々は、宗教的に最も重大な事柄について相互に無関心となりつつある。今や両親は、(考えるだに苦痛だが)使徒の権威が不適当と認定する学校に子供の教育を任せたり、異宗派間の結婚を勧めたりする。現世代に流行しているのは鷹揚さ(liberality)であって、今や聖職者ですら、寛容、国家の安全、民衆感情への共感などを理由に、自己の義務を考えるのを嫌っている。この事態はまさに「国民的背教」ではないか。我々の教会は危機に瀕している。神への服従と秩序、敬虔、純粋さ、キリスト教的愛、正義こそ最重要なのだ、等々。

当時、オクスフォード大学の詩学教授であったキーブルは、論争的で鋭角的なところもあるニューマンとは異なって温和な性格の人であったが、そのキーブルにしてなお発せられたこれらの言葉は、イングランドにおける宗教感情の絶望的な弛緩状態に対する強い危機感の表われと見なければならない。それは独りキーブルに止まらず、実際、ニューマンも含めてアングリカンの高教会的立場にある、真摯な聖職者たちが共有する時代の診断であった。キーブルのこの論調は、すでに見た「大学説教」第三に見られるニューマンのそれと多くの点で共通であることがそれを裏付けている。『アポロギア』第一章でニューマンは、キーブルの「国民的背教」説教の日を、オクスフォード運動すなわち「一八三三年の宗教運動の出発の日として〔自分は〕記念してきた」（巽訳、上、五〇頁）と回顧している。

ニューマンの帰国は、まさに嵐の中への、公人としての登場であった。時恰《あたか》も議会では八月十四日、いわゆるアイルランド教会改革法が成立した。この法は、財政上の理由からアイルランドにおける国教会教区の内十個所を統廃合し、同時に、大多数がカトリック教徒である住民に課されていて極端に不評な教会税の肩代わりとして、高収入の聖職者に課税するというものであった（Ker 1988, p. 64）。これに対してアングリカン教会内では、教区の設定は独立不可侵たるべき教会の自治権に属し、この法はそれに対する国家権力の不当かつ重大な侵犯であり、エラストゥス主義であるとして、ニューマンも含め強い非難の声が沸き起こった。

だが、政権に対する高教会派の不信は、この時期だけでもこれが初めてではない。先立つ一八二九年、いわゆるカトリック解放令に際しても、高教会派の支配するオクスフォード大学ははっきりと反対の意思表明をしていた。この解放令は、すべてのイングランド・カトリックに対して国政での選挙・被選挙権を認めるが、同時にその権利の行使に際しては忠誠宣誓を求め、また大学の職務への参加は認めず、イエズス会員に対しては独自の条件を課すなど、制約付きのものであった。それでも解放令は、イングランドに慣習的な反ローマ感情を強く刺激した。この感情は五〇年のカトリック教会位階制復活で頂点に達し、暴動など社会的にも不穏な状況を醸し出した。解放についてニューマンは表面的には中立を装ったが、実際は反対の一人であった（Ker 1988, p. 33）。トーリーの指導者ピールは、従来カトリック解放に反対であったにもかかわらず、アイルランドの反乱を危惧して解放政策に踏み切ったため、三二年選挙では自らの選挙区であったオクスフォードで落選の憂き目に遭った（Ker 1988, pp. 32–33）。

さて、この年譜は漸くオクスフォード運動に辿り着いたようである。ここでまず重要なのは、右に見たカトリック解放令、キーブルの巡回裁判説教「国民的背教」、アイルランド教区統廃合、そしてオクスフォード運動の開始は、相互に無縁なそれぞれ独立の現象ではなく、そのいずれもが一連の大状況の一コマだったことである。止まる処を知らない産業化と社会の世俗化は、教会人たちにとってももはや所与だったのであろうが、ことさらこの時期に彼らの不安感を煽ったのは、フランス大革命から七月革命、そして一八三二年選挙法改正を一貫して流れると思われた、一つの歴史的方向性の感覚であった。それは、世俗化のもたらす国民のキリスト教離れとともに、政権がトーリーであれホイッグであれ、教会に対する国家統制は確実に進行し、その先には国教制度の廃止まで予測せざるをえないという、暗澹たる方向感覚であった。その時、フランスにおけるように国家から見放され、聖職禄を失った聖職者たちの生存は民衆の意のままとなり、悪夢のような貧困と隷属が待っているであろう。ニューマン執筆の「トラクト」第一号は、国教会聖職者に対してまさにその恐怖を現実として想像させるものであった。

しかし、この時期、オクスフォードで強く意識された対立の枠組みを、国家対教会の問題としてだけ見るのは適切でない。確かに大学人にとってアイルランド教区統廃合問題は最大の政治的イシューであった。しかし、本質的には同じ構造の対立が大学自体の中にも存在した。その象徴がハンプドゥン問題である。R・D・ハンプドゥンは、「リベラリズムの」論客であり、オクスフォード大学の入学要件とされてきたイングランド教会『宗教条項』、通称『三十九箇条』への同意署名の撤廃、非国教徒への門戸開放などの主張者であった。彼は三四年、対立者ニューマンを破って道徳哲学教授に選ばれ、さらに三六年、首相メルバーンによって神学講座の欽定教授に指名された。彼はその冷たい人柄や宗教観によってニューマンとその支持者であるトラクタリアンとの間に、『エディンバラ評論』までも巻き込んだ長い論争を繰り広げていく。

オクスフォード運動に目を戻す。キーブルの「国民的背教」がその第一声だったとすれば、その具体的な第一歩を踏み出したのが、三三年七月下旬、サフォークにあるH・J・ローズの司祭館で開かれた、反エラスティアニズム高教会派少数者の会合であり、ここで「トラクト」の刊行とそれに伴う運動の開始が論議された。しかし、運動の路線については、ローズたちとニューマンとの間には最初から見解の相違があり、ローズはカンタベリー大主教への請願行動や、協会を設立して運動を組織化する方向などを模索し、実際、一つの請願もなされたが、対してニューマンは、自分たちが今乗り出そうとしているのは原理問題にかかわる大事業であり、すべての大事業と同じく、それを推進するためには、行動する個人がそれぞれ個人の資格で人々の心に訴えるべきである、として組織化には反対し、「トラクト」の刊行を主張した（『アポロギア』巽訳、上、五六頁以下）。これは前年の「大学説教第五」の趣旨の実践であろう。以後彼は「トラクト」の事実上の主筆、編集者として指導性を発揮することとなる。彼は必ずしも望まずして、しかし大きな自負心を持って、リーダーの地位に押し上げられたと言えよう。

こうして「トラクト」第一号は、一八三三年九月に刊行された。最初の数号の執筆者はいずれもニューマンである。反響は大きく、急速に多くの読者を獲得しただけでなく、早くも年内に賛同者が加わり、一八四一年、九十号を以て刊行中止を余儀なくされるに至るまで、ヘブライ語欽定講座教授E・ピュージーを始め多くの同志が執筆に関わった。全篇のおよそ三分の一がニューマンの執筆であり、今やその名はオクスフォード大学以外にも知れ渡った。ところで、本項の目的はオクスフォード運動それ自体の歴史叙述ではなく、運動に対しては事実上のリーダーであったにもかかわらず、思想家として一貫してきわめて個人的な対応をした、ニューマンの言動を追うことにある。この目的のため、以下「トラクト」に関しては、ニューマン執筆の最初の三号および同じ三三年の十一号、二十号それぞれの論点を紹介し、最大の反響と反発を生んで「トラクト」廃刊の直接原因となった第九十号は、主要な論点に触れるだけに止めたい。三〇年代半ばから末の頃のニューマンは、意気軒昂、信じ難いほどの活力で執筆活動を展開し、執筆と頒布に大童のトラクト活動以外に、『四世紀のアレイオス主義者』、『大学説教集』後半六篇、『教会の預言的任務』、『成義論』、その他を相次いで発表した。それらについては、「トラクト」紹介の後、項を改めて見ていきたい。

まず「トラクト」全体について最初に確認しておきたいのは、オクスフォード運動とは何よりもまず、アングリカン教会聖職者団内の改革運動であったという事実である。トラクトの主たる想定読者は聖職者であり、運動の目的は、アングリカン聖職者一般を蔽う精神的休眠状態に警鐘を鳴らし、国家権力からの教会の独立回復、真摯な信仰復興に向けての覚醒を促すところにあった。『アポロギア』でニューマンは、目標は「第二の宗教改革」であったと回顧しているが（前掲巽訳、上、五八頁）、この言葉は一八三四年の「トラクト」第四十一号で使われている。彼の強い意気込みを窺わせる言葉であろう。

以下、各号について述べれば、まず、「トラクト」第一号は「教職者の任務考——敬意を以て聖職者に宛てる」と題された、僅か数頁のパンフレットである。ここで彼は、殆ど政治的アジテーションではないかと感じさせるほどの、強い対人論証のレトリックを駆使する。主題は国教制度、とりわけ聖職者たちの生計の国家による維持とその重大性であり、国家権力による教会自治干渉の問題は棚上げされている。彼は言う。「政府と国が教会を見捨てるほどに神を忘れ、教会の現世的名誉と資産が奪われるのを許すならば、いったいどこに、あなたたちが司牧する人々の尊敬と注目を要求する根拠を求めればよいのか。……これらの世俗的優越が失われた時、キリストの代理者たちは何に頼ればよいのか。国家によって支えられない宗教団体がいかに悲惨なものであるか、我々は知っている。身の回りにいる非国教徒を見るがよい。民衆にだけもっぱら依存する牧師たちは、まさに民衆の被造物だということは直ちにわかるだろう」（*The Oxford Movement*, The Scott Library, p. 7）。また言う。「今、声を上げよう、強制される前に。……あなたの民衆から正当な名誉を確保するために。彼らはあなたの権力を剝奪できるのだという考えが巷に拡まっている。……権力は教会財産の中にあると民衆は考えている。そして彼らは自分たちにはその財産を没収する政治的な力があることを知っている」（*ibid.*, p. 10, 本項以下 *ibid.* を省略）。ここでニューマンが読者に想起させようとしているのが一年前の選挙法改正を結果した民衆の力であることは見易いが、私はとくに後半の引用から、否応なしにバーク『フランス革命の省察』（一七九〇年）を連想させられる。そこで念入りに描かれているのは、革命フランスでの教会財産没収のおぞましさとそれを歓迎する民衆や権力欲まみれの文筆家たち、加えてイングランドでその革命を賛美するプロテスタント牧師へのバークの激烈な非難であり、対して彼が絶賛するイングランド国教会における、聖職禄に基づく聖職者の経済的独立の礼賛であった。もちろん、ニューマンが「トラクト」第一号を書いていた時、バークを想起していたか否かは分からない。

アジテーションは続く。「トラクト」第二号は「カトリック教会」とだけ題されている。ニューマンが限定なしに「カトリック教会」と言う時、その意味は前出二四八頁でも一言したが、現実のローマ・カトリック教会とは区別された、理念的な「普遍的教会」である。ここでニューマンは、アイルランド教区統廃合問題を取り上げ、政府に対して抗議の声を上げるよう、聖職者たちに訴える。問題それ自体も、彼が聖職者たちに訴える行動も、ともに単純明快である。曰く「聖職者は政治を控えるべきだと言われるが……現在ではそれは誤りである。……この世の事柄に熱心に介入することが必要な場合もあるのだ。……聖職者は政治的でなければならないとすら言える。……立法府は最近、アイルランド教区の再編に乗り出した。それは司祭の上に立つ主教、主教の下に立つ司祭の叙任を、教会に諮ることなしに行なう手続きである。……これは、それ自身、霊的な事柄に対する介入ではないか、考えなければならない。……我々は、校長、教師、兵士、その他の役人と同じように、国家の被造物たることに甘んずるのか。国家が我々を作り、辞めさせるのか。国家が宣教師を送り出し、教区を整理するのか。間違いなくこれらすべては霊的働きである。……「唯一のカトリック的、使徒的教会」という我々の信条の力を考えてみよう。地上には、使徒によって建てられたがゆえに使徒的な、またあらゆる所にその枝を広げているがゆえにカトリック〔＝普遍的〕の社会、すなわち主教、司祭、助祭を持つ「可視の教会」がある。……世の終わりまで続くべき教会団体を破壊するか、しないまでも弱体化させようと試みられている時、座して沈黙していていよいのか」(pp. 12–15)。たんに教区の減少、再編に止まらず、教会の人事権への国家権力の介入を激しく非難するこうしたニューマンの説得は、同じ問題を感じていた人々を納得させたであろうが、他方で、少なくとも批判者にとっては、たとえ同じ高教会主義者ニューマンの主張であっても、その普遍主義に何がしかのローマ・カトリックの気配を感じさせるものがあったであろう。数年後の「トラクト」の行き詰まりは、先に触れた『四世紀のアレイオス主義者』の問題の場合にも見られたように、読者におけるこうした印象の蓄積の結果と見なければならない。

「トラクト」第三号は、「祈禱書の変更について敬意を以て聖職者に宛てられた考察」と題された、祈禱書の簡略化の動きに対する反対の訴えである。第一、第二「トラクト」と異なり、ここでは読者に切迫した危機感を呼び起こすような激しいアジテーションはなく、反対に、聖職者たちの穏やかな保守的心情に対する訴えが主旋律である。彼らに向かってニューマンは、国教会の祈禱書が長きにわたって信徒たちの信仰と献身を支えてきた事実に目を向けるよう促す。彼は言う。信徒たちの中の、たまさかにしか教会に来ない一部の金持ち、有力政治家、地主たちが、教会は二世紀も時代に遅れていると言っているが、祈禱書にいったん変更を許容すれば、後はあらゆる立場の人間を満足させるまで止まる処を知らないだろう。現在は誰も教義に異論は唱えていないが、しかし、非本質的な点での改変でも、原理変更への入り口になりうるのだ。こう論じた後でニューマンは、聖職者たちに訴える。曰く「祈禱書におけるいかなる変更にも反対するという請願がなされようとしている。それに向かって立ち上がろう。もし我々の司祭や主教たちがその請願に同意するようであれば、さらに請願せよ。彼らはそのやり方に感謝するだろう。主教たちもまた変更を望んでいないのだ。だが、聖職者たちの支持なしに、どうすれば彼らはその変更に抵抗できるのか」(p. 22)。

明らかにこれは、運動の全アングリカン教会化を目指して、平司祭以下だけでなく主教たちまで巻き込んでいきたいという戦略であろう。なお、ここで論じられている国定祈禱書問題は、全教会的典礼問題の一部であり、カトリック教会と同様、アングリカン教会においても、決してマイナーな問題ではない。数年後、ピュージーなど、ニューマンとその信奉者たちのカトリック改宗後もアングリカンに留まって「アングロ・カトリシズム」を標榜し続けた人々の間では、オクスフォード運動はピュージー主義と呼ばれて、アングリカン典礼の純化の運動として生き続けた。

同じ一八三三年に刊行された「トラクト」第十一号は「可視の教会――友人への手紙」と題され、秘跡の担い手としての教会論である。ニューマンは、秘跡を執行する可視の教会への信仰の重要性を強調して言う。曰く「あなたは、聖書の中にあり、信経によって教えられる「聖なるカトリック教会」の教義について、私の意見を聞きたいと望んでいる。あなたは、真の教義は我々が戦い求めるべき重大な事柄であり、正しい愛の心情は心における生きた宗教の証左であると言う。……だが、真の教義と暖かい心だけでは〔救いに〕不十分ではないだろうか。……あなたは〔それだけではなく〕「教会」という、聖書にある教義を心から受け入れなければならない。……あなたは実際可視と不可視の教会を区別している。……それでも私は言わなければならない。聖書は、可視の教会の存在を不可視のそれの条件としている。「秘跡」は明らかに可視の教会の手中にある。そして、それが救いに必要なものであることを我々は知っている。……その効力は執行者の個人的性格を問わない。……全能の神は……現在でも世界中にあってすべてのキリスト教徒が加わるべき、一つの社会を創設し給うた。ゆえに、キリストを信ずるとは、たんなる意見や内密の信念ではなく、社会的、いや政治的ですらある原理であり、しばしば人を強いて、党派争いと刻印を押されている事柄に連れていくものなのである」(pp. 41-46)。

ここでは、六頁にわたる原文の中から、教会論の中枢と思われる部分を抜粋して繋げてみたので、全体を一貫する論旨は拾われていると信じたいが、それでも若干の註釈が必要かもしれない。ニューマンの論旨は、救いのためには、真の教義への信仰と神を愛する暖かい心は必要条件ではあるが十分条件ではなく、加えて秘跡を執行なう「可視の教会」への信仰を持たなければならない、というところにある。アングリカン教会における秘跡は、トリエント公会議以来七項目を定めるローマ・カトリックと異なり、『三十九箇条』の第二十五条によって厳密には洗礼と聖餐のみである。その際、秘跡の執行者の道徳性に瑕疵があるか否かは、執行された秘蹟自体の効力とは無関係とする、いわゆる事効主義が四世紀のドナトゥス派論争以来の正統教会の教義であり、アングリカン教会も第二十六条でこれに従っている。ニューマンがそれを肯定しているのは、『三十九箇条』のカトリック性擁護の一環であろうか。

いずれにせよ、ニューマンの議論は、不可視の教会こそキリスト教の本質であって、教会の可視化、制度化はローマ・カトリックのもたらした堕落に他ならないと見る、プロテスタンティズムに対する正面からの否定と見なければならない。すでに見てきたように、ニューマンはアングリカニズムの中にあるプロテスタント的要素を批判して止まなかった。引用文中にある「可視の教会の存在は不可視の教会の条件」であるという命題は、プロテスタンティズムとは正反対の立場から、救いの条件としての両者の重みには決定的な差異があることを宣言したものであり、見過ごすことはできない。

だが、右の引用で同じほどに眼を惹くのは、その可視の教会の本質が、秘跡の執行機関たるに止まらず、同時に「社会的、いや政治的ですらある原理」とされ、それが「党派争い」の場であるのは当然と認識されていることであろう。この、教会は見える社会として必然的に政治権力あるいは政治的党派たらざるをえないという認識は、ほぼ同時期に書かれた『四世紀のアレイオス主義者』にも明確に述べられている。そこでニューマンは、原始キリスト教の信徒たちは無権利だったがゆえに世俗権力の行動には関わらなかったけれども、「彼らが権利を持った時、話は変わる。……実際、教会が形成されたのはこの世に干渉し、関わるためであった」と言う(4)。同じ趣旨は、次項で取り上げる『教会の預言的任務』にも縷々述べられている。ニューマンの考えでは、神の摂理は、地上における教会の歩みを、麦と毒麦の混交である人間社会の手に委ねた。そこには教父を始めとする偉大な信仰者たちと混ざって、悪を働く多くの人間が共在するがゆえに、権力と強制、時には取引すら必然的となる。ニューマンが可視の教会の本質としての〈社会〉性あるいは〈政治〉性を、国家という現世権力への対抗権力として、ある意味では両者をパラレルに捉えていることは明らかである。他方でこの論理は必然的に、秩序と規律を与える教会権力に対する信徒の服従要求をも含意するであろう。この服従は彼の最も重視する良心の独立の原理とは異次元の事柄であり、両者は矛盾しない。ニューマンにおいて可視の教会の政治性はこのように二重の意味でイメージされている。そうした理解は、これまで述べてきたように、人間を善悪双方への両義的可能性を持った存在と見る、彼の深いところにある体験確信的人間観からの必然的な帰結と考えられたに違いない。

「トラクト」第二十号は、第十一号に引き続き「可視の教会」と題され、同じ友人への手紙第二部とされている。待降節の日々に書かれたのであろう、日付は十二月二十四日である。この号でのニューマンの意図は明らかに、すでにそれまでの彼の議論に向けられてきた、ローマ・カトリック疑惑を打ち消すところにある。しかし、ここでもニューマンに特有の、批判と承認の綯《な》い交ざった論理の動きは微妙である。彼は次のように書き始める。曰く「あなたは、私が主張してきた教義は「教皇主義（Popery）に導く」のではないか、と若干不安に感じているようだ。だが私は、問題は「教皇主義」に導くのか「聖書」にあるのか、とは答えたくない。なぜなら、それでは聖書と教皇主義とを一つの文章に入れて、「光と闇」との「交わり」の可能性を意味してしまい兼ねないからだ。そうではない。私があなたに向かって聖書の教義を主張するのは、教皇による福音の腐敗に対する強い敵意のためである。その教義を我々は罪深くも放棄しているのに対し、ローマの教会は忠実に保持している。教皇主義ほどに非聖書的な制度が改宗者を作っているのはいったいなぜか。そこには真理の要素があり、誤謬の中にも慰めがあるからだ」(p. 52)。

ニューマンは、外的世界で政治その他、行動的仕事の魅力に惹かれて多くの人々が、「信仰の真の巌《いわお》から次第に漂い離れていくことに自らは気付かずにいること」(p. 53)を憂えている。それに対し慈悲深い神は、可視の世界の力に対抗する影響力として、同じく可視の教会を建て、良心、信仰、神への怖れを教え給うた。この可視の教会は秘跡の保持者であり、古代性、普遍性、一致を保持している。考える人ならば、我々がそこから離れていることを嘆かわしく思って嘆息するであろう。それでも、とニューマンは結論して言う。「〔教皇主義者との〕一致は不可能である。彼らの交わりは異端にまみれている。我々は、疫病としてそれを避けなければならない。彼らは神の真理に替えて虚偽を打ち建てた。そして、〔自分たちの〕教義における不可変性を主張して犯した彼らの罪は取り消せない。彼らは改悛できない。教皇主義は破壊さるべし。改革は不可能である。……〔対して〕我が教会は壊れないであろう。神は我々を気遣い、祝福し給う。神は我が教会を、普遍的教会の真の分枝であり、しかも教義上の誤謬無き者として驚嘆すべく保持し給う。それはカトリックであり使徒的であり、しかも教皇主義的ではない」(pp. 55–56)。これは、少なくともこの時期、ニューマンの心底からの叫びだったであろう。しかし、それが批判者の心にどこまで響いたか、定かではない。

「トラクト」最終号となった第九十号は、「『三十九箇条』中のいくつかの条項(passages)についての所見」と題され、一八四一年一月に発表された。三三年十二月の第二十号から七年余、この間オクスフォード運動は急速に展開し、三八年から九年にかけて頂点に達した後、第九十号を以て一挙に終局を迎えた。「トラクト」第九十号は全文百頁にも及ぶ大作であり、三四年に書かれた第三十八号「中間の道(Via Media)」とともに、この時期のニューマン神学の内、とくに論争的部分の全貌を窺わせる。それは『三十九箇条』中十四箇条を選択して教会論、信仰義認論、善行論、秘蹟論等を逐条的に、時に法律論的議論まで駆使して縦横に論じ、アングリカニズムがいかにカトリック的であり、非歴史的なプロテスタントからはいかに遠いかを訴える。だがそうした国教会理論の根幹にかかわる主張を大学上層部が許容するはずはありえず、ニューマンは、要求された自らの主張の撤回拒否は貫いたけれども、その代償として「トラクト」の刊行中止を受け入れざるをえなかった。これについては次項でも述べるが、いずれにせよ、混み入った教義論争の内側に立ち入るのは私の能《よ》くするところではない。そこで、「トラクト」における〈論争家ニューマン〉の紹介はここまでとし、項を改めて、この時期の〈思想家ニューマン〉に眼を移したい。

(iii)　運動の中の思想家ニューマン——二つの作品

『教会の預言的任務』

「トラクト」第二十号と第九十号との間には、とくに筆者ニューマンのローマへの態度において著しい落差がある。七年間にニューマンの思考の中で何の変化が起きたのか。そこで、改めてオクスフォード運動の出発点を顧みると、その目的は、先に述べたように、一つには端的に宗教的課題、すなわち聖職者層における真摯な信仰態度の復興であり、いま一つには政治的課題、すなわち本来は教会の専権事項たるべき問題への、国家権力からの干渉の排除すなわち教会自治権の維持に対する、聖職者団の意識の向上であった。当然、この二つは密接に関連し、前者は後者の前提であろうが、事柄の性質は両者同じではない。前者は聖職者個々人の日常的生活実践の問題であって、ニューマンに即して言えばそれは、大学付属であると同時に教区民を持つ教区教会でもあった聖マリア教会、およびリトルモア教会での、日常的説教活動および教区民の信仰生活への配慮、祈禱書と聖務日課の厳守、定められた日における断食、安息日の忠実な遵守などであり、それ自体、運動の有無に関係なく実践されるべき行為である。キーブルの巡回裁判説教は一般的なその弛緩に対する強い警告であった。実際、司祭に叙品されて以来ニューマンの生活は、オクスフォード運動とは関わりなく、これらの実践に向けて(多分ヴァイオリンの練習を除いて)きわめて禁欲的に組織化されてきた。彼はたんなる学究的教父研究者ではなかった。

これに対して後者、すなわち運動の政治的課題は、明白な外的事件に触発された、人々に共通の問題である。その出発点がアイルランド教区統廃合問題であったことはすでに述べた。だが、国家権力による宗教問題への介入はそれに止まらなかった。しかも今度は大学自体が当事者である。アイルランド教会改革法成立の翌一八三四年三月、非国教徒への門戸開放のため、オクスフォード大学入学条件として課せられてきた、『三十九箇条』への同意署名義務を撤廃する法案が議会に提出された。この法案にはニューマンも含めて大学内の多くが強く反対し、同年四月には「非国教徒入学に反対する大学宣言」が発せられた。結局、この法案は夏の初めに上院で否決されたが、学寮長たちは、同意署名義務を撤回する代わりに、入学者にある種の宣言を求めるという妥協案を提案していた(Ker 1988, p. 101, p. 111)。ハンプドゥンの影を思わせるこの動きに対してニューマンは、大学に限らず社会全体の世俗化を阻止し、宗教心を復興する必要を改めて感じたのであろう、すでに過度に人口の肥大化した、とりわけ産業地域の教区指導を強化するためにも、キリスト教徒の一致の中心となる(補助)主教を増員せよ、との論陣を「トラクト」とは別に張った。曰く「人間性は共和主義的ではない」(*ibid.*, p. 115)。後に述べるように、ニューマンには、トクヴィルにも似て、知的な意味である種のデモクラシー化を求める強い志向が一貫してあったが、彼の政治体としての教会イメージは、その後も変わらず王政的であった。

このように、「トラクト」運動を推進した、宗教復興への情熱と国家対教会問題への取り組みの意欲は、いずれも真摯なオクスフォード大学人に共通であり、最初、ニューマンはその有力な一人ではあっても唯一のアクターではなかった。その彼を運動の最前線に押し上げ、しかも最終的に運動から離脱させたのは、彼の議論の中で次第に重みを増していったローマ・カトリックへの態度の問題であった。この問題は、そもそもアングリカン教会の中では原則として歴史的に解決済みであり、「トラクト」第十一号、二十号について見たとおり、その本質を腐敗、堕落、反キリストとするのが共通諒解だったはずである。だが思想家ニューマンは、彼の言う「第二の宗教改革」のためには、人々が運動の中で示している課題解決への熱意だけでは十分でなく、より根本的には依るべき原理論が必要であることを自覚し始めていた。そして、その模索の中で彼が最初に行き着いた結論は、実現すべき教会体制の構想として、腐敗と国家干渉とは無縁の、いわば理論的に純化されたローマ・モデルに基礎を置く、ある種「中道」路線のイングランドにおける可能性を探ることであった。十四回の講義形式の著作『教会の預言的任務』(*The Prophetical Office of the Church*, 1837)はその試みである(5)。「トラクト」第九十号で彼が『三十九箇条』の本質的カトリック性を強調したのも、同じ思考の延長線上の意思表明であった。その根拠は、明言されてはいないものの、懸って古代教父に関する彼の歴史的研究から得られた教訓にあったと思われる。ニューマンにとって、個人であれ社会であれ、困難に際して取るべき行動を指示しうる案内者として歴史は、きわめて重要な意味を持っていた。すべての行動選択の基準として、リアリティとの合致を重視する彼の生き方からすればそれは当然であろう。彼はすでに、国家権力主導のアングリカン教会が標榜してきたその「古代性」には歴史的根拠がないことを見抜いていた。この時期の彼は、殆ど唯一の信頼すべき教会史家として「不信仰者ギボン」を高く評価していたが、それはギボンが一方、イングランド教会の古代性神話と粗笨な反ローマ論、他方、カトリック教会の固陋な教会不変主義、いずれにも無縁に歴史を語っていたからであろう。

三〇年代のオクスフォードは熾烈な論争と学内闘争の坩堝であった。先に挙げた運動への二つのバネはむしろ後景に退き、代わって、ニューマンが投じたローマ・カトリック問題が論争の主題となっていく。四十年後の一八七九年、グラッドストンは、「オクスフォードで、彼の影響の上を行く何かがあったとは私には信じられない。私は学生時代にその始まりを目撃した」と回顧している(Dessain 1966, p. 43)。「我れニューマンを信ず」が追随者の合言葉となり、もはや誰の目にも明らかな彼のローマへの傾斜は、同年代末から四〇年代前半、彼に先駆けて百人単位とされる多くのローマ・カトリックへの改宗者を生み出した。当然、大学と教会の当局者は警戒心を強めていく。そうした中で、過激を嫌うニューマンは、一方トラクト運動の急進的カトリック化を抑制的に指導しながら、教会論、成義論、教義発展論など、彼自身の個人的思索を精力的に深めていた。『教会の預言的任務』は、一面では強い論争性とレトリックにおいて「トラクト」の延長線上にあるが、また一面では、その中道構想の中に彼自身の思想の真実を織り交ぜた精神の記録として読める。

一人の思想史研究者として見る時、ニューマンの全著作中でこの作品をどう評価するか、実は難しい。彼自身アングリカンからカトリックへの改宗者である伝記作者カーは、先の註（5）に触れた、その第三版（一八七七年）まで視野に入れながら、ニューマンが、三七年以後四十年間にわたって苦渋に満ちて神学を追究し、その最終到達点である七七年版に付した長文の「前書き」こそ、教会論に対する彼の最後にして最大の貢献であった、ときわめて高い評価を与えている。ニューマンの「苦渋」と「最大の貢献」を言うカーの言葉にはそれなりの理由があると思われるが、今はその問題には立ち入らない。ここでの問題は、四十年後の「前書き」ではなくて三七年の初版である。それについて、ここでも仮説として結論を予め言うならば、『教会の預言的任務』の議論にはある致命的弱点があった。理由は、この作品で提唱されている中道路線は、アングリカン教会成立以来の歴史を考えれば、実は実行可能性がないとニューマンが自ら判断していたことである。だからこそ彼は、『アポロギア』の中で、一八四三年の時点で自分は「中道主義を粉微塵と化しつつあった」（breaking to pieces）とその撤回を回顧した（巽訳、下、六四頁）。そのとおりであろう。七七年版の「前書き」は、もはやアングリカンではない立場から、いわば他者風の回顧としてこの点をハッキリ述べているが、そのことは三七年においてすでに自覚されていた。そもそも、歴史を離れた抽象的理念の宣言は unreal であり排すべしというのが、すべての問題についてニューマンの思想態度の根幹にあったことは、本章全体で確認してきたところである。その意味でこの作品は、悲劇的にも運動における彼の立場の挫折を自ら予告していたと言わなければならない。この予告は、苦悩の中での彼のアングリカン離教として数年後に実現する。

『教会の預言的任務』テクストの具体的分析に入る。全十四講の構成は、前半第七講までがローマおよびプロテスタンティズム批判、後半七講が中道理論の提唱、にそれぞれ主として充てられている。書名にある「預言的」とは、〈歴史の将来において実現されるはずの〉、または端的に〈預言者的に言われた〉という意味であろうか。そこにまずアイロニーを感じるのはあるいは読み込み過ぎかもしれない。ともあれ、開巻冒頭にニューマンは言う。「教会という主題について昨今多くのことが言われ、書かれているが、私は、教会に関して健全で一貫した見解を推進する道としては、他のいかなるものよりも体系的なローマの理論を、いくつかの点で注意深く考慮することが有益ではないかと考えている」（*VM*, p. 1）。例によって注意深い、二枚腰の、しかし明確な意思表示である。求められているのは、プロテスタンティズムでもローマ主義でもない中道（Via Media）であるが、その実質は、直接的表現は避けられているものの、自己同一性を失わない限りでのアングリカニズムのカトリシズムへの回帰であろう。「トラクト」第九十号はその切掛けたるべき模索であった。

　続いて言う。決してローマ主義者ではない人物でも、一度カトリックについて語り始めるや、たちまち教皇主義（Popery）の非難を浴びせられるのがイングランドの現実であるが、そうであってもあえて、摂理に適った真の意味で普遍的カトリック教会（Church Catholic）の任務の理論を求めなければならない。その教会は「イグナティオスとポリュカルポス〔いずれも一世紀末から二世紀初めの使徒教父——半澤註〕が享受し、十九世紀が事実上失ってしまった原初の真理に可能な限り近い」ものでなければならない（*VM*, p. 7）。ところが、一つの綜合的な体系として見ると、「中道」はこれまで、実は「紙上だけの存在」（*ibid.*, p. 16）であったに止まり、競合的信条との違いをいわば消極的にのみ言われるものでしかなかった。プロテスタンティズムも教皇主義も、それぞれの国民を形成する型を供給してきたという点では、確かに現実的な宗教である。だが、中道という意味でのアングリカニズムの実行可能性は疑わしく、それは「作動しないのではないか」。なぜならば、「イングランド教会は法に依って設立され、事実として存在してはいるものの、実は教義もなく……知的基礎もない、たんなる名前、いや国家または政党の一部局に過ぎず、そこでは、宗教的意見は偶然的なものであり、バラバラ」(*ibid.*, p. 20) だからである。「トラクト」運動が掲げた二つの課題への最大の障害は、国家に対する教会の、法的かつ精神的な絶望的従属状態にある、とニューマンが見ていたことは疑う余地がない。

ニューマンはこうした悲観的診断を下しながらもなお、悪しきローマ主義に対抗するためにも「皆の承認するアングリカン神学の形成に向けての助けを、その一分野〔たる教会論〕で目指そう」(*ibid.*, p. 24)、中身のない「古代性」や「伝統」を言う前に、歴史的に真の古代教父に立ち戻ろう、と呼びかける。彼は言う。そもそもプロテスタンティズムは教会論の原理を欠如しているが、これに対して、原理におけるローマは、「三位一体、受肉、贖罪と原罪、再生の必要、秘跡の超自然的恩寵、使徒継承、信仰と服従の義務、将来の罰の永遠性」など使徒以来の正しい立場を保有しており (*ibid.*, p. 44)、この点でアングリカンと一致する。ローマにおいて非難さるべきは、その「腐敗」すなわち正しい原理の否曲である。彼らは我々と同じ原理を保有しながら実際は変身し、現在の教会の不可謬性こそ第一原理なりと主張する。彼らは教父を尊重しない (Lecture I, II)。ここでニューマンが、アングリカニズムとローマ・カトリックとが一致するとした右の教義上の諸項目の根拠は、アングリカン教会における祈禱書であった。五年後、「トラクト」第九十号において彼が批判したのは、『三十九箇条』が、国王至上権を主張する目的から、自らの理論の本質的カトリック性を偽装し、プロテスタンティズムとの妥協的表現に走ったことである。

ローマの腐敗への批判は続く。彼は言う。ローマは理論的には我々の母または姉である。しかし、彼らの言い分を丸呑みにすれば、彼女は我々を支配下に置こうとする無慈悲な親戚となるであろう。彼らは教父たちを軽んじたに止まらず、聖餐における全質変化、煉獄、聖人の呼び出し、聖像崇拝、贖宥などの条項を、勝手に秘蹟として教父たちの信条に付加した (Lecture IX, sec. 9)。また、信仰の本質は究極には信仰者個人と神との一対一の関係にあり、しかも啓示真理の全体性は人知にとって不可知であるのに、彼らは、自分たちは真理を不可謬に知るだけでなく、また完全にも知るがゆえに、すべての問題に誤りなき解決を与えると豪語する。ニューマンの眼にこのように映ったローマの主張は、すでに見てきたように、個人の良心の声の中に人格的神を見る彼にとって、良心の判断の上位に無制限の制度的権威を置くものであって許し難いものだったのであろう。

ニューマンのローマ批判は秋霜烈日、きわめて非妥協的である。だが、それは正しい原理からの逸脱の批判であって、原理そのものの批判ではない。対して、彼のプロテスタンティズム批判は、ローマ批判とはレヴェルを異にし、まさにプロテスタンティズムの原理そのものの否定、拒絶であった。曰く「キリスト信徒大衆は正統信仰を聖書から自分たち自身で導き出さねばならない、と言う人は unreal な教義を唱えている」(*VM*, p. 150)。また曰く「他の手段が得られるのにそれを無視して聖書を自分で読む人は、祝福を祈っているのだから必ずやキリスト教信仰の真の、完全な知識に導かれる、など〔の主張〕には自然の蓋然性も超自然的恩寵もない」(*ibid.*, p. 167)。ニューマンの考えでは、それは私的判断の乱用以外の何ものでもない。救いのためには一定の教義は信じられなければならない。三位一体、我が主の神聖と受肉、贖罪と仲保、聖霊による人間の聖化など、キリスト教の根幹にある信条については個人の判断の余地はない (Lecture VIII, sec. 17)。

『教会の預言的任務』の後半でニューマンは、なおもローマとプロテスタンティズム批判を織り交ぜながらも、その中道路線の闡明に挑む。しかし、前半以来の批判の言辞の多様さに似ず、多くを語ることはできなかった。それでも彼は言う。小心で弱体化したアングリカン教会の無力とプロテスタンティズムの跳梁するイングランドの現状は嘆かわしいが、教会が千々に分裂している現代世界にあっても、希望の根拠は、キリスト教会の完全性の原型たる古代教会にある。遺憾ながらその時代以降、とくに第二ニカイア公会議(七八七年)で聖像の崇敬が承認されて以来、その純粋性と真理の可視的証明たる諸教会の一致は大きく損なわれているが、それでもなお、基本的信条の一致は失われていない。とすれば、トリエント公会議でローマが勝手に付加した信仰箇条を捨て、信仰（faith）とは何か、福音の本質的教義は何か、を明らかにする努力がなされなければならない。その時、聖書の至高性、絶対性は忽《ゆるが》せにしてはならない。だが「聖書はその解釈を自ら語らない」（*VM*, p. 245）以上、教父から主教たちに語り続けられてきた、その解釈者たる預言者の「伝統」を大切にしなければならない。可視の教会の根幹はそれを受け継ぐ主教たちにある。補助主教増員論にも見られるように、ニューマンのアングリカン教会改革論が期待するアクター＝指導者は、具体的には、信徒大衆に支持された主教でなければならなかった。カトリックへの改宗後、教会内で物議を醸した一八五九年の論文「教義上の事柄について信徒に聴く」はこの線上の発言であったと見るべきであろう。

（テクストに戻れば）こう論じてきたニューマンは、最後に再び、トラクト運動の出発点であった聖職者層の沈滞、教会の国家統制の問題に立ち帰る。だが、もはや容易に想像できるように、彼の診断はこの上なく悲痛であった。曰く「イングランド教会にあっては……宗教の基礎的、必要な教義が何であるか、いや、そもそも救いのために必要で明確で具体的な教義などあるかについて、相互に同意し合う近隣の聖職者が十人でも二十人でもいるなど、まずお目にかかれない。俗人たちが、これこそ「我が主の教え給うた」ものであるとして教えを受け取ることはさらに少ない。彼らは牧人なき羊のように彷徨い、何を信ずべきかを知らず、弱く不適切な私的判断に放置されている」（*ibid.*, p. 333）。また曰く「我々の間では、そもそもキリストから使命を与えられ、祝福された唯一の真なる教会など存在しているのかについてすら、同意がない。我々の多くの聖職者はそれを信じていないと公言しているが、それで主教に叱責されることもない。……我々は相互に戦争状態にある。……我々には内的な統一がない。我々を纏めているのは国家であり、国家は安全な専制によって我々を相互に友人たるべく強制してくれる」（*ibid.*, p. 334）。この痛烈なアイロニーに続いて、ニューマンは次の言葉で全頁を閉じる。「もちろん、今述べてきたことの多くは誇張である。だが、誇張であるかないか、問題ではない。仮にも上のすべての言葉が文字どおり真実であるとしても、イングランド教会は唯一のChurch Catholicの一分枝なり、とするその要求が無効とされることはないであろう」（*ibid*., p. 335）。

『大学説教集』後半

常に事象の相反する側面に目を配るのがニューマン思想の特質であるとは言え、『教会の預言的任務』の診断は、最大限でもアンビヴァレントであるとしか言いようがない。彼は神の摂理が奈辺にあるかを訊ねてひたすら祈り続ける。だが、ニューマンの非凡さの所以は、アングリカニズムへの懐疑と不信という、それまでの人生で経験した最大の内面的困難の中にあってもなお（あるいはそれゆえに）、神に対する人間の問題の根幹と彼が考える「信（仰）Faith」の本質、それと「理性 Reason」との正しい関係を、時に人間社会の非論理的＝心理的構成まで視野に入れながら、深く考察できたところにあるのではないだろうか。その表われが、オリエル・カレッジのR・チャーチを含む、彼の支持者たちに促されて行なった、『大学説教集』後半の諸篇であった。彼がそれらを最良の作品と自己評価できたのは不思議ではない。執筆年は第十から第十二までが一八三九年、第十三が四〇年、第十四が四一年、教義の歴史的発展を論じた最終篇第十五は四三年である。中でも「信」の問題を集中的に扱った全七十四頁の後半最初の三篇には、ニューマンの信仰論の集大成である『同意の文法』の、また最終篇には四五年刊行の『キリスト教教義発展論』（*An Essay on the Development of Christian Doctrine*, 1845）の、それぞれ中心主題がすでに示されており、私には、これら諸篇においてキリスト教思想家ニューマンの思索はその最深部にまで達したとの感が深い。

以下暫くはこの作品に止まりたいが、細部の叙述に入る前に、この『大学説教集』後半の特徴と思われる点を二つ挙げておきたい。その一は、全六篇を通ずる主題の一貫性である。もちろん、これらはすべて説教であるから、『説教集』前半と同様、それぞれ独立の講話として語られ、また各説教には個別の主題が設定されてはいる。だが、『説教集』前半ではそれら主題の個別性が比較的明確に識別されるのに対して、ここでは全説教を通じて、

「信」の本質を中心的論点として、神と、神の創造した世界全般に対する人間の関与の問題が正面から主題化されており、とくに最初の三篇はそれについての単一の講話と見ることも可能である。

特徴のその二は、表現スタイルにおける、しかし議論の本質に関わる特徴である。これまで見てきたように、ニューマンの原理的思考の特質は、抽象的概念による演繹的推論を unreal として嫌い、自らの心の体験確信を手掛かりに、レトリックの最大の武器である豊富で的確な比喩と類推を駆使して、対象における〈事実〉を一つずつ手探りで観察しながら世界を考察するところにあった。彼は対象の概念的定義は決して与えない。その前提には、認識を表現する言葉と認識されるモノとの間には、常に不完全に止まるがなお確実な対応関係がある、という言語認識がある。その上でニューマンは、多くのキリスト教思想家とともに、キリスト教の中心には三位一体の神とその世界創造という最も根本的な「観念 idea」（中心観念と訳すべきか？）があると考える。聖書において神はこの〈観念〉を人間に啓示したが、それでも、アウグスティヌスに従って言えば、来世で神と直接対面する以前の、現世にある人間には、神も、神の与えた観念も、その全体性において直観することはできない。現世の人間に可能なのは、この観念の殆ど無限な「様相 aspect」における現われを、内的または外的経験の中で知覚し、その言語表現を深めていくことだけである。神はその手掛かりもまた豊かに啓示し給うた。ここに神学の理由がある。「信」はその中枢を担うであろう。

この「信」の本質を論ずるためであろうか、『大学説教集』後半は、彼の他の著作と比較しても特徴的なスタイルをしばしば持つこととなった。それは、言うなればパスカルの『パンセ』にも似た、一種〈箴言集〉風のスタイルである。もちろん、説教である以上、文脈の連続性は常に保たれてはいるが、箴言集風に、各箴言相互間の論理的関連は必ずしも明示されず、それぞれ少しずつニュアンスのある言葉が並列的に重ねられ、その総体として（決して全容には達しないが）「信」Faith の姿が、読者の理解の中に蓋然的に提示されるだけである。このことを念頭に置きながら、以下、テクストの中に見出される箴言的文章を手掛かりに考察してみたい（なお、

『大学説教集』前半を扱った本節第(i)項では、説教であることを考慮して訳文は会話体としたが、箴言的なことでは「である」体とする)。

まず、第十説教「心の習慣における「信」と「理性」の対比」から。

「福音の贈り物は不可視であるが、「信」はそれに相応しい受容者である。福音の教会はカトリック〔=普遍的〕であるが「信」はその〔内的〕相互交流の絆であって、……贈与者からの神聖な贈りものを、その本来の住み家である心それ自体に伝達するための手段である」(*US*, pp. 176–177, 以下、本項では*US*は省略する)。

「「信」は福音書の中に告げられた超自然的贈り物と言われている。……ゆえに「信」は「理性」よりも高次のものである。……〔さりとて〕「信」は「理性」とは全く独立の、〔これぞ〕真理に達するための新方法なり、などと言うことはできない。福音書は人間性の仕組みを変えるものではなく、それを高め、〔良きものを〕加えるだけである。すべての知識について視覚は我々の最初の、「理性」は究極の、案内者である。我々は見ることを意識する。我々は「理性」を本能的に信頼する。……それゆえ、最終的に「信」は、必然的に視覚と理性に、必ずや分解されるであろう」(pp. 180–181)。

「〔ところが〕「信」と「理性」との関係について、「信」を貶めるのが現代では普通であり、「信」は「理性」に従属するたんなる道徳的資質に他ならず、聖書の証拠や意味を判定するのは「理性」であると考えられている」(p. 182)。

これは導入部である。すでにここで、すべての信仰の行為には、その核心に、神からの贈り物である「信」があること、「信」と「理性」とは相互に独立の認識原理であるが、しかも相互に深い協力関係にあること、(前半の第四説教にも論じられている)理性の越権は拒否されなければならないこと、などが示されている。とすれば当然、進んで確認されるべきは両者それぞれの具体的役割であろう。ニューマンは、「すべての意見と行為について「理性」は分析と批判の力を持っている。……「信」の受け取ったいかなる教義も「理性」の承認を得られない限り、真たることを求めることはできない」（p. 182）として、理性に〈判事〉の役割を与える。優れた比喩と言うべきであろう。しかし、係争の判定者たる判事が当事者の行動原理を供給しないのと同様、「理性」が宗教の内的原理を人の心に与えることはない。彼は同じことが「良心」にも当て嵌まると言う。すなわち、「良心」は理性に反してはありえないが、さりとて人は行為する前に理性に聴くのではない。理性は分析者であるが動機とはならない（p. 183）。ニューマンにおける「良心」の重要性は、すでに第二説教で十分明らかにされており、ここで彼が強調するのは、両者の関係を逆転させる功利主義、とりわけベンサムに対する批判である。

こうして、「信」が福音の贈り物であり、理性より高次の独自の世界認識原理であると宣言したニューマンは、説教後半で、聖パウロによる定義に訴えながら、「信」それ自体の本質の究明に入る。曰く

「「信」とは希求された事柄の内容、または認識なのであって……証拠（evidence）によって証明（prove）された事柄の認識ではない。使徒〔聖パウロ〕がハッキリ言うとおり、欲求こそがその証拠、未見の事柄の証拠である」（p. 190）。

「いかなる意味で「信」が道徳原理であるのかは明白である。それは心の中で、事実によってと言うよりは、蓋然性によって創られる。そして、蓋然性には科学的基準に還元可能な具体的で確定した価値はない以上、それが各人にとって何であるかは、彼の道徳的気質次第である。何が蓋然的であると考えるか、良き人間と悪しき人間とでは著しく違うであろう。……これは福音書という証拠についてもそのまま妥当する」（p. 191）。

「或る所与の証拠力は同じであっても、それに関わる先行する蓋然性（antecedent probability）は、それを見る人の精神の気質に応じて無限に異なる」（p. 193）。

ところで、この部分、とりわけ「蓋然性」、または「先行する蓋然性」という表現は、読者には若干唐突の感を与えるのではないだろうか。ニューマンの難解さの最大の原因は、あらゆる事柄の説明に当たって、概念的定義を与えることをおそらくは意図的に回避するところにあると言ってよい。ここもその一例であろう。彼はそれ

に替えるに、経験に現われるその事柄の内容、あるいは事柄の心的経験の叙述を重ねることを以てする。では、改めて「先行する蓋然性」とは何か。

「信」の性質を説明するためにニューマンは、心の中におけるその形成過程に聴衆の目を向けさせる。彼は、心の中に「信」が形成されるのは、それに向かって当の精神の中に、「そうありたい」という欲求を根拠に持つ一定の予感があるからだと見る。キリスト教を信ずる人の心の中には、創造主は人間の救いを望んでおり、また、それを人間に知らせようと欲しているに違いない、という予感または希求がなければならない。これが「信」に「先行する蓋然性」である。〈摂理は自らを人類に示すであろう〉という希求が「先行する蓋然性」としてあることによって、人は「信」に導かれる、と言ってもよい。信ずる人の心にあるその真実性の証拠は、物質的証明にではなく、道徳感情または良心にある。そのあり様は人によってさまざまである。だから、先の引用群の最初の言葉「福音の贈り物」も、心に「先行する蓋然性」を持たない人にとっては全く無意味な言葉でしかない。判事たる「理性」の同意を得るのには強い証拠が必要であろうが、「先行する蓋然性」として心の中に対象への愛を持つ「信」は、弱い証拠でも満足するであろう。

続く第十一説教は、「「理性」との関連における「信」の性質」と題されているが、その構成はやや複雑である。出発点は、第十説教の結論の確認である。ニューマンは言う。「信」を、先立つ「理性」に依存するたんなる道徳上の性質と見るのが現代風であるが、より聖書的表現に従えば、「信」は独立の原理であり、それ自身自足的であって外的な何ものにも依存しない。アテナイにおける聖パウロの説教の例で言えば、彼の与える「証拠」は決して強くなかった。にもかかわらず、彼の言葉、彼の伝える内容、そして彼の真摯な人柄のすべてが、彼に耳を傾けた数少ない人々が無知の内にもすでに信じていた神の言葉の伝え手として信頼され、彼らの心にあった「先行する蓋然性」と呼応したのであって、それで十分であった。

ところで、この説教は些か複雑で、（少なくとも私には）難解の印象を与える。それは、続いてニューマンが、

「信」における「先行する蓋然性」の現象は、実は、たんにキリスト教信仰における現象に留まらないことを聴衆に気付かせるべく、一転して、議論の戦線を拡大しているためのようである。彼は、いささか強引に、同じ現象はすべての人が日々迫られている行為の選択においても見られる、と指摘する。ところがキリスト教思想家ニューマンは、最終的にはその論点に止まることなく、再び反転して「信」の実存的性格に立ち戻り、この説教を終わっている。第十一説教の議論は、人間社会の心理的基礎構造の問題を挟んで、いわば三層構成となっていると言ってよい。引用する。

「「信」は、不十分な根拠からなされる「理性」の誤った行使である、と世の中では明らかに批判されている。……〔しかし〕心が慎ましく信ずる時、その信と関わる推理は、もしもそれが論理的であるならば、たんに外的な証拠だけではなく、それ以外の何か別の根拠にも依存しているのだ」(p. 208)。

「世界中にある、表現あるいは思考における不正確さにもかかわらず、全体として人々の為す推理は誤っていない。……「信」が満足する証拠は、その目的に対して明らかに不十分ではあるが、さりとてその不十分さは、その推理の本当の弱さ、あるいは不完全さを証明するものではない」(p. 212)。

「〔あらゆる事柄について〕議論が単純な要素まで下っていくと、究極には証明不可能な何かが前提されているのが常である。……現実的な証拠、それも最も強力な証拠の場合を取ってみよう。何ごとであれ、その説得力は、実は初めから自明とされているのである。つまり、証拠自身がその証拠であり、そのことは本能的あるいは先入見によってのみ受け入れ可能なのである。例えば、我々は自分の感覚がしばしば自分を欺くにもかかわらず、それを信じている。感覚は時に相互に矛盾しさえする。それでも我々はそれを信じている。しかし、感覚がすべて一貫し、裏切ることが絶対なくても、だからと言ってその忠実さが証明されたことにはならない。我々には、感覚は忠実であるというきわめて強い先行蓋然性があるため、証明など不必要と考えているのである」(p. 213)。

「我々は、自分が何を記憶し、何を記憶していないかについて、自分の記憶を信頼している。そうした前提なくしては世界はやっていけないであろう（could not go on）。同じように、「信」なくしては教会はやっていけないであろう。証言への同意、または証言より強くない証拠によって、来世は我々に啓示されることが可能なのである」（p. 214）。

「我々が知識を手に入れると言う時、次の法則が当て嵌まるであろう。すなわち、卓越、範囲、複雑さ、いずれを求めるにせよ、その受容を促す証拠の立派さは、事柄の望ましさ次第である。我々はそのように造られているので、我々の歩みのすべてにおいて考えられる限りでの正確さを欲するならば、我々は一歩ずつ地面を這い回るだけで飛翔は不可能であることに満足しなければならない。我々は偉大な目的に定められているかもしれないが、大災厄に迫られているかもしれない。我々にはいかなることについても絶対的確かさは与えられていないのだから、すべてのことにおいて懐疑、不活動か、または一者の目のもとにあるという確信か、のいずれかを選択しなければならない。いかなる理由によるかは知らず、一者は、より大きな証拠を与えることができる時にも、より少ない証拠で我々を動かしているのである」（p. 215）。

これは〈信頼〉の心理の現象学ではないだろうか。ここでニューマンが、キリスト教における「信」の根拠の脆弱性という批判を逆手に取って、同じことは人間におけるすべての実践的認識の根拠について言えるのだ、と論じていることは明らかである。彼は、すべての人間的判断は本質的に不確定であって、人によって、あるいは同じ人でも時によって、さまざまでありうる「先行する蓋然性」こそ、その判断の真の決定者であると見る。それなしには個人も、（人間的組織として見れば）教会すらも、「やっていけない」。だが、だからと言って人間社会がいつも混沌状態にあるのではない。「全体として人々の為す推理は誤っていない」とニューマンは言う。ここで彼は、「世界は正しく判断する」という、アウグスティヌスのドナトゥス派批判の言葉を、異なる文脈で借用しているかに見えるが、その意味の詮索はさて措き、彼がそう言うことができたのは、（誤解を招き易い表現ではあるが）社会における人々の判断における間主観性の、間違いない客観性に信を置いていたからではないだろうか。教会の前提としての「信」もその例外ではない。だからこそ、「心が心に語る」ことも可能なのであろう。それはニューマンに、その現実批判における急進性にもかかわらず、ある種の穏やかな保守主義を可能にしたのではないかと思う。

言うまでもなく、ニューマンは神学者であって社会理論家ではなかったから、社会秩序の心理的基礎の問題をこれ以上組織的に展開することはしていない。しかし、続く第十二説教も含めてここでの論調から私は、ニューマンとは明らかに対立すると通常見られ、また事実そうであるヒュームの社会・政治理論との近接性を強く感じざるをえない。ヒュームもまた、ロックやホッブズのように、いわば中心的命題からの演繹的推論で社会・政治理論を構築することを知的虚偽と見做し、それに替えて、観察に基礎を置く心理的方法を選択した。ヒュームもまた穏やかな保守主義者であった。彼は、一方感覚における経験的事実と、不安定かもしれないが人々の間に共有されている、間主観的規範意識との組み合わせとして社会分析をする。それは「事実」を強調するニューマンの方法と基本的には変わらない。ヒュームは、安定した社会秩序を維持するためには、自由と権力の双方が必要であると論じたが、明言されてはいないが、この命題には、その教会論からしてもおそらくニューマンは同意したことであろう。先に見た第十説教からの第二の引用文中の、「最終的に「信」は、必然的に視覚と理性に、必ずや分解されるであろう」にある「信」という言葉を、仮に〈確実な知識〉という言葉にでも置き換えてみれば、ヒュームの言葉としてもおかしくはない。他方、〈無神論者〉ヒュームに対するニューマンの批判は、強力な敵対者としてのその存在を強く意識したためであろうか、晩年の『同意の文法』に至るまで、生涯を通じて変わらず厳しかった。彼は先に挙げた第四説教での批判的言及に止まらず、続く第十二説教においても、奇跡はありえずという「先行する蓋然的不可能性」を以て啓示宗教を否定するのがヒュームだ、としてわざわざ彼一人を批判の俎上に乗せている。ニューマンの思想的営為を、ヨーロッパ思想史のダイナミズムの中で見ようとする時、こうしたヒュームとの対立と共感の位相も考察の対象に取り入れなければならないであろう。

第十二説教は、「愛こそ迷信に対する「信」の安全弁」、と題されているが、「潜在的「理性」と顕在的「理性」」と題された次の第十三説教とともに、先行する二つの説教における「信」と「理性」の概念それぞれの再説、敷衍であり、その意味でとくに新しい論点はない。だが、すべての事柄について、それを記述する言葉の表現力には必ず様相限定性があると意識するニューマンは、同じ事柄の記述であっても、異なる言葉による表現のし直しが絶えず必要と考えたのであろう。実際、稀代の文章家ニューマンにはそれが可能であった。ニューマンの意図（と思われるところ）に沿って論点を概観すれば、第十二説教では、上記二つの概念のうち「信」の本質が再説され、とくに、それは「先行する蓋然性」に促された、神と人間への本能的愛であることが強調される。曰く「「信」は神への愛と人間への愛の本能である。人間への愛は人をして残酷から、神への愛は誤った信仰から、後ずさりさせるであろう」（p. 240）。ここでもニューマンは、短い言葉の中に、すべての人の神に対する関係と人に対するそれとは完全にパラレル（または連続）であるという、自らの体験確信を鮮やかに表明している（さりとて、トマスのように人間は神の似姿、とは決して言わない）。別の方向から見れば、「信」は事前の知識や意見とともに始まり、先行する蓋然性の上に決定される。それは求められている結論には正確には到達しなくても、その方向を向き、ごく近くまで接近するであろう。その意味で「信」は冒険、すなわち危険を冒すことである。そして、この危険に対する「信」の安全弁は、心の正しい状態、すなわち救い主を求める心である。間違いなく「信」は「理性」の行為でもあるが、愛の欠けているところでは、誤った方向に走るであろう。この「先行蓋然性」論は、続く『キリスト教教義発展論』において全体の理論的支柱としての位置が与えられることになる。

続く第十三説教は、親友R・チャーチの指名によってなされた。前半では「理性」が短くではあるが細密に論じられる。だが、後半は再び「信」の問題に立ち戻り、それによって第十説教以来の主題が締め括られる。さて、先に見たとおり、第十説教において「理性」は「信」の行為における「究極の案内者」、「判事」の役割を与えられていた。だが、（ヒュームと同じく）すべての人間行為における理性の役割を強調するニューマンは、おそらくその比喩だけでは理性の擁護として不十分と考えたのであろうか、ここでは理性の働きを推理（reasoning）として捉え、アリストテレスに従うとしながら、その心理過程を入念に論ずる。これは〈理性〉の現象学の試みと言うべきであろう。ニューマンによれば、推理とは、少しずつの手掛かり、足掛かりによって、険しい崖にも似た「真理の山」を登ることであり、「危険で不確かな」行為である。「推理すなわち理性の行使は、我々の内にある、生きた、内発的エネルギーであり、たんなる技術ではない」。それは先行する蓋然性、類推、平行、証言、状況証拠などの方法を用い、偏見、権威への畏敬、党派精神、あれこれの原理への愛着などの精神状態の上に作動する（pp. 257–258）。

ニューマンはさらに、この、理性の働きとしての推理には二つの過程があると言う。曰く（推理には）「相互に異なる二つの過程がある。すなわち、最初の推理の過程と、次には、我々の推理を吟味する過程とである。すべての人は推理する。なぜならば、推理するということは、既知の真実から、感覚の介入なしに真実を獲得することに他ならないからである……精神のこの二つの働きを、推理と論議、あるいは「潜在的理性」と「顕在的理性」と名付けてもよいであろう。後者には、言葉、科学、方法、発展、分析、批判、証明、体系、原理、規則、法則その他類似の言葉が属する」（p. 258）。

第十三説教における理性論それ自体はこれだけであるが、ここでも、本章のこれまでのように、こうした断片にも近い発言を重視するのは、これらの文章が決して一時の思い付きではないと見られるからである。実際それは、明らかに『同意の文法』にまで引き継がれる「信」と「理性」論の骨格をすでに示している。同書の完成に際してニューマン自身、とある書簡の中で、自分の行なってきた探究は、『大学説教集』とともに始まり、一八五〇年以後も継続したが、基本的考えはいつも同じであったと述べたと言われる(6)。

第十四説教は「信」および「一徹な信」との対比における「叡智」と題されているが、このいわば三項並列の趣旨は、すべての人に与えられている神の恩寵としての「信」または「一徹な信」（Bigotry）を、可能な限り多くの知識と理性の推理を用いて精神を拡大させることにより、少しでも完全な知に近い「叡智」（Wisdom）にまで高める必要と可能性を説くところにある。ニューマンは、「叡智」を「哲学すなわち知識の上に行使された理性」と等置する。哲学＝理性は乏しいデータからでも事物の相互関係を分析、洞察して、すべての個物に宇宙の体系におけるそれぞれ固有の真の場所を与えるであろう。こうした議論は、「知」を「たんなる技術」と区別してその開発の必要を論じた、『大学の理念』の予告篇と見なければならないが、ここでその詳細に立ち入る余裕はない。

第十五説教は「宗教的教義における発展の理論」と題されているが、一八四三年という、それまでの説教とは決定的に変化した状況のもとで講じられた。先立つ四一年、ニューマンは、主教たちの要求と、それに追随する諸学寮長始め学内世論の厳しい指弾のもと、不本意ながら第九十号を最後として「トラクト」を廃刊せざるをえなかった。以来彼は、「アングリカン教会の一員としては……当時は徐々に感じられてきたに過ぎないにせよ、死病の床に臥する身であった」（『アポロギア』巽訳、下、一頁）。そうした中で、オリエル・カレッジの一同僚に励まされて講じたのであろう、この説教は、実質的には彼の改宗宣言となった翌々四五年の『キリスト教教義発展論』そのものではないが、そのいわば前提と枠組みを力強く語った講話として注目に値する。

ここで彼は、それまでの説教の主題であった「信」と「理性」の問題は引き継ぎながら、とくに四世紀までの教義形成者たちに目を注ぐ。曰く「この世の知恵の転覆は、キリスト教の最も初期かつ最も高貴な勝利であった。……［その後、さまざまな論争と騒乱の中から］最終的に巨大な神学の織物が育ってきた。数世紀の成長に相応しく、その構造は不規則、スタイルは多様、いや、特殊な個性や異邦人の干渉もあって細部は異常であったが、しかしなお、それは全体として一つの観念の発展であり、自らには似るが他の何ものにも似ず、その最も広汎に分離した部分が相互に関連し合い、共通の起源を示すものであった。……そして、この思想世界（this world of thought）は、ガリラヤの漁夫の、偶然にも似たいくつかの言葉の拡大だったのである」（pp. 314-317）。

続いてニューマンは言う。神学は、啓示された真理について人間の精神が形成する判断である。「神の真理性についての内的観念は、我々の反省力の行為によって次第に明示的形式に移行する。それでもなお、そうした描写は、実際にはその真正性と完成にとって本質的なものではない」(p. 320)。人間には、「事柄の性質からして、結局、一つの観念を短期間の内に習得し、表現するのはしばしば困難である」(p. 324)。「全能の神についての内的印象」があり、「その印象の言明」がある。また、「自らが崇敬する対象を観想したいという、敬虔な好奇心」も働いて、「一つの命題が、続く多くの命題を必然的に導き出す」が、そうした諸命題が交錯するうちに議論の大枠に何らかの制限が要求され、対立が克服されて、そこに「最初の観念からの新鮮な発展がもたらされる。それが完全に尽きることはないと言い切ってよい。この過程こそ発展である」(pp. 328-329)。「発展とは観念をその帰結において見るということ」であり、「最初は想像力に対する印象だったものが、理性の中で体系または信条(creed)となっていくのである」(p. 329)。

もちろん、そう言いながらニューマンは、「祈る時、我々は概念の集合や一つの信条に向かって祈るのではなく、一なる個的存在に向かって祈るのである」(p. 330)という、彼の人格的な神認識の核心の言葉を付け加えることを忘れない。それによって彼は自らの教義発展の理論は啓蒙の進歩史観と同じでないこと、また、ヘーゲル風概念の自己開示の歴史でもないことを言外に主張している。彼の言う「発展」とは、聖書に啓示された「観念」に導かれながら、人々がそれぞれ先行する蓋然性に従って交わす論争という、いわば相互交渉〈行動〉から結果するものであった。論争が不可避であるのは、神についての「観念」の無限の広がりの中にあって、所詮は地上のものでしかない「言葉」には、具体的、限定的表現能力しかないためである。彼は、煌びやかではあるが何の果実も生まない理性の傲慢に注意を促してこの説教を終えている(p. 351)。ニューマンはこの最終説教の三日前、一八四三年一月二十八日、それまでの彼のローマ・カトリック教会批判をすべて撤回する旨を、匿名ではあるが宣言していたためか、従来の彼の議論に常に付随していたその「腐敗」への言及は一切ない。

(iv) 改宗と『キリスト教教義発展論』

ニューマンの生涯において一八四三年は決定的な一年であった。学寮長たちと主教団がニューマンに所説撤回を要求したのに対して、主教への絶対服従を身上とする彼は「トラクト」の刊行中止には応じたものの、良心に従って所説の撤回は拒否したことはすでに述べたとおりであるが、大学の雰囲気はすでに一変していた。成長し続ける親カトリック派を何としても抑制すべく、軍隊を除き最も強権的であったと言われるオクスフォード大学当局は、同年六月、「トラクト」派に対する公的非難として、すでに孤立化していたニューマンは無視して、同派の中で最も人望のあったピュージーに対し、二年間の説教停止の処分を行なった。ここにもハンプドゥンの影は見えている。吹き荒ぶ逆風の中で、保身を考えるフェローたちだけでなく、かつて熱狂的ニューマン・ファンであった学生たちも彼から離れていき、説教にも人々は来なくなった。彼は四二年以来リトルモアに退いていたが、『アポロギア』によれば、その年のある日、彼が外出から帰ってくると、家の内外には乗馬したままの学寮長たちと学生たちがいた。その理由を彼は、ニューマン一派がリトルモアで教皇主義者の巣を作りつつあり、機あればアングリカン聖職者および信徒を大量に改宗させてローマに引き渡そうと企てている、という某新聞紙の記事があり、彼らは主教たちとともにこの記事に同調して私邸乱入の行為に及んだ、と推量している（巽訳、下、二八頁、三三頁）。

反教皇・反ローマというイングランド社会の圧倒的先入見を背景にした圧力のもとで、ニューマンは、聖マリア教会司祭の職を辞することを真剣に考え始める。『アポロギア』は言う。「こういう状況であったから、私に選べる最善の道は、義務を辞し、相変わらずアングリカンでありながらも平信徒となることであると考えたのである。私は、ローマが聖母マリアと諸聖人とに捧げることを許している信心に関する私の考えが変わらぬ限り、ローマに赴くことはできなかった」（巽訳、下、四二頁）。この一節は、彼がアングリカン教会に対する幻想はすでに失いながらも、なお聖母問題、諸聖人問題が障害となってローマ教会への帰順には否定的であった事情をよく伝えている。長期にわたる逡巡の後、ニューマンがリトルモアの小教会を含む聖マリア教会の職禄を正式に辞したのは四三年九月のことであった。聖マリア教会にはその時すでに代理司祭が送り込まれていた。彼はその二年後の四五年十月三日、オリエル・カレッジのフェローも辞し、オクスフォード大学とのすべての関わりに終止符を打った。カトリック受洗はその直後、十月九日である。年初から執筆を開始していた『キリスト教教義発展論』の公刊は、オリエル・カレッジへの辞表提出の三日後、カトリック受洗の三日前の十月六日であった。翌四六年二月ニューマンは、当時オクスフォードの代牧（布教地域での教区長——半澤註）であったワイズマンの拠点たるオスコットに招かれてリトルモアも離れ、完全にカトリックの世界に入った。

それにしてもなぜニューマンはアングリカンを離教し、カトリックに改宗しなければならなかったのか。私には最終的答えの用意はないが、例えばカーは、第一に、アングリカニズムを四世紀のドナトゥス派に擬した三九年のワイズマン論文以来の、アングリカン古代性神話への懐疑、第二に、「トラクト」第九十号への主教たちの激しい敵意の他に、第三の要因として、四一年に議会で成立したエルサレム教区設置問題を挙げている。エルサレム教区問題とは、名目上、ごく少数のイングランド人の在住を理由に、そこに一つの主教座教会を建設し、しかもその運営をプロイセン王国と交代で分担するという文字どおり政治的プロジェクトであった。それはプロイセン、イングランド双方にとって、それぞれ国内プロテスタント諸派の結束を図り、カトリックを抑えるという目的による妥協の所産である。イングランドでは実際、福音主義派とT・アーノルドのような自由主義者が賛意を表明した。これに強い衝撃を受けたニューマンは、四一年十一月、カンタベリー大主教とオクスフォード主教に対して抗議文を提出したが、後に「これは私を終わりの始まりに追いやった」という感懐を述べている（Ker 1988, p. 236）。

イングランド国教会は国家に対して、法的にも精神的にも絶望的従属状態に置かれているという認識が、ニューマンにおける中道主義の自己破綻の最大原因であったことは、『教会の預言的任務』の項で見たとおりであるが、エルサレム教区問題を契機として彼はアングリカニズムを最終的に見限った、とするカーの判断は適切であると思う。『アポロギア』におけるニューマンの、「私のアングリカン教会に対する信頼はこれを最後に粉砕されてしまった」（巽訳、上、一六二頁。文体は対話調から変更した——半澤）という言葉がそれを十分に裏付けている。振り返ってみれば、「トラクト」運動の出発点がアイルランド教区統廃合問題であり、『教会の預言的任務』における国家のリヴァイアサン性への容赦ない批判を間に挟んで、最終的離教の契機がエルサレム教区問題であったという事実は、ニューマンにおける政治への関心がいかに強かったかを物語ると言えよう。『教義発展論』でも、宗教と政治のパラレルは中心主題の一つとなるであろう。

他方で自らの離教についてニューマンは、「私をオクスフォードから追い出した人々は紛う方なく自由主義者たちであった。……選ぶべき道はローマへの道か無神論への道かの二つに一つしかない」（同上、六四頁）と述べ、教会に対する国家干渉もさりながら、ほかならぬ宗教上の原理問題こそが、「トラクト」派と大学首脳部との決定的対立の中核にあったという認識を示している。しかしまた彼は、「一個の教師が共同体から追いのけられ実際に捨て去られてしまった場合があるとすれば、私の場合は正にそれであった。権力のある人々が私に加えた攻撃にはいささかの礼節も見受けられず、そのような攻撃に対してただ一つの抗議も提出されなかった」（同上、八二頁）として、自らの引退が、大学当局によるゆえなき排斥と追い出し策の結果であった、といういわば被害感情も表明している。離教の理由は複合的だったのであろう。一人の卓越した神学者の実存に関わる問題を論ずるのには慎重であらねばならないと思う。

ニューマンの精神は、こうした状況のもとに『キリスト教教義発展論』（*An Essay on the Development of Christian Doctrine*, 1845, 以下 *Dev* と表示）の執筆に向かっていった。それは、カーが適切にも言うとおり、イングランド教会に対する彼の公的決別宣言であり（Ker 1988, p. 314）、「先行蓋然性論」を駆使したカトリシズム擁護論であった。『アポロギア』は、自分が「教義発展の原理に……心を傾け」始めたのは一八四二年末のことであったと語る（巽訳、下、五六頁）。「大学説教第十五」が、その原理の最初の公的表明であった。改宗に向かう個人的苦悩の中で、公人として、最高度の蓋然性としてのカトリシズムの真理性を論証すべく、教義発展の歴史的・理論的問題が、この頃から三年間にわたってニューマンの精神を支配したのは間違いない。

以下、『教義発展論』のテクストの検討を試みるが、それに先立って本書の性格について一言したい。本書には『教会の預言的任務』と同様、しかし異なった意味で、ニューマンの作品系列の中でそれをどう評価するか、判断を難しくする特有の事情がある。と言うのも、ニューマン自身、カトリック教会に受け入れられた以上この作品は自分にはもはや不要と考え、改宗以後、自らの判断では未完であったテクストの推敲、書き足しを止めたからである。『アポロギア』に言う。「私は、一八四五年初頭に『教義発展論』を書き始め、十月に至るまで引続き懸命にこれに従事していた。その進捗につれて、私が直面していた難点は一掃せられ、……最後まで書き終わらぬうちに、私は改宗の決心をし、かくてこの書物は、当時のままの未完の状態に留まってしまった」（巽訳、下、九九頁）。『アポロギア』はこのように本書の執筆動機については語るが、その内容や事後の改訂などへの言及は一切ない。その意味では、彼が四十年後になってもなお、改訂と長文の新「前書き」作成に拘った、『教会の預言的任務』に対する思い入れとは対照的という印象を受ける(7)。この違いは、アングリカニズムに対する批判という点では同じであっても、作品に対する作者の関係は両者必ずしも同じではないことに由来するものであろう。『預言的任務』は、アングリカン教会の将来性についてのニューマンの、悲観的見通しは内包しているものの、いわば客観的診断であった。対して『教義発展論』は、自分はアングリカン教会において救われ得るのか、という自己の究極的運命についての「単純な問い」（同上、九五頁）に対して、論理的には蓋然的判断であることをなお意識しながら自ら最終的否を言い、それまで長きにわたって批判し続けてきたローマ教会に赴く決断とその正当性を主張する、しかも公的発言である。彼はすでに著名な神学者であり、その発言には、なお逡巡はあってもアイロニーの余地はなかったであろう。私は（ここでも仮説的理解として言えば）、その困難を乗り越えるべくニューマンは、教義発展の歴史過程を、蓋然性の概念を軸とする〈仮説〉の形を取りながら、『預言的任務』の場合と同様、可能な限り客観的に描くことで対処しようとしたのではないか、そして、それがこの作品をして、一般的な歴史理論としてのその有効性如何という、時に投げかけられる、どちらかと言えば否定的な評価には関わりなく、彼の人間・世界像の正確なドキュメントの一つにしたのではないか、と思う。

テクストに入る。まず、「序論」冒頭でニューマンは言う。曰く「キリスト教は書斎や修道院の理論ではない。すでに長きにわたってそれは記録文書や個人の心の思索から脱して公共の財となってきた。……それは最初から客観的実在であった。……その棲家はこの世である」（*Dev*, p. 3）。とすれば、キリスト教を理解するために何よりも必要なのは歴史における事実を深く読むことである。だが、歴史を無視して聖書至上主義を掲げるプロテスタンティズムには教会史を云々する資格は全くなく、また、初期キリスト教の純粋性はある時代以降「堕落」の歴史に陥った、とするアングリカン神学の見解にも根拠がない。確かに、三位一体論はニカイア公会議以前、六人の教父たちがそれぞれ異なった考えを持つに止まっていたが、そのすべてがアタナシウス信条を予測させるものであった。原罪論は使徒にもニカイア信条にもなかった。だが、早い時期に教会として形成され、教父たちの努力によってアタナシウス信条に一致したニカイア公会議以来、教皇という、聖書の啓示が人々に正しく開示されるために必要不可欠な至高の権威のもと、神学者たちの時々の論争を通して、カトリック教会はその教義を発展させてきた。もちろん、聖書でただ一度だけ啓示された偉大な観念を世界が理解するのには長い時間が必要であり、また、その過程では常に、異端の攻撃による誤謬と内部闘争による腐敗の危険性が付き纏ってきた。だが、教義は時間の中で発展するという、そもそも聖書自体に含意されていた先行蓋然性に導かれ、カトリック教会の歩みは不動であった。

これはまさに、そこに身を投じようとするニューマンの、カトリシズムの歴史へのオマージュであり、改宗理由の堂々たる公的宣言である。だが、この作品はすでにその刊行自体に一つの挫折が孕まれていた。と言うのも、改宗に当たってニューマンは「この作品の校閲を受けるべくカトリック当局に申し出たが、本書は彼がカトリックになる以前に書かれ、一部は印刷されていたとの理由で拒絶された」という事実を、初版の巻頭広告で明らかにしているからである（*Dev*, p. viii）。「当局」は代牧ワイズマンであった。私には、この一見些細な出来事は、以後三十年にも及ぶカトリック教会におけるニューマンに対する冷遇の最初の現われと思われる。ニューマンのカトリック時代、教会に対して自らがなすべき寄与と彼が信じて行なった行為と、ローマにあってイングランドの状況には殆ど無知な教皇庁中枢のニューマンに対する期待との間には、歴史家として見れば、殆ど絶望的な食い違いがあった。教皇庁に食い込んだマニングらイングランド出身ウルトラモンタンたちが事態をさらに悪化させたことは、伝記作者たちには周知である。

『教義発展論』の本論は、二部構成となっている。第一部は総論または全体の理論的枠組みであり、第二部は具体的なキリスト教教義史の叙述であるが、二つの部の関連は必ずしも緊密とは認められず、主題の共通性は当然としても、むしろ相互に独立の論考の印象が強い。したがって、ニューマンの具体的な歴史叙述には踏み込まないという、これまで取ってきた本章の方針に従って、ここではあえて第二部には立ち入らず、彼の原理論＝原認識を中心とする第一部に注意を集中したい。すでに述べてきたとおり、ここに至るまでニューマンは、キリスト教も含む、諸思想体系それぞれにおける中心的「観念」とその諸様相（aspects）、「信」と「理性」、行為選択の際に働く先行蓋然性の普遍性、政治と宗教のパラレル関係など、いずれも概念的定式化には馴染まないが、なおかつ考察の重要な手掛かりとなる視点を獲得しており、第一部ではそれらが存分に駆使されている。

詳しく見ていけば、第一部第一章は「諸観念の発展について」と題され、およそ「観念」はその様相の多様性を通して知性に認識される、という宣言から出発する。ニューマンの理解では、「観念」とは、人の精神が向かっていく事柄の核心そのものの謂いであるが、キリスト教の「神」のように包括的な観念は、人間はそれを内面の直観において体験できても、その全体を言語化して記述することはできない。それが記述されるのは、一定の範囲で言語認識が可能な、その対象のさまざまな具体的在り様＝様相を通してのみである。キリスト教の場合、その中心的様相は「受肉」であり、蓋然性に導かれてそこから、仲保、贖罪、ミサ、教会の一体性とその中心たる教皇制、聖人崇敬、聖職者独身など、多くの秘蹟的、教階制度的、禁欲的教義が成立してきた。これらは、ニューマンの分類に従って言えば、キリスト教教義における「論理的」、または「倫理的」発展であろう。

だが理論の発展にはまた別の型もある。ニューマンによれば、キリスト教、王権神授説、人間の権利、聖職者超俗主義、功利主義、自由貿易その他何でもよいが、いかなる理論でも、人々あるいは共同体のかなりの部分の心を捉えるや否や、それは生命を持ち始める。反対論との対立の中で、人々の思考は煽り立てられ、心が心に働きかけ、最初の言明に新しい光が加えられる。それによって、当該理論には次第に一貫性と形式性が齎されていく。ニューマンは、これを理論の「政治的」、または「歴史的」発展と見る。その過程はまさに諸観念の戦いである。それは宗教においても国家においても変わらない。そして、そこで決定的に重要なアクターは、当該共同体の指導者である。

ニューマンは、キリスト教も含んだ思想「発展」の一般理論、言うなれば心理学的な〈思想史原論〉を構想しようとしているかに見える。「大学説教第十二」において、先行蓋然性論がキリスト教の「信」も含めて人間的判断の根拠一般の説明として論じられたのと同様、彼は、先行蓋然性に基づくあらゆる観念の発生、成長、活性化（力能化）、具体的教義化、支配権確立の過程を示唆し、その中にキリスト教も位置付けようとしている。それは〈思想の政治学〉でもあり、彼は、バークがフランス革命におけるイデオロギー闘争の中に見ていたのと同じ性質の過程を、バークよりも大きな視野で見ていると言えよう。『アポロギア』には次のような回想がある。曰く「私は、教義発展の原理が、ただたんに、ある種の事実を説明するに止まらず、それ自体注目すべき哲学的現象であり、キリスト教思想の全過程に対して一つの特徴を与えているものであることを知った。それは、カトリック的な教化の初期から現代にわたって見られるものであり、その教化に統一と個性とを与えているのである」（巽訳、下、五七頁）。

テクストに戻れば、続いて彼は、ギゾーの『ヨーロッパ文明史』を引きながら、宗教における団体化の不可避、そこにおける統治者の不可欠という方向に議論を誘導していく。それは主として第二章後半以下に展開されるが、先立って第二章前半では古代キリスト教における教義の展開が具体例で論じられており、まずはそれを紹介しておきたい。ニューマンは言う。聖書が全く沈黙しているわけではないが、ごく僅かしか語らないために、そこで語られている言葉を越えて情報（information）が求められた問題の一つに、死と復活の中間における人間の状態の問題がある。原始キリスト教時代の信徒たちは、キリストは間もなく再臨するという希望を抱いていたが、外的状況は変わり、啓示された言葉の異なる適用が必要となってきた。キリスト教に改宗する国民が増え、戒律違反も増えた。それにつれて教会は、この世の制度として、また矯正体制として、従来さほど重要視されていなかった二つの教義を成立させた。一つは、洗礼を補完するものとして、受洗以後犯した罪の赦しを与える「改悛」の教義であり、いま一つは、死と復活の中間期を説明するものとしての「煉獄」の教義である。これらの教義の制定は、再びニューマンの分類に従えば、「論理的」または「倫理的」発展であろう。彼は、神はこうした事態を想定していたのではないかと言う。また、その発展が「信条」（creed）に結晶するには、時間という長いプロセスと合わせて、さまざまな論争を最終的に収束させる権威が必要であったと言う（*Dev*, pp. 44-46）。ニューマンのこの説明は、彼のいわゆる「発展」なるものは実は、歴史をその結果において読むことと同義ではないかと思わせるが、彼自身、それは明確に自覚していた。彼は、聖書自体が中心的理念の発展という原理の上に書かれており、したがって、主の昇天後、教義の成長が終わり、信仰の規則が一度限り確定した時点など無く、実際、信仰の探究と異端からの攻撃が新しい教義を絶えず付け加えていったのだ、と述べている（*Dev*, p. 50）。

こうした発展の諸類型の議論を経て、第二章後半は、教義論争における決定者の存在の必要から、その決定者の権威に対する絶対的服従の必要の問題へと収斂していく。まず決定者の問題である。曰く「教義と実践における神の計画の真の発展の蓋然性に応じて、その発展を決定するための外的権威の体系を任命すべき蓋然性もまた生じてきた。この権威の任命によって発展は、たんなる人間的思い付き、誇張、腐敗、誤謬などとは区別される。これすなわち教会の不可謬性である。私の考えでは、不可謬性とは、あれこれまたは数多くの神学的・倫理的言明のいずれが真であるかを決定する権力を意味する」(*Dev*, p. 57)。

ここでニューマンは、外的権威の体系がすなわち可視の教会であり、それが不可謬であることを当然として議論している。だが、なぜ彼は「不可謬性」と「権力」(または「権威」――ニューマンはこの二つの言葉を同義に使っている)とを等置できたのであろうか。理由は端的に、「聖書はその解釈を自ら語らない」(*VM*, p. 245)からである。聖書にとって案内者は必須である。「教会は他の誰にも不可能なことを手掛ける。それこそが教会の力の秘密である」(*Dev*, p. 64)。ニューマンの考えでは、真理の啓示とその保証、あるいは啓示とその受容は、厳密に区別されなければならない。啓示された真理が正しく受容されるためには、何らかの「外的権威の体系」は不可欠である。たとえ啓示があっても、その何たるかを決定する権威がなければ、その啓示は無かったに等しい。ニューマンに従えば、権威の体系としての教会の「不可謬性」または「権威」は、聖書に内在している先行蓋然性の帰結に他ならず、両者の等置は自明の理である。

だが、仮にこの主張を承認するにしても、人々はいかにしてローマが腐敗していないどころか、不可謬であると知るのか。ニューマンはこの問題は第二部の歴史叙述に送り、続いて、可視の教会の不可謬性に対する服従の問題に移行する。人は不可謬の教会の決定には絶対服従しなければならない。曰く「蓋然的不可謬性とは、決して誤らないという蓋然的賜物である。蓋然的不可謬性の教義を受容するということは、その宣言や命令において誤らないという蓋然性に根拠付けられた一個人に対して「信」を抱き、服従することである」(*Dev*, p. 59)。だが、こう言って済ますのは、いわば問題の安易な牧歌化であるとニューマンは知っている。曰く「教皇が自ら、あるいは彼の特定の会議によって、いかがわしい仕方で何事かを決定したとしよう。彼が可謬であるか否かに関わりなく、その時でもすべての信徒は服従しなければならない。良心への服従が――たとえその良心が誤って導かれていようとも――我々の道徳性と知識を向上させるように、教会の上長への服従は我々の明知と聖性を促進するであろう」(*Dev*, pp. 63-64)。彼は、権威は権威なるがゆえに服従されなくてはならない、と言うのであろうか。

ニューマンは、「不可謬性」とは、「蓋然的」という留保を付するにせよ、結局一つの「仮説」に過ぎないことを十分に意識して『教義発展論』を書いている。自然科学的認識とは異なり、〈弱い〉外的証拠に依存せざるをえないキリスト教の真正性の論証には、高度の蓋然性に裏付けられた何らかの仮説を要請せざるをえない。人々の判断の集合である教会の「不可謬性」は、そのための仮説として最も合理的、と彼は判断したのであろう。だが他方で彼は、不可謬性論を必要とする根拠として、教育の普及が必然的に人々の意見の多様性と相互衝突を生んでおり、「何らかの至高の権力無くしては人々の精神を制御し同意を強制することは不可能」(*Dev*, p. 66)、という悲観的状況認識をも持っていた。

これは明らかにアンビヴァレントな態度であり、とくに前々パラグラフ後半の発言はきわめて懐疑的で、アイロニーとすら見える。実際、ニューマンを懐疑主義者とする見方は、A・ハクスリ始め少なくない。しかし彼は懐疑主義者ではなかった。彼はこうした言明の背後に、自らの生涯の体験確信たる良心の自由の原理との緊張が控えていることを意識していた。良心への服従と教会の上長への服従との並列がそれを物語っている。この問題は、改宗後のカトリック・ニューマンにとって、生涯にわたり、実践上の困難をもたらすことになるであろう。この問題その困難は、第一ヴァティカン公会議での「教皇不可謬の定義」宣言に対する態度決定に際して露わとなる。だがここは、目下のテクストに集中しよう。ニューマンは問う。この不可謬性は、人間の自由意志と責任という、人間行為のモラルが要求する試練を妨害するのか。そして答える。「いかなる教会、公会議、教皇、諸博士の同意、いや全キリスト教世界の同意であっても、聖書がした以外の仕方で、個人のなす探究を制限することはない。……「信」に関わる永続的権威が我々の自由意志と責任を妨げると想定することは、最初の時代には誤りなき教師たちが、次なる時代には異端者たちと分裂主義者たちがいたのを忘却することである」(*Dev*, p. 61)。この文章の後半部分は若干分かり難い。しかし、それが「大学説教第二」以来の自由意志論の堅持であり、また、(二四三頁に述べた)後のグラッドストン批判を予示していることは理解できる。

以上を以て『キリスト教教義発展論』の理論的枠組みを示す本書第一部の検討を終わりたい。続く第二部でニューマンは、原始キリスト教以来の、腐敗とは区別されたカトリックの歴史的発展を、原型の維持、原理の連続性、同化力、論理上の連続性、歴史の将来の予期、過去に対する保守的行動、長期にわたる活動力、という七つの特質を挙げて具体的に展開しているが、遺憾ながらそこに立ち入る余裕はない。

最後に、この作品全体に関わる印象を一つ述べる。二十世紀における最高のニューマン研究者の一人と目されるO・チャドウィックは、ニューマンの教義発展論はスコラ神学、ボシュエ神学と並んでカトリック神学の第三勢力となった、と評価している(8)。この見方の当否を判定するのは私の能力の範囲を越えるが、『教義発展論』という、著者の信条が過渡期にある複雑な性格のテクストの〈評価〉には困難を伴うことは、すでに述べたとおりである。私自身の全体的感想を言えば、ニューマンは古代キリスト教史研究を手掛かりに、独りキリスト教に止まらず、そもそも思想発展の一般理論として、ある種弁証法的な歴史観を持つようになったのではないだろうか。彼は語る。思想発展史とはそれぞれの思想がそれぞれの先行蓋然性に導かれて衝突する戦いの場であり、その衝突の中から発展の新しい段階が出現する。四世紀前半、アレイオス派の登場と一時の勝利に対する戦いがニカイア公会議の三位一体説を結果し、世紀後半から五世紀、ペラギウスの人間性善説との闘争の中からアウグスティヌスの原罪論が発展してきた、と。しかし彼は、同じ論法で宗教改革とプロテスタンティズムの勃興に対するトリエント公会議の勝利を謳おうとはしない。そこに彼のリアリスティックな歴史状況判断が現われているのかもしれない。同時代カトリック思想の貧困をよく知る彼は、デリンガーへの関心が示すように、ドイツ思想とその歴史主義的動向に強い関心を抱いていた。彼が第一ヴァティカン公会議前後、ドイツのリベラル・カトリック教会史家デリンガーと連絡を取り合っていたことは事実である。しかし、教皇不可謬性の定義に最後まで正面から反対して破門されたデリンガーに対しては、彼は当然のことながら批判的であった。なお、『教義発展論』は出版直後からフランス語訳が企てられ、ニューマン自身も強い関心を示したが、その意を汲んだ訳書が出版されたのは実に一九三七年であったとチャドウィックは述べている(9)。同時代ヨーロッパ思想史全体の文脈の中でのニューマン像の構築はなお課題であると思う。

(v) カトリック・ニューマン――結び

「一八四五年以後の我が心境」と題された『アポロギア』第五章は次の有名な一節で始まる。「カトリックになって以来は、私の宗教的見解について述ぶべき歴史はもはやない。……改宗にあたって私は、知的にせよ道徳的にせよ、何らかの変化が私の心の中に起こったとは自ら意識しなかった。……信仰の熱が高まったわけでもなかった。それは、荒海を乗り越えて港に入るようなものだったのだ。そしてそのために、私の幸福は、今日に至るまで、一度も妨げられることがないのである」（巽訳、下、一〇四頁）。

一人のカトリック信仰者としての幸福感、また、神に対する意識の不変の自覚、という回想は、まさにそのとおりだったのであろう。『アポロギア』第五章の内容が、改宗以前の行動を回想・弁明した先立つ四章とは大きく異なり、改宗以後の自らの精神的推移・発展の回顧ではなく、もっぱら、同時代のカトリック教会にとって肝要、と彼が考える議論の熱烈な弁証となったのも、ある意味で当然であろう。中心主題は不可謬性問題であり、その前提には人間に不可避な堕落傾向、その極限としての世俗化、「思考の自殺的行き過ぎ」たる懐疑主義の跳梁、という現実認識があった。戦いの意志も鮮明にニューマンは言う。不可謬性の教義は「人類の現状に対する断固たる抗議」である（同、一一一頁、一一二頁）。それは本来、公会議における教皇が行使する教理決定上の原則であるとしても、ニューマンによれば、国家権力がその直接支配領域である国土だけでなく周辺海域をも管轄するのと同様、教皇を頭とする教会も、教義の維持だけでなく、宗教生活に関わる限り、最終的には破門という強制権力を背景に、信徒の世俗生活をも規制しなければならず、信徒はその決定には絶対服従しなければならない。

この主張は、権力体系としての国家と教会のパラレルの指摘も含めて、議論それ自体としては『教義発展論』のそれと変わらない。変わっているのは、『教義発展論』ではここでくり返されている議論と拮抗しつつ、しかしそれと一体で主張されていた「良心の自由」論が姿を現わさないことである。その理由は、『アポロギア』執筆に先立つ異例の長い沈黙が自ずと語るであろう。改宗後、最初の数年の蜜月が終わった一八五〇年代末以降、七九年、新教皇レオ十三世によって枢機卿に叙せられて、おそらくは彼の公的人生で初めてだったであろう、心穏やかな生活に入るまでの二十年間は、彼を快く思わない司教たちによる、時に異端者扱いにも等しい徹底的冷遇と監視のもとでの、文字どおり暗い、暗澹たる日々であった。オラトリオでの教育計画の多くは潰え、かつてあれほど旺盛であった著作意欲も萎えた。七〇年の大著『同意の文法』に辿り着くまで、五九年以後、カトリック・ニューマンが原理的レヴェルにまで立ち入って格闘する姿を見せる作品は無い。五九年に書かれ、文字どおり蜜月を終わらせた僅か五十頁のパンフレット「教義上の事柄について信徒に聴く」（On Consulting the Faithful in Matters of Doctrine）以後六年に及ぶ、彼としては未曾有の長い著作空白期間を隔てて書かれた六四年の『アポロギア』の刊行と成功は、この時期のニューマンの精神にとって唯一の救いとなった。しかし、それはアングリカンの旧友との関係修復と国内での彼の名誉回復には大いに役立ったものの、ローマを向いたイングランド・カトリック教会内上層部との関係は、むしろ悪化の一方であった。六五年、ワイズマンの死去に伴い、ウェストミンスター大司教の地位を襲ったのは宿敵マニングであった。五九年から六三年にかけての『自伝草稿』には、理解されず、友もない精神の苦悩が赤裸々に書き込まれている。一例を挙げる。「カトリックになってからの私の歩みの何と希望のない、暗いことか。……オクスフォードとリトルモアの年を懐かしく思い返す。それは私が目覚ましい使命を担っていた時であった。だが、私は顔付きまでどれほど変わってしまったことか。……自分が険しい顔をしているのは知っている。だから、誰にも会いたくない。……カトリックになってからというもの、個人的には失敗の他は何もなかったと思う」（*AW*, pp. 254–255）。

右の言葉を理解するためにも、改めて年譜を辿ろう。一八四六年、ニューマンはカトリック聖職者となる決意をし、ローマのプロパガンダ学寮に入って初学者同様に学習、四七年司祭に叙品される。彼は、帰国後はイングランドにオラトリオ会を設立することを希望し、教皇の許可を得て翌四八年、バーミンガムに同会を創立、同志とともに修道生活に入った。十六世紀、フィリッポ・ネリによって設立されたオラトリオ会は、厳格な規則と共同性を重んじる通常の修道会とは異なり、会員それぞれが独立の経済的基礎を持ちながら相互に協力して祈りと布教に当たる組織であった。独立不羈の人であったニューマンがオラトリオ会に強い共感を抱いたのは自然だったのであろう。四九年にはロンドンに支部も設けられた。しかし、このロンドン支部はその後、次第にニューマンの指導を嫌って独立集団化し、マニングと結んで事ある度に彼と対立して深い懊悩を与えることになる。

一八五〇年は、イングランド・カトリックにとって記念すべき歴史的な年となった。国教会支配のもとでの三百年に及んだ空白の後、正式の教階制度が復活し、ワイズマンが初代ウェストミンスター大司教・枢機卿に任じられた。この前後、ニューマンもまた、カトリックとプロテスタント双方を対象とした十八篇の『混合聴衆のための講話』（一八四九年）、オラトリオの兄弟たちに宛てられた九篇の『イングランドにおけるカトリックの現在の位置についての講義』（一八五一年）など精力的に執筆活動をしたが、中でも重要なのが、五二年七月、ワイズマンのかつての活動拠点オスコットで開かれた、第一回ウェストミンスター教区司教会議の席上での説教「第二の春」（The Second Spring）である。新来の一司祭たるニューマンがこうした重要な会議で説教を委ねられたのは、もちろんその名声のゆえだったであろう。

この説教で彼は、ローマ帝国の例を引きながらまず言う。強国も、主権国家も、王朝も、人間とそのすべての業はいつかは必ず滅び、いったん死ねば再生する力はない。三百年前のイングランドには、二十の司教区、多くの修道会、大学、一万もの聖職者が活躍していたがそれらが突然すべて抹殺され、教会堂は破壊され、その収入は貴族たちに没収され、司祭たちは追放、殉教の憂き目に遭わされた。その困難は今も続き、「ここに集まっている一人残らずの者が、私たちが生まれた頃までにカトリックの信仰が蒙っていたこの上ない侮蔑について証言することができる」（『心が心に語りかける』二七〇頁。文体は変更した）。だが、かつては存在し、ひとたび滅んだイングランド・カトリック教会は、神の恩寵によって、自然界では不可能な復活を遂げた。今や「古い神殿の廃墟の上に、第二の神殿が建てられる」（同、二七六頁）。それにしても、我々本来のものを取り戻すのにどれほどの苦難が待ち受けているか、なお分からない。殉教者の苦難は未だ終わっていないかもしれない。しかし、私たちの力は必要に応じて与えられるであろう。神の力、教会の慰めと平和、使徒聖ペトロと聖パウロの祝福によって、ここに集まっているすべての聖職者は、「もし神の思し召しならば、喜んで殉教者になる」ことを恐れず、「自然には不可能なことをやってのけるであろう」ことを私は信じて疑わない（同、二七九頁、二八〇頁）。ニューマンの説教は、いつものことながら多くの歴史的事実を提示して人間性の現実を如実に想起させ、聴衆一人一人の心に直接に訴えかける。それは参集したすべての聖職者たちの心を打ったのであろう。以後もニューマンに対して及ぶ限りの共感を示し続けたオクスフォード司教ウラソーンは、「ニューマン博士は彼の最高の説教をし、司教や神学者たちの多くは半時間も涙し続けた」というメモを書き残している(10)。

一八五二年は、カトリック・ニューマンが重大ないま一つの課題に直面させられた年であった。ダブリン大司教P・カレンが、同市にニューマンを総長とするカトリック大学設立を計画し、これにニューマンが応じたからである。だが、ここでも結論から言えば、ニューマンの構想とカレンのそれとは殆ど水と油であった。ニューマンが、自己の生涯の使命を、信徒の知的水準の向上に尽くす良き教育者たることと思い定めてきたことは先に述べたが、彼はこの使命を、長年にわたり抑圧に苦しんできたアイルランドの地で果たすことが、彼に対する神の意志と考えた。彼は自らの人脈も利用して、宗派を問わず優れた人材を教授陣に迎え、基礎となるリベラル・アーツ教育の上に、医学、物理学始め近代的学問領域すべてを蔽う教育体系を構築しようとした。同じ五二年、ダブリンの一般人を対象に開かれたニューマンの一連の講義『大学の理念』は、大学はたんなる技術教育でも、狭い視野の宗教教育でもなく、文字どおり全人教育の場でなければならないと情熱的に論じ、現代日本においてもなお読み続けられるリベラル・アーツ論の古典となった。

だが、ニューマンのこうした遠大な大学論は、聖職者中心の伝統的なカトリック・カレッジしか念頭になかったカレンの理解の遥かに及ばぬところであった。二人の間は次第に疎遠となり、ニューマンは自分の構想のため聖職者たちを無視して勝手に俗人学者中心の人事を進めている、と感じたカレンは、副総長人事ではニューマンを無視するなど、次第に行き詰まりが露わとなって来た。その中で、一時は教皇の意志と伝えられた大学総長としてのニューマンへの司教資格付与も、いつか棚上げとなった。カレンがその立場上当然に求めたニューマンのダブリン定住を、最終的にオラトリオ会活動を優先したいニューマンが拒否したことも要因となり、一八五六年、ニューマンは総長辞任を申し出、翌五七年最終的に辞任した。総長在任中、五十六回も海峡を渡って訪れ、暖かく迎えられて滞在し、彼自身その地と人々を愛したダブリンでは多くの人が彼の辞任を惜しんだと言われる。大学計画の費用を支えたのは、豊かな上流階級ではなく、貧しいアイルランドの多数信徒たちであった。

バーミンガムに戻ったニューマンは、不在がちであった五年間に沈滞していたオラトリオの再建に向けて活動を再開する。折しも、一八五〇年の教階制復活に刺激され、知的にはオクスフォード運動からの改宗者たち、数的にはアイルランドからの移民に支えられながら、イングランドのカトリックは、依然として強固な社会的反対の中にも再活性化の時代に入った。バーミンガムにオラトリオの学校を建設する計画も始動した。しかし、ダブリン帰りのニューマンは早くも、自分が帰らなかった方が、（ウルトラモンタン派に近付いていた）ロンドン・オラトリーのF・フェイバー神父やワイズマン大司教にとってはより好都合だったのではないか、と密かに感じ始めている（Ker 1988, p. 463)。多くの小競り合いの中、論争の焦点は、一八四八年創刊の雑誌「ランブラー」（*Rambler* ＝逍遥者）問題であった。五〇年代後半の同誌は弱冠二十三歳のジョン・アクトン卿を社主・編集者とする、教会内自由の推進を主張する最も急進的なカトリック・リベラルの雑誌であり、その急進性は、司教たちにとってはしばしば許し難く、廃刊が求められていた。紆余曲折を経て結局、司教筋からの圧力でニューマンは、不本意ながら廃刊までの間、編集者を務めることとなったが、この間、アクトンの行動には批判的であっても基本的には「ランブラー」を支持していた彼は、同誌一八五九年七月号に「教義上の事柄について信徒に聴く」を掲載した。

「信徒に聴く」は短く、主張は単純明快である。ニューマンは言う。英語の“consult”には、医師が患者の脈を取るように、情報を求めるという単純な意味と、誰かの意見を求めるという、二つの意味があるが、自分がここで言う意味はもっぱら前者である。その意味における「信徒団は、啓示された教義の伝統の事実への証人であり、キリスト教世界の「合意」であるがゆえに不可謬の、教会の声である。多様な成員と機能それぞれの方法に委ねられている使徒の伝統は……ある時は司教の口、ある時は博士たち、ある時は人々、ある時は典礼、慣習、出来事、運動など、歴史という名に含まれる多くの現象によって、さまざまな時代、さまざまな仕方で自らを示す。それゆえに、伝統のこれらの水路のすべては無視されてはならない。もちろん、この伝統のいかなる部分でも、それを識別し、定義付け、宣布し、強制するという賜物は、もっぱら「教える教会」（Ecclesia Docens）の内に存する」(11)。ニューマンはまた言う。歴史を顧みるに、ニカイア公会議直後の混乱の時代、（三位一体という）カトリックの真理を固く維持したのは司教たちではなく、俗人信徒たちであった。しかし、（一八五四年の）「聖母無原罪の御宿り」の教義決定に際しては、「信徒の感覚」にきわめて大きな敬意が払われた。信徒たちの意見や助言が求められたのではないが、彼らの証言は取り上げられ、感情は聴かれた。司教も神学者も、人々の一致を重視するアウグスティヌスやヒエロニムスに従った（*On Consulting the Faithful*, 1961 ed., p. 70, p. 72）。

ニューマンの発言は、いつものことながら慎重である。彼は教会内デモクラシーを主張しているのでは全くない。おそらく彼の当面の実践的意図は、知的基礎の貧困な教会の中に、優れた俗人知識人の考えを反映させることにあったのであろう。しかし、ローマ寄りの神学者や司教たちが、デリンガーから感じ取るのと同じ異端の臭いをニューマンの中に嗅ぎつけるのは容易であった。カーによれば、ニューマンの論文は教会の不謬性を否定している、との嫌疑を抱いたニューポートの司教ブラウンはその旨をローマに通報し、ニューマンは今や異端訴追の危険に晒されることとなった。ローマの宣教省は論文中の疑わしい個所のリストをワイズマンに送付して処置を一任したが、そのリストはニューマンには送られることなく、またすでに病弱でもあったワイズマンは全く動かなかった。自分は「誰もが否定できないはずの歴史上の事実を述べたに過ぎない」のに神学論争に巻き込まれたと覚ったニューマンは、以後六年間にわたり厳しく沈黙を守ることとなる（Ker 1988, pp. 486–489）。

試練の一八五九年はこうして過ぎたが、オラトリオ学校の内紛もあり、ニューマンの意気阻喪は六〇年代に入っても改善せず、医師に数ヵ月の休養を命じられるほどであった。先に見た『自伝草稿』の一節が彼の精神的状態をよく示している。それでも『アポロギア』の成功が彼を立ち直らせ、六〇年代後半は、バーミンガム司教W・ウラソーンの支持もあって、オラトリオの学校をオクスフォードに設立する計画も進められ、ある程度の進捗が見られた。しかし、カトリック教育からのニューマン排除を至上方針とする宣教省に忠実に、仮に学校が設立されてもニューマンのオクスフォード入りだけは何としても阻止しようとするマニング枢機卿の執念は激しく、最終的に計画全体が破棄される結果となった。

他方で、周知のように、ローマを巡る状況は一八七〇年代に入り緊張の度を強める一方であった。六四年の「誤謬表」宣言以来、教皇ピウスが模索していたヴァティカン公会議が六九年末に開催、翌七〇年には不可謬性の定義が宣言された。この会議にはニューマンも教皇ピウス九世自身から参加を要請されたが断っている。今や彼は、かつては必ずしも批判的ではなかったピウス九世の統治を非難して、私的書簡の中では「我々は専制の頂点まで来てしまった。教皇にとって二十年も生きるのは良くない。それは異常であり、何らの果実をも生まない。彼は神になった。反対者は誰もいない。彼は事実を知らず、意図せずして残酷な行為をしている」（*LD*, XXV, p. 231）とまで述べている。彼はまた、尊敬するオルレアン司教デュパンルーからの相談相手となって欲しい旨の申し入れも断った。彼は不可謬性定義には批判的であったが、いったん決定されれば服従する意志を固めていた。すべての人間的事象の常として、最高の徳と最悪の腐敗を交々くり返してきたカトリック教会の歴史を知る彼は、希望を次なる教皇、次なる神学者たちに託す。そして彼は、これらの思いをすべて私的な書簡と『自伝草稿』に記し、伝記作者の用に供すべくそれらを慎重に保管した。私はこうしたニューマンの行動の中に、人格的神への彼の深い信頼と、同時に、飽くなきリアリズムを追求した生涯にわたる歴史研究の裏付けとを持つ、人間に対する本質的オプティミズムの強靭さを感じないわけにはいかない。だが、先にも述べたがそのオプティミズムは、人間を「神の似姿」としてその善への本質的傾向性を強調するトマスのそれとは異質の、より厳しいものであった。

老境に入り、しかも人生で最悪の苛酷な状況のもとにありながら（いや、ここでもそれゆえに）、ニューマンの精神は再び立ち上がり、精力的に働き続ける。「信」の確実な基礎を探るべく思索と執筆に集中した畢生の大作、一八七〇年の『同意の文法』がその記録であることは、すべてのニューマン研究者が同意するであろう。第一部「同意と理解」、第二部「同意と推論」より成る同書の主題は、第一には「宗教的確かさ」とは何か、第二には「生きた「信」に特徴的な知覚の態様」とは何か、の二つである（*GA*, Introduction by N. Lash, p. 10）。『同意の文法』は、明らかなスコラ哲学との一致の欠如を教会筋から批判されたが、彼はそれを意に介さなかった（Ker 1988, p. 637）。私には、その全篇の底流に良心問題があることは理解できるが、遺憾ながら、それ以上ニューマン宗教哲学の深みに立ち入る力はない。彼は一八七五年、前述二四三頁に紹介したグラッドストン批判を書き(12)、七八年には、オクスフォード大学トリニティ・カレッジから、同カレッジ最初の名誉フェローに推戴された。「私の人生の戦いの最初の場」(Ker 1988, p. 710) であったトリニティから名誉を贈られたことは、彼の生涯の最大の喜びであった。そして一八七九年、枢機卿に任じられたニューマンは、教区を持たない枢機卿の義務であるローマではなく、異例なバーミンガム在住を許され、爾来、世を眺めながら、基本的には穏やかな祈りの内に人生を終えることができた。

顧みれば、本章は単一の論考としてはすでに適正規模を超えている。だが、『同意の文法』はそれ自身で独立の論考を要求するであろうし、ニューマンの教会論に焦点を絞った本章は、その問題以外、初期の重要な『四世紀のアレイオス主義者』、『大学の理念』、「大衆プロテスタンティズム」を批判した『成義論』、多くの『説教集』などには立ち入ることはできなかった。『書簡・日記集』も、人間ニューマン研究のためには、より緻密な接近が必要であろう。多様な主題の見られるいくつかのエッセイ集にも隠れたメッセージが残されていることであろう。また、晩年のニューマンが、一世代上のコールリッジの同じく晩年の宗教思想に強い共感を示した問題もある。これらの探究は(私に残された人生の時間では閲読不可能かもしれないが)続く研究者の手に委ねなければならない。本章の題名を「思想家ニューマン研究〈序説〉」とした所以である。

註

第一章　思想家としてのエドマンド・バーク

（1）　ここでは、これらのバーク研究史の内容を逐一列挙することは不可能であり、逆にまた、本文での私の表現が、すべての研究の内容を包括しえているわけではもとよりありえないが、概して言うならば、スティツマン・バーク、功利主義者バーク像は、議会においてはスティツマンシップが、思想状況としては功利主義が、格別の評価を与えられていた十九世紀、ないし二十世紀初頭までの研究（Bisset, Croly, Prior, Peter Burke, Macknight, Morley, Stephen, Halévy, etc.）の中から生まれ、ロマン主義者バーク、デモクラット・バーク像は、ファシズムの勃興する二十世紀の二〇年代末頃以降の状況の所産（Cobban, Brinton, Barker, etc.）と考えてよいであろう。保守主義者バーク像も、ロマン主義者バーク、デモクラット・バーク像と結合しつつ、イギリスでは二十世紀初頭の Cecil 以来の長い歴史を持つが、それを跡付けることは、とりも直さず、今世紀のイギリス保守主義史を跡付けることとなる。なお、保守主義者バーク像には、イギリスでの研究の他に、言うまでもなくマンハイムの知識社会学と、部分的にはその影響下にある第二次大戦以降のアメリカでの研究が加わる。特に後者については、その論者たちは、Kirk, Viereck 等枚挙にいとまがないけれども、見逃してならないのは、アメリカのいわゆる新保守主義が、自らの歴史的バック・ボーンとしてバークを位置付ける場合には、一方では、Cecil 以来の有機体論的保守主義の概念を用いつつ、他方、その同じ概念を媒介としながら、バークにおけるスコラ的自然法の再生を強調する場合が多い（Canavan, Stanlis, etc.）ことである。

（2）　例えば、J. W. H. Atkins, *English Literary Criticism: 17th and 18th Centuries*, 1951, ディルタイ『近代美学史』など。マイネッケ『歴史主義の成立』におけるバークの特殊な位置付けも、本文で述べた意味においては、ディルタイと共通の理解のもとにある。なお、前註および本註の問題に関しては、新資料の発見による Samuels, Murray, Magnus 等の、今世紀に入ってからの伝記的研究、最近のＭＳＳ公開以来の諸研究（Copeland, Mahoney, Cone, etc.）および一九三〇年代以降の *PMLA* 誌上の実証的諸論文等を見落としてはならないが、これらについては後出本文および次註参照。

（3）文学史においては例えば、バークの編集したとされる一七五八年創刊の年鑑 *The Annual Register* について、彼自身の編集の時期の問題を論じた T. W. Copeland, Burke and Dodsley's Annual Register, *PMLA*, Vol. LIV（1939）, No. 1, B. D. Sarason, Edmund Burke and the Two Annual Registers, *ibid.*, Vol. LXVIII（1953）, No. 3, あるいは、A. P. I. Samuels, *The Early Life Correspondence and Writings of the Rt. Hon. Edmund Burke*, 1923 に収録されている青年期の匿名の政治的パンフレットは、バークの筆によるものではないと主張する G. L. Vincitorio, Edmund Burke and Charles Lucas, *PMLA*, Vol. LXVIII（1953）, No. 5, その他、*JHI* 誌上にも同傾向の諸論文が見られる。

コーンの政治史的研究とは、C. B. Cone, *Burke and the Nature of Politics*, I（1957）, II（1964）である。なお、第一巻でコーンは、フランス革命以前のバークについて、政治哲学者の形容を拒否し、一個の政党政治家として把握しているが、これは、本文に述べた解釈論の混乱を意識した上でのものではないかと思われる。

（4）例えば、少なくとも一七五八年から六四年までは確実に彼の編集になる *The Annual Register* との関係については、バーク自身、決して明らかにしていないが、それは、当時、編集者の地位が一般的に尊敬すべきものでなかったため、と推定されている。なお、家族関係についてのバークの秘密主義は、Samuels, *op. cit.*, pp. 396-404, D. Wecter, Edmund Burke and his Kinsmen, *Univ. of Colorado Studies*, Vol. I, No. 1, 1939, passim. に例示されている。そうした態度が、自己の才能のみを武器とする政界での late comer バークを象徴するのは言うまでもない。後出註（16）に述べるビーコンズフィールドの購入も、時に彼の経済面での私生活の暗さ（ロッキンガム卿との関係、彼と「共通の財布《コモン・パース》」の間にあった（Wecter, *op. cit.*, p. 30）自称従兄弟の投機家、ウィリアム・バークとの関係）を示す例に引かれる。

（5）このことは、前期において政治的問題が論じられなかったことを意味しない。しかし、その場合でも、例えば『自然社会の擁護』（*A Vindication of Natural Society: or a View of the Miseries and Evils Arising to Mankind from Every Species of Artificial Society*, 1756, *Burke's Works*, London, 1887, in 12 vols. Vol. I）がそうであるように、その発言はきわめて原理的、抽象的である。

（6）第一群の中では『崇高と美の観念の起源についての一哲学的探究』（以下一般的呼称に従って『美と崇高』と略記する）（*A Philosophical Enquiry into the Origin of Our Ideas of the Sublime and Beautiful*, 1757, *Works*, I）が最大であるが、その他にトリニティ時代の作品として、Samuels, *op. cit.* に収録されている演劇論の週刊パンフレット *The Reformers*, No. 1–13, 1748, 著作年不詳の *Hints for an Essay on Drama*（*Works*, VII）および *A Note-Book of Edmund Burke*, edited by H. V. F. Somerset, 1957 の中の断片的ノート、人物論などがある。なお、具体的な批評活動として、*The Annual Register* における書評は、ルソー、ヒューム、スミス、ジョンソン、ファーガスン、ロバートスンなど、同時代の著作家の作品に対するバークの判断を示すものとして、きわめて重要である。

（7）『イングランド史略』（*An Essay towards an Abridgement of the English History*, In 3 Books, 1757, *Works*, VII）が単一の作品としては最大であるが、その他にも、翌年春に出版されるのを常としていた *The Annual Register* の中の History of the Year（主として、当該年の政治史）が重要である。なお、『自然社会の擁護』は、政治理論を論じてはいるが、それが歴史批判を含んでいる点では歴史的作品群の中にも数えられる。本節後出本文、および〔補論5〕参照。

（8）例えばバークは、彼の保護を受けていた画家ジェイムズ・バリー（James Barry）に宛てた書簡の中で、絵画における方法として、要素への分析、部分の正確さの必要性を強調しているが、それは、本文に後述する彼の美学説と全く同一である（Circa 13 May, 1766, *Corr.*, I, p. 253, also to ditto, ante 19 Feb., 1767, *ibid.*, p. 293）。また、一七七七年六月十八日、リチャードスンの「シェイクスピア論」の感想として彼に送った書簡（*Corr.*, III, p. 355）の中では、詩と哲学は人間性の研究中、第一の重要性を持つと述べているが、その主張は、一七六二年八月二十三日（以前）のオハラ宛書簡（*Corr.*, I, p. 147）と照応する。

（9）cf. D. Hume, *Of the Standard of Taste*, 1757. なお、『美と崇高』第一版（一七五七年）は、ヒュームの同書出版に遅れること二ヵ月にして公けにされたが、第二版（一七五九年）でバークが新たに附した序論 "On Taste" は、第一版には間に合わなかったヒューム批判を意図したものと推定されている。cf. Burke-Boulton, *op. cit.*, Introduction, p. xxix.

（10）感覚主義の心理学が、同時に実在の問題についての懐疑論をも意味するのをバーク自身充分知っていたことは、本書以外からも指摘することができる。例えば Burke-Somerset, *op. cit.* は次のような断片を含んでいる。「我々の研究は、事物の皮相な表面そのものから一歩でも進むと、最大の困難へと導かれる。我々は、存在の態様の中に飛び込もうとすると、いつでも相互に衝突する質にぶつかってしまう。……多分、殆どの事物の根底は、認識することが不可能なのであろう。我々の最も確かな推論でも、一定の点にまで来ると、曖昧さどころか、矛盾に巻き込まれてしまう」（pp. 92–93, Several Scattered Hints Concerning Philosophy and Learning Collected Here from My Papers）。

（11）　同年の *The Annual Register* でも、バークは同書を取り上げて、次のとおり述べている。「この作品は、きわめてよく構成《メソダイズ》され、各部分は全く自然に、優雅に対応しあっている。……近来、人間の道徳的義務、道徳的情操について沢山の書物があり、もう問題は論じ尽くされたかのようである。しかしこの著者は、全く新しいと同時に、完全に自然な思考の筋道を考え出した。……ここでは、理論はすべて、その本質的部分において正しく、真理と自然の上に基礎付けられている」（1759, p. 485）。

（12）　したがって、感覚主義的心理学における実在論の契機を強調する結果、理論全体が、形而上学に大きく傾いた例は、フランスにおいてのみであり、そうした場合はイギリスでは全くなかった、とは言えない。フランス革命に際して、バークと完全に対立するゴドウィンはその極端な例である。

（13）　この場合、与件とは、物理的自然のみを必ずしも意味しない。それは、当事者が行為する際、所与として前提すべき一切の歴史的な条件を意味する。したがって、それは、例えばその行為が政治的行動である場合には、第III節に述べるように、その背景たる世論、民衆の気質などであることもあり、また、国際的には勢力均衡という抽象的原則でもありうる（*ibid.*, 1761, pp. 1 ff.）。また、本文の引用にも示したように、布教の場合には、先住民の習俗、先入見でもありうる。

（14）　第一の引用の中の「神意」を、理神論的な意味に解することは、本文に述べた理由からそもそも不可能だが、一般に前期の作品を通して理神論に対するバークの否定的態度はきわめて明瞭である。『自然社会の擁護』は言うに及ばず、次のように、断片的ノートの中にもそれは見出される。「狂信《エンシューズィアズム》という非難に恥じ、また驚いて、宗教を理性の楯の下に隠そうとする聖職者たちがいる。……しかし、神は、理性の不足分を補うために熱狂《エンシューズィアズム》を与え給うたのだ。……熱狂は、その作用の仕方においてではないが、その効果において、陳腐な理性よりも偉大な理性に近いのだ。熱狂は一種の本能である。つまり、熱狂しうる人の内面では、それは、あらゆる本能と同様、貧しい理性の類いよりはずっとよく働く」（Burke-Somerset, *op. cit.*, p. 68）。

（15）　通常、バークの政治思想の中のいわゆるロマン的特質とされ、実際上もまた、前期、後期を通じての彼の発言の中にくり返される理性への不信と、感情、本能の強調は、両者の認識の権限の独自性を、それぞれ保証する主張と理解すべきである。

（16）　一七六八年、彼は、バッキンガムシャーのビーコンズフィールドに六百エーカーの土地付きの邸宅を求めた。経済的にはむしろ貧しかったバークが、その費用およそ二万ポンドをどこで調達したかは謎とされているが、いずれにせよ、彼がそうした場所をたんなる権勢欲としてでなしに、いわば内面的要請としても欲していたことは重要である。政治生活中、最も原理的な思考の多くが、クリスマス、復活祭、および夏期の議会休会中、ここで表明されている。

(17)　こうした二面性は、政治生活に入ってもずっと受け継がれるバークの気質である。一七八二年に始まり、九五年まで続くウォーレン・ヘイスティングズ弾劾の執拗さは有名であるが、他方、彼は、自らは充分な内面的正当性を持つと考える行動に対してすら、弁解をくり返すこともあった。例えば、一七七四年、ブリストルでの当選後、その祝賀パレードを行なうという同市ホイッグよりの申し出に対して、そうした行動は愚劣《フォリー》であり、かつ、落選した相手を侮辱することにもなるという理由で拒否しつつも、また、それが、選挙民の気分を損うことを恐れて、友人にとりなしを依頼している（cf. to Joseph Smith, 22 Feb., 1775, *Corr.*, III, pp. 119–120, from Paul Farr, 4 Mar., 1775, *ibid.*, pp. 126–127）。

(18)　プライアーは、印紙税法の撤廃、および、宣言法の制定が、バークの意見によるのではないとしても、彼はそれに対してかなりの役割を果たしたと主張しているが（Prior, *op. cit.*, p. 90）、書簡から見る限り、政界入り当初のバークが、重要な政策形成に与ったとは考えられない。もちろん、後に本文に述べるようにバークの比重は次第に上昇しているが、一七七三年のアイルランド不在地主課税法案や、アメリカ問題初期の頃には、すべて、ロッキンガム自身の判断が、バークの進言以前に存在していた（cf. from Lord Rockingham, 20 Sep., 1773, *Corr.*, II, pp. 458–459, from ditto, 30 Jan., 1774, *ibid.*, p. 516）ことは、第二期以降との大きな差異である。通常、最も信頼されているプライアーの伝記すら、第I節に指摘したように、充分な根拠なしに、スティツマン・バークを過大視しているのではないかと考える所以である。

(19)　ただし、この時期のバークが、ロッキンガム派のメンバーとして以外の公的制約を、一切受けなかったとは必ずしも言えない。彼は、すでに一七七一年五月頃には、ニューヨーク議会のロンドンでの代理人に任命されており（R. J. S. Hoffman, *Edmund Burke, New York Agent*, 1956, p. 103）、アメリカ問題が深刻化するにつれて、宣言法を熱烈に支持する議員としての立場と、植民地の利益の代弁者としての立場との矛盾が顕在化する可能性は、次第に増大しつつあった。しかし、ニューヨークが、植民地全体から見れば最も本国に近い立場にあったこと、および、バーク自身の植民地への同情的態度という二つの理由によって、彼はそれを、シーリアスな決断を迫られる問題とは未だ感じていなかった。したがって彼は、ブリストルの選挙区に対すると同様、ニューヨークに対しても、代理人としての任務に忠実であるとともに、議員としての自分の判断の自由を保持すると宣言し（to the New York Assembly, 2 Feb., 1774, *Corr.*, II, p. 522）、実際、ボストン港閉鎖法案には賛成したのであった（to ditto, 6 Apr., 1774, *ibid.*, p. 528）。

（20）　この年の十月、グラフトンはチャタムに対して手紙を送り、バークは最も信頼しうる人物であるから、彼の望んでいるらしい貿易省での官職を提供してはどうか、コンウェイも同意見である、と進言しているが、チャタムは、自分はバークの才能は認めるけれども、貿易についての彼の考えは認め難い、として拒否した（Prior, *op. cit.*, pp. 95-96, Chatham, *Corr.*, III, pp. 110-111）。なお、バークの側からのチャタムへの態度には時期により曲折がある。彼はすでに一七五九年、空席のマドラス領事への任命を希望して、間接的にではあるがチャタムと交渉し、拒否されている（Prior, *op. cit.*, p. 63, Murray, *op. cit.*, pp. 86-87）が、一七六一年の *The Annual Register* は、その辞職事件には同情的であり、かつ、その戦争遂行能力を高く評価している（I, pp. 47-48）。また政界登場頃、バークはチャタムの好意を受けているようであるが（to O'Hara, 1, 4 Mar., 1766, *Corr.*, I, p. 241）、両者の関係は、ロッキンガムとチャタムの衝突以来急速に冷え、本文に後述するように、アメリカ問題について野党の主導権を激しく争うようになる。チャタムの死後、バークは、チャタムを最終的に評して、「野心家」、「原理を全く持たぬ人間」、「あらゆる人に全く盲目的な服従を期待し、それに対する彼の側での義務を感じない人物」と言っている（to R. Shackleton, 25 May, 1779, *Corr.*, IV, p. 79）。

（21）　第一、第二の演説は、Speech on American Taxation, Speech on Moving Resolutions for Conciliation with the Colonies（*Works*, II）としておのおの公刊されたが、第三のそれは公刊されなかった。なお、前二者のうちでは、一般的提案に伴った演説である後者が、より原理的性格を強く示している。その論旨は、アメリカの現状を、たんに通商、課税のみならず、自由を求めてやまなかったその歴史、自治制度、非国教主義までを含めて、「必然的」なものとして受け取り、これとの妥協によって、帝国の統一を保持すべきだ、と言うにある。

（22）　例えば、ボストン茶会事件がすでに報じられていた一七七四年二月一日、アメリカの友人に宛てられた書簡は次のように述べている。「……アメリカでの、混乱した現状を考えるのは、全く悲しいことです。しかし、事態をあの混乱状態に追いやった過ちは、大西洋のどちら側でも、私たちの力によっては矯正しえぬものでしょうから、その問題について考え過ぎるのは賢明ではありません。そうしても、効果は何もありませんし、民衆に対して利益を与えそうにもなしに、ただいたずらに私たちを不安にするだけです」（to General Charles Lee, 1 Feb., 1774, *Corr.*, II, p. 518）。

（23）　ボストン港閉鎖に賛成する旨をニューヨーク議会に伝えた書簡の最後に、彼は次のように述べている。「最近の非常に不幸な諸事件には、全く困惑しています。私の勧告は、どこでも、殆ど力を持ちません。私の希望、私のこれまでの、そして将来への努力は、変わることなく全体の善と自由——それなしにはどんな善もありえませんが——のために捧げられています」（to the New York Assembly, 4 May, *Corr.*, II, p. 534）。この言葉は、主観的誠実さの確認によって、政治における挫折感から自己を恢復するという、政治生活当初以来の発想が、この時期には、もはや彼の心理的習慣となって定着していることを示している。

(24)　第一次ロッキンガム内閣での、印紙税法撤廃、宣言法の制定をいう。

(25)　ロッキンガムは、最終的手段としての欠席戦術を承認して、自分たちのように高い地位と財産の所有者が、政権に対してばかりでなく、一般の意見に反してまでそうした非常手段に訴えれば、かなりの効果があるだろう、と返事しているが（from Lord Rockingham, 24 Sep., 1775, *Corr.*, III, p. 215）、実際の欠席戦術の最中にも、バークは、欠席それ自体がすなわち政治的行動であるとは単純に考えていない。彼によれば、現在の方法が、有効か無効かは、それを遂行する「我々の気魄」如何にかかっている。すなわち、かりそめにも欠席によって、政治から「解放」されたと感ずることがあれば、それは「最悪の手段」である。逆に、欠席中も、最大限の活動を実質的になさねばならない。この見地から、彼は、彼らがまさに欠席せざるをえなかった事情を訴えたAdress to the King（*Works*, VI, pp. 161 ff.）を起草し、また、各地の請願の組織化、議会の傍聴の公開などの具体的行動を要請している（to Lord Rockingham, 6 Jan., 1777, *Corr.*, III, pp. 311 ff.）。

(26)　バークにとっては、状況の好転は、たんに議会内でのロッキンガム派の地位の上昇を意味するばかりでなく、同時に、彼自身の認識の妥当性の証明ともなるであろう。この理由から、彼の予測は、必然的に一つの具体的方向にのみ向けられてしまうこととなる。すなわち、一七七七年一月六日のロッキンガム宛書簡で彼は、(1)フランクリンのパリでの援助交渉は不調に終わるであろう、(2)アメリカは近く本国に和を求めるであろう、(3)しかしアメリカは、敗れても完全に屈服することはあるまいから、和平は条件付きのものとなろう、という予測を立て、ホイッグは、この場合に本国と植民地の間の仲介的労を取るべきであると主張している（*Corr.*, III, p. 310）。これらの予測が、(1)本国の優位のもとでの英帝国の平和の恢復、(2)フランスが、アメリカと結んで、イギリスと対立しない、というバークの願望といささかも矛盾しないのは注目に価する。

(27)　いかほどに挫折があろうと、バークにとって考えうる生活は政界にしかなかったことを、最もよく象徴しているのは、一七八〇年のブリストル選挙での敗北に関する彼の態度である。すなわち、彼はそれを「必然的」として受け入れ、かつ、議会改革をめぐるロッキンガム派の分裂状態への失望も手伝って、ブリストル以外の何らか別の方法によって議会に復帰するのに「ためらい以上のもの」を感じないわけにはいかなかった。「私は全く、臆病な、どっちつかずの状態にいます。……私は、私を政治に止めているものが、理性ではなくて、弱さであることを知っています。私は、もはや実りのない戦いによっては、私自身にも、また他人にも、何らの善をなしえぬと確信しているのです。……この〔選挙での敗北という〕疑う余地なき事件が神意《プロヴィデンス》の企みの暗示でないとはどうしても考えられません。人は、それに服従しなければならないのです。……〔ですから〕私はここに止まりましょう。いろいろと考えることがあるにもかかわらず」(to Lady Rockingham, 27, 28 Sep., 1780, *Corr.*, IV, pp. 301–302) という言葉は、彼の挫折感が政治生活の終わりを意識させるほどに並みなみならぬものであったことを示している。しかし、それにもかかわらず彼は、ロッキンガムのポケット・バラーたるモールトン選出の現議員を辞退させるまでして、それをバークに与えようとするロッキンガムに同意し、議会に復帰する。そして、すでに十一月二日には、チャンピオンに宛ててあたかも何ごともなかったかのように平静に、「〔私の議会入りについては〕これまでの手配の限りでは、私は好きな時に入れるでしょう。多分、私が欲しているより、かなり早くそうなると思います」(*Corr.*, IV, p. 319) と書いている。

なお、ここで、あまりにも有名なバークとブリストル選挙区との確執について一言すれば、それは、要するに、本文にも述べたような、いわば政治におけるアトラス・バークと、現実との衝突の象徴にほかならない。書簡が語っている両者の対立の過程について、詳しく論ずる余裕はないが、早くも一七七五年四月に生じた次の事件だけを挙げておこう。すなわち、自分がブリストルより選出されたのは、選挙民の public motive のみに負うと主張し、議会での活動の自由を放棄することを拒否するバークに対して、どれほど不快であろうと、選挙戦での個人の利害がバークの当選にかかわっているという事実は事実であるとする反論が、同市の一商人よりなされ、両者の間で二度にわたって論争の書簡が交わされている。ここでは、自らの認識を public と直接リンクさせるバークに対して、事実の無視、すなわちリアリズムの欠如が指摘されているわけである (to Thomas Mullett, 13 Apr., 1775, *Corr.*, III, pp. 147–148, 14 Apr., *ibid.*, pp. 149–150, from ditto, 14 Apr., *ibid.*, pp. 148–149, 15 Apr., *ibid.*, pp. 150–151)。

第二章　コールリッジにおける政治哲学の形成

(1) コールリッジの書き残した作品の総量は膨大であるが、それらは長い間、それぞれ不完全な編集の個々の作品、およびごく限られた研究者にのみ利用可能な手稿の形でしか知られていなかった。しかし一九五〇年代以降整理が進行し、本章執筆時点では *Collected Letters of Samuel Taylor Coleridge*, I-VI（以下 *CL* と略記）が完結しているほか、十六巻と予定された *The Collected Works of Samuel Taylor Coleridge*（以下 *CC* と略記）のうち九巻十二冊、*The Notebooks of Samuel Taylor Coleridge*, 1–3（1794–1819）（計六冊、以下 *CN* と略記）が既刊であるが、*CC*, *CN* いずれも既刊分は一八一〇年代までの作品が主である。

（2）詩論だけでも文字どおり汗牛充棟の文学史における研究は別として、哲学、政治、思想史などにおいてもコールリッジ研究が全くなかったわけではない。最も先駆的なものは C. Howard, *Coleridge's Idealism: A Study of its Relationship to Kant and to the Cambridge Platonists*, 1924, C. Brinton, *The Political Ideas of English Romanticists*, 1926, A. Cobban, *Edmund Burke and the Revolt against the Eighteenth Century*, 1929 であるが、とくに後の二点は同時代のバーク再評価と連動している。三〇年代には、生涯ユニークなコールリッジアンであった R. J. White, *The Political Thought of Samuel Taylor Coleridge, A Selection*, 1938 のほか、哲学におけるドイツ思想の継受についての研究として今なお重要な J. H. Muirhead, *Coleridge as Philosopher*, 1930, R. Wellek, *Immanuel Kant in England, 1793–1838*, 1931 がある。戦後には J. Colmer, *Coleridge: Critic of Society*, 1961, D. P. Calleo, *Coleridge and the Idea of the Modern State*, 1966 が典型的に政治理論における Coleridge today の研究である。戦後の研究の中で注目すべきは、コールリッジを、ドイツ観念論あるいはヨーロッパ大での汎神論や神秘主義の文脈で資料的により緻密に位置付けてみようとする一連の研究動向である。加えて精密度を増している伝記的研究や性格分析がある。これらはいずれも文学者または哲学者による研究であり（その多くがアメリカ人であることは興味深い）、しかも最近の研究動向として実証を重んじ、仮説的解釈を避ける傾向がある。しかしカントの継受がコールリッジの中で彼の共同体思想にどういう意味を持ったのか、といった本稿のような問題については、手掛かりは与えられる。以下主要なものを列挙する。G. N. G. Orsini, *Coleridge and the German Idealism*, 1969, O. Barfield, *What Coleridge Thought*, 1971, L. S. Lockridge, *Coleridge the Moralist*, 1977, R. Ashton, *The German Idea: Four English Writers and the Reception of German Thought 1800–1860*, 1980, T. McFarland, *Coleridge and the Pantheist Tradition*, 1969, A. J. Harding, *Coleridge and the Idea of Love*, 1974, E. S. Shaffer, *"Kubla Khan" and the Fall of Jerusalem*, 1975, C. R. Woodring, *Politics in the Poetry of Coleridge*, 1961, N. Fruman, *Coleridge: The Damaged Archangel*, 1972, M. Lefebure, *Samuel Taylor Coleridge: A Bondage of Opium*, 1974, R. Holmes, *Coleridge, Early Visions*, 1989. なお、コールリッジの造語を手掛かりに十九世紀イギリスにおける「知的エリートの社会的役割」の思想史を論じた B. Knights, *The Idea of the Clerisy in the Nineteenth Century*, 1978 もある。R・ウィリアムズ『文化と社会』(一九五八年)も重要研究の一つであろう。この他、十九世紀キリスト教思想史の中にコールリッジを位置付けた研究 B. Willey, *Samuel Taylor Coleridge*, 1972, S. Prickett, *Romanticism and Religion: The Tradition of Coleridge and Wordsworth in the Victorian Church*, 1976 その他がある。バランスのとれた入門書としては K. Cooke, *Coleridge*, 1979 が良い。

(3) この点は、Q. Skinner, Meaning and Understanding in the History of Ideas, *History and Theory*, Vol. 8, No. 1 (1969), pp. 28–30, Motives, Intentions and the Interpretation of Texts, *New Literary History*, Vol. 3, No. 2 (1972), p. 405 に示唆を受けた。しかし、スキナーが問題としているのは、思想家によるある特定の時点での特定の発言について研究者が推定する、その意図に対する、当該思想家の仮説的権威である。彼には、私のように、思想家の生涯の全発言を経時的に通観し、一つの精神の輪郭を描く、という問題の立て方はない。この点で私の方法意識は、思想家の発言を行為として把握しながらしかもなお、一個の精神の特質を描こうとした John Dunn, *The Political Thought of John Locke*, 1969 により近いであろう。なお、彼らの思想史方法論については、これまで加藤節「ロックにおける「思考する実存」の形成」(『思想』一九八一年二月号、一一〇—一一一頁)、佐々木毅「政治思想史の方法と解釈——Q・スキナーをめぐって」(『国家学会雑誌』第九十四巻七・八号、一九八一年八月、一二四—一四二頁)の二つの紹介があるが、両者の評価は対立している。なお佐々木論文は、文献紹介として情報量が多く有用であるが、評価については筆者は異なった意見である。

(4) 執拗(または固執)低音。「上声の楽句は変わって行くのに、バスだけは同じ楽句に固執し、執拗に反復するもの」(音楽之友社編『標準音楽辞典』三七九—三八〇頁)。

(5) *The Friend* に対してはコールリッジはその後も愛着を示した。彼は一八一二年に一八〇九—一〇年版をバックナンバーの形で復刻し、その際多くの語句の修正を加えた。さらに一八一八年には全篇をいったん分解して再配列し、大規模な加筆修正を行なって、全三巻の単行本として刊行している。今日、*The Friend* のテクストとしては多くこの一八一八年版が用いられているが、本稿では全集版第四巻第二分冊のオリジナルによった。

(6) イギリスへのルソーの紹介は早く、すでに一七五九年に『ダランベールへの手紙』、六二年に『エミール』の英訳(翻案か?)がある(*The Annual Register*, 1759, pp. 479 ff., 1762, pp. 225 ff.)。しかし、おそらくルソーへのイギリス人の平均的態度は、例えば『不平等起源論』を逆説の天才の作品としてその限りで高く評価しながら、他方、その平等主義を道徳理論としては危険な気狂いのたわ言として一蹴しようとするジョンスンに代表されると見てよいであろう(『サミュエル・ヂョンスン伝』岩波文庫、上、一九九頁、二四四―二四五頁）。しかし、*The Annual Register* の書評で若きバークが示したように、また『ヂョンスン伝』でもボズウェルがもらしているように、ルソーの人間洞察の鋭さもまた承認されていた。しかし、後に本文で述べるような、さながらカントに従ったルソーの読み替えは、コールリッジ以外にはなかったと考えてよいであろう。しかもそれは、ルソーへの負債が公言されているカントの遺稿をコールリッジは読む機会が当然なかったことを考える時、当時においては異例の、鋭いカントの読み方であったと考えなければならない。

（7）これはゲーテ＝シラーの Tabulae Votae の翻案とされている（*CN*, 3220, n.）。なお 3231 にもほぼ同じ表現がある。とくに後者は、他の作者からの借り入れをたちまち自家薬籠中のものとするコールリッジの能力をよく示している。もちろんそれはプラジャリズムすれすれである。なお、読者との不安定な関係の意識は当然ルソーにも根強いが（『学問芸術論』『対話』モットーのオウィディウス引用参照）、ここでも目指される解決は両者同じではない。コールリッジにはミザントロープの要素は稀薄である。

（8）ここで言う本 Book とは一般の書物でなく彼の Notebook を指す。

（9）*OED* は nothingism をコールリッジの造語としてあげ、ニヒリズムの意に解しているが、これは誤解ではないだろうか。後出第V節一三三頁参照。

（10）Cf. L. Stephen, The Importance of German, *Studies of a Biographer*, 1898, R. Ashton, *op. cit.*

（11）福田歓一『近代政治原理成立史序説』岩波書店、一九七一年、三八三頁。

（12）前掲書、三八四頁。

第三章　政治思想史叙述のいくつかの型について

（1）この論争とその背景については J. Tully (ed.), *Meaning and Context: Quentin Skinner and his Critics*, 1988（半澤孝麿・加藤節編訳『思想史とはなにか』岩波書店）、および半澤孝麿「政治思想史研究におけるテクストの自律性の問題――Q・スキナーをめぐる方法論々争について」（一）『東京都立大学法学会雑誌』第二十九巻第一号、一九八八年、三七―六二頁参照。なお、以下本文で、この論争で発言した論者の名前だけを引くことがあるが、それらの詳細についてはこの論文の註（2）に付しておいた関連文献一覧を参照されたい。

（2）これまで佐々木毅「政治思想史の方法と解釈――Q・スキナーをめぐって」（『国家学会雑誌』第九十四巻七・八号、

一九八一年八月)、佐藤正志「クエンティン・スキナー――「テクスト主義」と「文脈主義」を超えて」(小笠原弘親・飯島昇藏編『政治思想史の方法』早稲田大学出版部、一九九〇年所収)がある。

(3)『思想史とはなにか』二六〇頁。

(4) *Meaning and Context*, pp. 187–189.

(5) R・ローティ『連帯と自由の哲学』(冨田恭彦訳、岩波書店)1984、一一五―一一六頁。以下本書においては、邦訳のあるものについては訳書名のみを記すが、刊行年については英数字で原書のそれを記す。

(6) ローティ、前掲書、一一三頁。

(7) S・ウォリン『政治学批判』(千葉眞・中村孝文・斎藤眞編訳、みすず書房)四一頁以下、半澤前掲論文、四五―四八頁。

(8) H-G・ガダマー『真理と方法』I(轡田収他訳、法政大学出版局)1960、五頁。

(9) A. O. Lovejoy, *Essays in the History of Ideas*, 1948, p. 9.

(10)『思想史とはなにか』五七頁。

(11) A・O・ラヴジョイ『存在の大いなる連鎖』(内藤健二訳、晶文社)1936、六九頁、三二九頁。

(12) J・サール『言語行為』(坂本百大・土屋俊訳、勁草書房)1969、六九頁。

(13) H. Putnam, *Reason, Truth and History*, 1981, pp. 135–139.

(14)『思想史とはなにか』二二三頁、二一六頁、二二三―二二四頁。

(15) 同前、二三八頁、三四四頁、三四五頁。

(16) 同前、二二六頁、三三〇頁。

(17) 同前、三五〇頁。

(18) J. Dunn, The Identity of History of Ideas, in *Political Obligation in its Historical Context*, 1980, pp. 15–16.

(19) Q. Skinner, *Machiavelli*, 1981, *The Foundations of Modern Political Thought*, 1978, II, p. 17, p. 74.『思想史とはなにか』六九頁。

第五章 キリスト教思想家トクヴィル

(1)『アメリカのデモクラシー』(松本礼二訳、岩波文庫)第一巻(上)一四―一五頁、第二巻(下)二八二頁。訳文は若干変更した。松本訳では「摂理」（providence）は「神意の御業」となっている。引用中の訳文の変更は以下にもあるが、すべて表示しないこととする。なお、以下『アメリカのデモクラシー』（松本礼二訳）の引用に当たっては、書名および訳者名は省略し、本註に示したように、例えば、〈第一巻（上）一四頁〉と本文内に註記する。

（2）アンドレ・ジャルダン『トクヴィル伝』（大津真作訳、晶文社）1984、二五五頁、三三三頁、四七三頁ほか。なお、第三章註（5）に述べたように、刊行年は英数字で原書のそれを示し、訳書の出版年は省略した。以下同様とする。

（3）トマス・ボーケンコッター『新世界カトリック教会史――エキュメニズムの流れ』（石井健吾訳、エンデルレ書店）1977、三二三頁。ローマ問題についてのトクヴィルの対応を扱ったものとしては、ジャルダン前掲書四七九頁以下のほか、小山勉「トクヴィルにおける自由と宗教――一八四〇年以後の政教諸問題を手がかりに」（『思想』第六四一号、一九七七年一月）が説得的である。なお、小山勉「初期トックヴィルの知的形成とその同時代的背景」（新潟大学法学会『法政理論』第十二巻第三号、一九八〇年二月）は、トクヴィルの宗教的関心を正面から捉えようとしている点で本稿と問題意識を共通にするところが多いが、やはり結論的には、それを彼の政治思想の一環とするというところに落ち着いていると思われる。ラムネを「夢想家でしかない」とするトクヴィルの言葉は『フランス二月革命の日々――トクヴィル回想録』（喜安朗訳、岩波文庫）二九〇頁。

（4）ジャルダン、前掲書、七五頁、なお四一四頁、四二六頁も参照。なお、スヴェチン夫人宛て同じ一八五七年十一月の手紙には、「私は、摂理がこの世で私に割り当てた役割に不平を言うことはできません」という表現も見える。To Sophie Swetchine, Feb. 11, 1857, R. Boesche (ed.), *Alexis de Tocqueville, Selected Letters on Politics and Society*, 1985（以下 *SL* と略記）, p. 348.

（5）ジャルダン、前掲書、六六頁。

（6）To Gustave de Beaumont, Aug. 9, 1840, *SL*, p. 143. To Beaumont, Feb. 21, 1855, *SL*, p. 314.

（7）To Hubert de Tocqueville, Feb. 23, 1857, *SL*, pp. 349–350. なお、ジャルダン、前掲書、六一頁に部分的引用がある。

（8）To Henry Reeve, Mar. 22, 1837, *SL*, p. 115.

（9）松本礼二『トクヴィル研究――家族・宗教・国家とデモクラシー』（東京大学出版会、一九九一年）一三頁、一七頁、一六二頁。

（10）To Sophie Swetchine, Sep. 10, 1856, *SL*, p. 339.

(11) 宇野重規『デモクラシーを生きる――トクヴィルにおける政治の再発見』(創文社、一九九八年)一八一頁での引用。
(12) To J. A. de Gobineau, 2 octobre 1843, *Oeuvres Complètes*, ed., J. P. Mayer, IX, pp. 57–58.
(13) この一節は、本文での次の引用中、〔13〕と記した部分である。
(14) ボーケンコッター、前掲書、三九六頁以下。
(15) To Louis de Kergorlay, June 29, 1831, *SL*, pp. 45 ff.
(16) Alexis de Tocqueville, *Journeys to England and Ireland*, ed., J. P. Mayer, London, 1939.
(17) ボーケンコッター、前掲書、三四二頁、三五〇頁。

第六章　思想家ニューマン研究序説

(1) 私は大学の研究室を離れて長年となり、資料の入手が必ずしも自由ではない。その意味で本章は、とくに近年の研究に関する目配りが不十分であることは予めお断りしておかなければならない。執筆に当たっては、資料の大部分を東京四谷にあるイエズス会聖三木図書館の蔵書に依存した。記して謝意を表したい。
(2) ヨーロッパにおけるカトリック教会の動きについては、多くの辞典類の他、主として以下の文献によった。なお、第三章註(5)で述べたように、刊行年は訳書ではなく原書のそれを示す。
K・アーレティン『カトリシズム――教皇と近代世界』(沢田昭夫訳、平凡社)1973、T・ボーケンコッター『新世界カトリック教会史』(石井健吾訳、エンデルレ書店)1977、H・イェディン『公会議史』(梅津尚志・出崎澄男訳、南窓社)1981、E・ノーマン『〔図説〕ローマ・カトリック教会の歴史』(百瀬文晃監修、創元社)2007、N・タナー『新カトリック教会小史』(野谷啓二訳、教文館)2011。岩下壮一については、拙著『近代日本のカトリシズム』(みすず書房、一九九三年)第四章「岩下壮一小論――歴史における人間と教会」参照。なお、その章を執筆していた一九九〇年代初頭の私には、岩下に対するニューマンの影響は考えが及ばなかった。
(3) 数ある伝記の内、ここでは最も代表的とされ、私も参照し得た五点を記す。
Wilfrid Ward, *The Life of John Henry Cardinal Newman*, 2 vols., 1912
Ian Ker, *John Henry Newman, a Biography*, 1988

Charles Stephen Dessain, *John Henry Newman*, 1966
Sean O'Faolain, *Newman's Way*, 1952
Richard William Church, *The Oxford Movement*, 1891

この内、とくにWardとChurchはともにニューマンの友人であり、親密な関係にあった人のみが書きうる正確で優れた伝記である。個々に紹介すれば、Ward 1912は二巻、計千二百頁の内、アングリカン時代のニューマンには二章、僅か八十頁、残りのすべてはカトリック時代に充てている。対してKer 1988は七百六十頁に及ぶ、クロノロジカルにも詳細を極めた、現在のところ最も決定的な伝記である。本文に紹介したニューマン自身の分類に従えば、Wardはbiographer、Kerはeditorということになろうか。Dessain 1966は二十世紀におけるオラトリオ会の中心人物による簡潔な、しかし学ぶことの多い伝記である。O'Faolain 1952は、著名なアイルランド作家オフェイロンによる、ニューマンの家族関係に焦点を当てた個性的伝記である。最後にChurch 1891は、書名、章名いずれにもニューマンの名前は現われていないが、すべての章において主人公はニューマンである。Churchは、一八三八年、ニューマンの属したオクスフォード大学オリエル・カレッジのフェローとなり、以後、改宗後の断絶期間はあったにせよ、生涯にわたりニューマンの最も親しい友人の一人であった。彼はニューマンと異なり、オクスフォード運動以後もアングリカンに止まり、後にセント・ポール教会の司祭長となったが、本書はその優れた人物描写により、まさに名著と呼ばれるに相応しい。以上五点、いずれもニューマンへの深い共感の上に書かれているが、すべて叙述の客観性には十分な配慮がなされていると思う。

なお、これら伝記の他、基本的な一次資料として *The Letters and Diaries of John Henry Newman*, 32 vols., 1961–2008（引用では*LD*と表示）、また、ニューマンが死去した時自室に残した自伝的資料を、オラトリオ会のHenry Tristramが編集し、長文の解説を付して公刊した、およそ三百五十頁の *John Henry Newman: Autobiographical Writings*, 1956がある（引用では*AW*と表示）。この『自伝草稿』（仮にこう訳しておく）は、生涯にわたって書きためられた日記、メモアールの中から、晩年のニューマン自身が厳選して残したものであり（残余はすべて破棄されたとされている）、そこには自己の内面に対する日々の厳しい反省と合わせて、本文にも引用したとおり、教皇庁による冷遇への失望感、挫折感が率直に綴られている。『自伝草稿』はKer 1988他多くの研究で使われているが、今後ともニューマン研究における重要資料の位置を占めるであろう。

（4） *The Arians of the Fourth Century*, 4th ed., 1876, p. 258（以下 *Ari* と表示）。Arius の訳語は、英語表記をそのまま日本語化するのではなく、日本における標準的表記に従った。他の古代思想家名についても同様とする。

（5） 正式題名は *Lectures on the Prophetical Office of the Church viewed relatively to Romanism and Popular Protestantism*, 1837. ニューマンはこの作品を、遥か四十年後の一八七七年、九十頁に及ぶ「前書き」と、さらに第二巻として本文にも触れた補助主教増員論、「トラクト」第七十一号、第八十二号の再録の他、本文中に新しい註も付け加え、『アングリカン教会の中道』（*The Via Media of the Anglican Church* 本文では *VM* と表示）と題して刊行した。一、二巻合わせて八百頁近くの大著である。だが、なぜ七〇年代後半という時期にニューマンが、三〇年代から四〇年代の諸作品の再刊をあえてしたのか、伝記作者たちは語らないし、*Via Media* の「前書き」からも理由は窺い知ることはできない。単純に私自身の情報探索努力の不足の可能性も含めて、結局、動機は不明と言うほかない。

（6） *A Grammar of Assent*, University of Notre Dame Edition, 1979, Introduction by Nicholas Lash, p. 1.

（7） さりとてニューマンは、『キリスト教教義発展論』の刊行を初版で打ち切ったのではなく、一八七七年の『教会の預言的任務』第三版直後、翌七八年には第三版を出している。だが『教義発展論』では、四六年の第二版と第三版での修正はごく僅かで取るに足らないと見られている（Nicholas Lash, *Newman on Development*, 1975, p. 4）。

（8） O. Chadwick, *From Bossuet to Newman*, 1957, p. 149.

（9） *Ibid.*, pp. 175–176.

（10） *The Second Spring, A Sermon*, Edited with Introduction by F. P. Donnelly, 1911, 9th. imp., 1934, p. 41.

（11） *On Consulting the Faithful etc.*, 1961, ed. by J. Coulson, p. 63.

（12） ニューマンのグラッドストン批判『ノーフォーク公爵への書簡』についてはハロルド・ラスキの賛辞が知られており、政治思想史研究者としてはこれについて一言しないわけにはいかない。若き多元主義国家論者ラスキは、最初の著書 *Studies in the Problem of Sovereignty*（1917）の中に、「オクスフォード運動の政治理論」および「カトリック復興の政治理論」と題する二章を置き、政府の度重なる国教会への干渉に対するニューマンの批判を熱烈に擁護した。ラスキは、ニューマンが、教会権威の国家からの独立を主張し、また、国家主権に対する市民の忠誠問題で良心の根元的重要性を唱えたことを高く評価して、本章二四三頁での引用部分と全く同じ一節を紹介している。もちろん、ラスキは自らの多元主義国家理論に対する強力な支援をニューマンの中に認めたのであって、そのカトリシズム擁護に加わったのではない。

あとがき

本書は、振り返ってみれば長かった私の研究人生の中で産み出された論考のいくつかを、基本的には執筆順に従って配置した集成である。第一章の初期バーク論と最終章のニューマン論との間隔は半世紀を超える。その間に、当然のことながら世界、自分の問題関心、文体いずれも変化していったので、そのことも含めて、とくに最初の発表後年月を経過している前半の三章を中心に若干コメントしてみたい。

「序章」は、畏友佐々木武教授の懇篤な勧めに従って執筆し、二〇一七年、雑誌『思想』五月号特集「政治思想史における近代」のエピローグとして掲載された同名の回想録である。私は、同教授の要望の趣旨を、結果として見れば私だけでなく、我が国のヨーロッパ政治思想史学界全体にかなりのインパクトを与えた、いわゆる「ケンブリッジ学派」問題を軸に、私の経験を加えて回想してみることではないか、と理解してその方向で努力したが、同時にその記述に、たんに私個人の回顧だけではなく、一つの同時代思想史としての性格をも与えることにも努めたつもりである。章の主題は政治思想史方法論であるけれども、叙述の背後には、敗戦以来我が国で、と言うよりはむしろ、同時代の西欧世界全体の学界で殆ど自明とされてきた、ヨーロッパ政治思想史研究の態度と方法に対して、年来私の感じていた違和感があることは読み取って頂けると思う。今日まで私を動かしてきたのは、その違和感をどのように乗り越えて、自ら納得できる政治思想史叙述を構築するか、という課題の意識であった。本書の諸章がこの目標にどこまで接近できているか、読者の判断を仰ぐほかない。

第一章は、初期バーク論である。この論考で私は、相互に矛盾しさえする多様な理解が騒々しく飛び交うバーク解釈論の歴史を、端的に「混沌」状態と見て、その状態から脱却して「可能な限りバークを歴史の中に還す」ために、バークにおける世界認識を問うている。今この論考を読み直して感じられることが二つある。一つは未だ若かった私が、今述べた違和感を表立って口にするのに、いかに大きな精神的圧迫を感じていたか、ということである。この圧迫感を最も端的に表現しているのは本章〔補論16〕である。このことは、当時の我が国学界における正統支配をご存じない若い読者には理解困難かもしれないが、それもまた、「一つの同時代思想史」としての本章の「時の徴」であることを推量して頂ければ幸いである。感じられることのいま一つは、それにもかかわらず、ここで私はバークの世界認識を分析の主題としており、その点において当時の私は、すでに現在の私と基本的に同じ方向の考え方に立っていたという事実である（当然、それは当時の私には知る由もなかった）。私は、一つの論題で執筆している間は、関連の可能性のある以前の論考は読まないことを原則にしているので、今回、ニューマン論の執筆後にかつてのバーク論を読んだ際の共通性再発見は、我ながら新鮮な驚きであった。「序章」にも書いたが、人は（少なくとも私は）結局は生涯で一つの歌しか歌えないのであろう。

また、本章を自ら再読して感じられる別な点もある。それは、若さゆえの表現の未熟は致し方ないとしても、文体の古さである。私は当時、私より一世代上の大正生まれの先輩政治学研究者から、このバーク論が口語的に過ぎると批判された経験がある。品位に欠けるということであろうか。しかし、当時から私は、可能な限り話し言葉に近い文体を目指していたので、この批判は覚悟の上ではあった。だが、半世紀余が経ってみると、多用されている〈いかに〉、〈いかなる〉など、用語や表現においてこの論考の文体の古さが、我ながら目につくようになった。それらをすべて今風の表現にし直すことも考えないわけではなかったが、ごく一部に止めた。やはり、これも「時の徴」の一つとしてご理解頂きたいと願っている。なお、この論考で触れられている初期バークの歴史論、また触れられていないアイルランド・カトリックに対するバークの共感的態度などについては、当然のことながら新しい研究があるが、本稿の叙述は、それらとは独立の意義を持つと信じたい。

第二章のコールリッジ論もまた、右に述べた正統的ヨーロッパ政治思想史研究に対する私の疑問の具体的な表現の一つである。私には、正統的研究の教えるヨーロッパ政治思想研究においては、きわめて目的合理的に選択された少数の思想家たちを中心とした、理念発展史的なその物語構成からしても、エラスムスやモンテーニュなど、歴史上大きな力を持った思想家たちが排除されてきたのではないか、という疑問が常にあった。コールリッジは、J・S・ミルが十九世紀思想に対する形成力の重大性を喝破したように、イングランド思想史におけるその有力候補の一人である。コールリッジは青年時代、私が研究生活を始めて最初に取り組んだ、フランス革命期のイングランド急進主義者として登場し、その後年齢を重ねるにつれ、カント主義者から次第に、ある種保守主義者かつイングランド・ナショナリストへと変貌していった詩人思想家である。本章は、その過程の中で最も重要と思われるカント主義の時期を論じている。この主題の探究を通じて私は、ルターとカルヴァンによる破壊活動にもかかわらず、コールリッジのカントへの接近も一つのルートとして、キリスト教的自由意志説の伝統が、十九世紀プロテスタント国家イングランドにおいて強く生き続けたことを確認することができた。しかし、見方によってはこの論考は、この時期の私が、なお正統的な政治理論形成史の枠内に留まっていたことを示すと言えるかもしれない。なお、第六章末に一言したが、晩年のコールリッジ宗教思想の、ニューマン『同意の文法』に対する影響の問題は、まったく本章の視野の外にある。

第三章は、一見して本書の大筋からすれば excursion のようであるが、そのつもりはない。ケンブリッジ体験は、私が、自らの課題としてきた〈より歴史的な政治思想史研究〉という目標を未だ具体化できていないという自覚を私にもたらしていた。そこで本章の私は、問題を自分の意識の中でより明確にするために、既存の政治思想史叙述を「理念史」型と「精神史」型とに分け、そうではない「もう一つの政治思想史」の可能性を示そうと試みた。結果は、私はその一定のイメージは示すことができたかもしれないが、具体的な物語の裏付けを欠いていたため、この章の叙述は全体的に消極的なものとならざるをえなかった。だがその自覚が私に、既存のものの受け売りではなく、あえて自分の視点から、物語としてのヨーロッパ政治思想史全体を見直す、という大問題に取り組む蛮勇を奮い起こさせたのも事実である。なおこの論考は、私が未だ手探り状態にあったことから、中心的問題からかけ離れた言明もしばしば含んでいるため、本書収録に当たってはかなりの削除を行なった。

しかし、私がこうした課題意識に辿り着いたのには、いま一つ、東京都立大学における三十七年間の「西洋政治思想史」講義が終わりに近付きつつあり、私はそこに明確な形を付けたいと考えた、という理由もある。結果として私は、一九九七年になされた最終講義「西洋政治思想史における「非政治的なもの」について」(『東京都立大学法学会雑誌』第三十八巻第一号所収)の中で、一応、政治思想史全体の読み直しの手掛かりを摑むことができた。そして、この最終講義を構想し始めた九〇年代半ば以後、私の努力は、二千年にわたるヨーロッパ政治思想史の経時的な特質を表わす仮説として、強いモラル・フォースを帯びた自由意志説の支配、および政治と非政治との緊張意識という強固な二つの伝統を想定し、その伝統を中核とする一つの思想史物語を具体的に構想することに向けられた。『ヨーロッパ思想史における〈政治〉の位相』(二〇〇三年)、および『ヨーロッパ思想史のなかの自由』(二〇〇六年)がその果実である。

ところが、この二つの拙著、とくに後者を書き進めていく中で私には、私の仮説的歴史物語をより説得的に裏付けるための方途は、結局、近代ヨーロッパ思想史におけるキリスト教、とりわけ近代と正面から切り結んだカトリック思想家たちの果たした積極的役割を、彼らの実存を語る記録を通して実証していくことでしかない、という思いが次第に強くなっていった。だがこうした探究は、そもそも近代カトリシズムに対して全称否定的なプロテスタンティズムの歴史論、反対に、十九・二十世紀カトリック教会の頑迷固陋な反近代主義護教論、さらには、戦後日本のヨーロッパ研究を圧倒的に支配した一元論的な世俗史観、それらのいずれとも異なる、我が国では未知の新しいヨーロッパ近代思想史の試みとならざるをえない。第四章を前置きに、第五、第六の二章はこの目的に向けられている。

第四章はカント論である。ヨーロッパ宗教・倫理思想史の趨勢として、キリスト教と目的論の衰退、社会全体の世俗化は明らかであり、それに対応して、思想家たちの思考の中心に自由意志が据えられることも次第に少なくなっていった。哲学界に今も続くまさに汗牛充棟のカント論を横目に見ながら、私があえてそれらとは異なるカントを論じたのは、ルソーを出発点として二十世紀末まで演じ続けられてきた自由意志説退場劇の中でカントが、その確信論的な非キリスト教性において、決定的な転回点の役割を果たしたのではないか、と考えたためである。コールリッジはカントの自然学を知らずにその倫理説をルソーのそれと重ねたため、カント倫理説を誤読したのかもしれない。このカント論は第五章のトクヴィル論の一年半後に書かれた。ニューマン論脱稿後、バーク論について行なったのと同様、トクヴィル論を読み直してみて、ここでも両者の強い連続性に驚いたので、執筆順原則からの逸脱とはなるけれども、その連続性を明示するために章の順序を変更した。

第五章はトクヴィル論である。トクヴィルが、世界史的な政治と社会のデモクラシー化に着目し、それを「摂理」と名付けたのは周知であるが、世の多くのトクヴィル学者は、その意味をたんなるレトリック、あるいは議論のファサードとして以上に、正面から取り上げてきたとは言えないであろう。そうでない場合でも、トクヴィルにおける多くのキリスト教的・カトリック的言説は、高々その政治思想の従たる部分として位置付けられているのが一般的であるかに見える。この章は、そうした現状に対してささやかながら一石を投ずる試みである。この論考を最初に発表した際には、題名に「試論」という言葉を付したが、曲がりなりにもニューマン論を一つの形にした現在では、トクヴィルはカトリック思想家として十分に名誉ある地位を歴史に占めると考えているので、この言葉はもはや不要と判断し、本書では削除した。本文には多少の補筆も加えてある。それにしても、十九世紀ヨーロッパ思想史の中に、トクヴィルとニューマンという二人の巨人的なカトリック思想家が存在したという事実は、あまりにも見過ごされてきたのではないだろうか。

最終第六章のニューマン論は書き下ろしである。トクヴィル論以後の私は、生涯最終の課題として、文章化の目途も無いまま秘かにニューマンの厖大な資料の中を這い回っていたが、本書の「序章」とした、拙稿「回想」を含む『思想』特集刊行の直後、みすず書房石神純子氏から、この回想録を冒頭に置いて、これまでの私の作品より成る論文集を作ってはどうかというご提案を頂いた。これは、間違いなく生涯の終わり近くにあって自らの研究人生を総括する機会を与えられたことであり、まさに研究者冥利に尽きる思いである。私はそれについて佐々木、石神両氏に対する感謝の義務を果たさなければならず、その思いが私に、日本では事実上未知の大思想家ニューマンに改めて正面から取り組む勇気を与えた。もちろんこの課題には、書簡だけでも二万点を超すとされるその巨大な作品群のどこをどう切り取るのかという困難がある。それだけではなく、ニューマンの著作にはいずれも、齢を重ねるとともに複雑さが増していったという特質があり、その意味をどう読み取るかという、思想的営為の本質に関わる困難もある。それでも、すでに体力・記憶力の衰えている私が、着地点がどこかも分からないままに、彼の人間論を中心主題、カトリックへの改宗を副主題と意識して書き始め、息切れしながらも何とか「序説」の形で収拾に辿り着けたのは幸いである。なお、石神氏には、索引の作成も含めて全篇の編集に当たって数多くの助力を頂いた。心より御礼申し上げたい。私は、残り少ない人生の時間で、ここには描けなかったニューマン思想の他の側面について、僅かでも研究の歩みを続けたいと願っている。最後に、初出一覧は以下のとおりである。

序章　回想の「ケンブリッジ学派」――一政治学徒の同時代思想史物語　　雑誌『思想』第一一一七号「政治思想史における近代」　岩波書店　二〇一七年五月
第一章　思想家としてのエドマンド・バーク――一七八〇年まで　　日本政治学会編年報政治学『政治意識の理論と調査』所収　岩波書店　一九六五年
第二章　コールリッジにおける政治哲学の形成　　有賀弘・佐々木毅編『民主主義思想の源流』所収　東京大学出版会　一九八六年
第三章　政治思想史叙述のいくつかの型について　　雑誌『思想』第七九四号　岩波書店　一九九〇年八月
第四章　自由意志論思想史上のカント　　田中浩編『思想学の現在と未来　現代世界――その思想と歴史①』所収　未來社　二〇〇九年
第五章　キリスト教思想家トクヴィル試論――摂理・自由意志・デモクラシー　　『藤女子大学キリスト教文化研究所紀要』第八号　二〇〇七年
第六章　思想家ニューマン研究序説――その人間・世界像　　書き下ろし　二〇一八年

二〇一九年三月

半澤孝麿

索　引

あ行

か行

さ行

た行

な行

は行

ま行

や行

ら行

わ行

著者略歴

(はんざわ・たかまろ)

1933年静岡県に生まれる．1957年東京大学法学部卒業．東京都立大学名誉教授．著書『近代政治思想史（3） 保守と伝統の政治思想』（共著，有斐閣，1978），『近代日本のカトリシズム——思想史的考察』（みすず書房，1993），『ヨーロッパ思想史における〈政治〉の位相』（岩波書店，2003），『ヨーロッパ思想史のなかの自由』（創文社，2006）．訳書 リース『平等』（1975），ウォーリン『西欧政治思想史IV 自由主義と政治哲学の凋落』（共訳，福村出版，1975，増補版『政治とヴィジョン』2007），バーク『フランス革命の省察』（みすず書房，1978），ダン『政治思想の未来』（みすず書房，1983），スキナー『思想史とはなにか——意味とコンテクスト』（共編訳，岩波書店，1990）．

半澤孝麿

回想のケンブリッジ

政治思想史の方法と
バーク、コールリッジ、カント、トクヴィル、ニューマン

2019年 5月16日 第1刷発行

発行所 株式会社 みすず書房
〒113-0033 東京都文京区本郷2丁目20-7
電話 03-3814-0131(営業) 03-3815-9181(編集)
www.msz.co.jp

本文組版 キャップス
本文印刷・製本所 中央精版印刷
扉・表紙・カバー印刷所 リヒトプランニング
装丁 安藤剛史

ISBN 978-4-622-08808-0
[かいそうのケンブリッジ]